高职院校思想政治工作协同育人成果

见证成长

——成都航空职业技术学院优秀大学生成长手册

陈玉华　邹　勇　刘逸舲　编著

西南交通大学出版社
·成　都·

图书在版编目（CIP）数据

见证成长：成都航空职业技术学院优秀大学生成长手册 / 陈玉华，邹勇，刘逸舲编著. —成都：西南交通大学出版社，2018.12
高职院校思想政治工作协同育人成果
ISBN 978-7-5643-6705-3

Ⅰ. ①见… Ⅱ. ①陈… ②邹… ③刘… Ⅲ. ①成都航空职业技术学院 - 大学生 - 先进事迹 Ⅳ. ①K828.4

中国版本图书馆 CIP 数据核字（2018）第 290046 号

高职院校思想政治工作协同育人成果

见证成长

——成都航空职业技术学院优秀大学生成长手册

陈玉华　邹　勇　刘逸舲　编著

责任编辑	孟　媛
助理编辑	吴启威
封面设计	墨创文化
出版发行	西南交通大学出版社（四川省成都市二环路北一段 111 号 西南交通大学创新大厦 21 楼）
发行部电话	028-87600564　028-87600533
邮政编码	610031
网　　址	http://www.xnjdcbs.com
印　　刷	四川煤田地质制图印刷厂
成品尺寸	170 mm × 230 mm
印　　张	16.25
字　　数	248 千
版　　次	2018 年 12 月第 1 版
印　　次	2018 年 12 月第 1 次
书　　号	ISBN 978-7-5643-6705-3
定　　价	60.00 元

编 委 会

序

四川，山水甲于天下；成都，人文鼎盛千古。发端于锦江河畔，迎天府晨光，怀航空报国理想，成航人风华正茂气宇轩昂，万里长天绘宏图；迁校至龙泉山麓，沐锦城朝阳，存追求卓越志向，成航人开拓进取励志图强，凌云壮志扬盛名。成都龙泉，钟灵毓秀，四时花不断，八节佳果香，花重锦官城；经开区畔，淬炼英才，岁月竞峥嵘，薪火代相传，教育新诗篇。秉承“明德、笃行、求实、创新”之训，涵养“勤奋、严谨、活泼、文明”之风。明教者之义，生育人之术，表模范之才，彰贤人之道，显“航空报国、追求卓越”之精神，是有成都航空职业技术学院近年立德树人缩影之册。

册中学子，有国家奖学金获得者，有四川省优秀毕业生，有“成航学生好人榜”上榜者，有各项比赛获奖者。国家奖学金乃教育部设立，“优秀毕业生”为四川省教育厅评选，以激励学生德智体美全面发展，唯志存高远、成绩优异、品德出众，方能得奖；“成航学生好人榜”由学校创设，或勤学上进，或助人为乐，或见义勇为，或孝老爱亲，或诚实守信，叙仁义之音，行大爱之事，扬美德之风，方可上榜；各项比赛获奖者，崇尚科学，刻苦钻研，敢于创新，以智慧打磨素养，用汗水凝聚实力，激扬赛场，尽显风采。几者虽有称号之别，内涵之异，然所授者笃学务实，坚韧向上，皆为同学之标杆，尽有榜样之力量。成航莘莘学子，常怀蹈厉之志，常念律己之责，常扬奋进之蹄，勇争国家奖学金，跃做优秀毕业生，荣登“学生好人榜”，智夺比赛之魁首。册中所录讲话文稿，殷殷之情拳拳之心可昭日月；所“镌”座右铭，是为学生言行之镜鉴；所书平常事，实乃成航学子可效可仿之行为！

横比优秀之辈，知差距而自省；纵比昔日之我，悦进步而自励。校友之经可取，他山之石可用，冀此发出校园好声音，传播成航正能量！

是为序。

编　者

2018 年 10 月 1 日

目 录

1 概 论

1.1 概念和意义

思想政治工作是一定的阶级和政治集团，为实现既定的政治目标，有目的地对人们施加意识形态上的影响，以转变人们的思想并指导人们行动的社会行为。对于涵盖高等职业教育的中国的高等院校而言，其根本任务是立德树人，培养社会主义合格建设者和接班人；中国高校思想政治工作的本质是做人的工作，这既是我国高校育人的优势，也是我们的办学特色。

国无德不兴，人无德不立。道德对于个人和社会都具有奠基性价值和基础性意义。以高素质技术技能人才为培养目标的高等职业院校，必须将立德放在育人工作的首位：一要立中华优秀传统文化的君子之德（仁义礼智信），二要立新时代社会主义道德（教育引导学生培育并践行社会主义核心价值观），三要立彰显职业高等教育特色的职业道德（爱岗敬业、诚实守信的良好职业意识、职业态度、职业精神和职业修养）。

将“立德树人”作为教育的根本任务。将“立德树人”作为教育根本任务的目标是培养社会主义合格建设者和接班人，培养一代又一代拥护中国共产党领导和中国社会主义制度、立志为中国特色社会主义奋斗的有用人才。为此，必须基于提高学生的思想政治水平和道德水准、提高学生的文化素质和能力水平、提升学生发展的核心素养，在坚定理想信念上下功夫，教育引导学生立志为共产主义的远大理想和中国特色社会主义共同理想奋斗，增强学生对中国特色社会主义事业的道路自信、理论自信、制度自信和文化自信；在厚植爱国主义情怀上下功夫，教育引导学生爱党爱国，立志听党话、跟党走，扎根人民、奉献国家；在加强品德修养上下功夫，教育引导学生以社会主义核心价值观为情感认同和行为习惯，做事先做人，学会做人，努力做有大爱大德大情怀的时代新人；在增长知识见识上下功夫，教育引导学生好好学习，练真本领，学会“求算之法”、掌握职业技术技能、学习“明世之理”；在培养奋斗精神上下功夫，教育历练学生有担当、能担当，引导培育学生执着的进取精神、自强不息的人生态度、精益求精的工匠精神；在增强综合素质上下功夫，教育引导学生德智体美劳全面发展，努力提高创新意识、创新精神和综合能力水平。

1.2 “1235A”模式概述

作为全国第一批高职学院、首批国家级示范性高职院校，成都航空职业技术学院在学习借鉴国内外高校思想政治工作模式的基础上，遵循高职教育规律，针对高职学生特点，结合学校 20 年高职教育办学实际，积极探究协同育人路径，大力加强思想政治工作，创新探索了高职大学生思想政治工作“1235A”协同育人模式：“1”，即“一体”：围绕立德树人目标，践行“育人为本、德育为先、创新服务、促进发展”理念，以涵盖思想水平、政治水平、道德水准的思想政治素质教育为主体；“2”，即“两翼”：以大学生文化素质教育和学生事务服务为两翼；“3”，即“三全育人”策略：全员育人与队伍建设、全程育人与课内外活动、全方位育人与养成教育；“5”，即架构日常思想政治教育工作“五工程”：政治铸魂工程、思想导航工程、道德引领工程、文化陶冶工程和服务发展工程；“A”，即创新实施大学生思想政治工作“十育人”（十六进制之十，隐喻思政为首、德育为先）：整合育人要素，发挥课程、实践、文化、网络、心理、科研、资助、服务、管理、组织等十个方面工作的育人功能，完善育人机制，形成具有高职教育特点、具有航空职业教育特色的协同育人模式。

学校立足当前、着眼长远，针对当代高职学生思维活跃但思想不成熟、缺少主见，既坚韧又意志脆弱，想进取但受挫折后容易心灰意冷的现状，结合高职学生思想政治教育工作实际，以问题和学生需求为导向，通过思想政治工作“1235A”协同育人模式持续发力，努力提高学生的思想政治素质，提升学生发展核心素养，使思想政治工作成为学生成长为高素质技术技能人才的重要保证，使接受高职教育的学生成为有理想信念、有目标追求，有人文底蕴、有科学精神，有方法能力、能自主学习，有责任担当、能健康生活，有实践创新、追求成功人生的社会主义建设者和接班人。在模式探索过程中，学校创新了一些新做法，形成了一套新经验，产生了一批新成果，通过“高职院校思想政治工作协同育人成果”系列丛书进行展示与分享。《见证成长——成都航空职业技术学院优秀大学生成长手册》便是其中的一本。

1.3 关于“成航学生好人榜”

书中所述的“成航学生好人榜”是学校思想政治工作“1235A”协同育人模式中“五工程”中的重要环节、“十育人”中的创新之举。在积极探索高职院校大学生思想政治工作模式过程中，学校坚持改革创新、注重实效的原则，将学生思想政治工作聚焦“五工程”，准确把握学生思想状况，创新工作理念和方式方法，鼓励从工作有提升、目标有导向、师生有期待、人人能感知的关键环节入手，把握着力点、找准突破口，坚持不懈地把思想政治工作入深入细入头脑、做好做实做特色，力求思想政治工作的实效最大化。经过七年的设计与架构、创新与改革、试点与实施，目前“五工程”和“十育人”工作已全面启动，并取得了明显的成效。其中的“成航学生好人榜”作为“五工程”“十育人”的亮点环节和学校学生思想政治工作的特色项目，具有可学习借鉴、可参考复制的应用价值和推广意义。

“成航学生好人榜”设立于 2014 年 11 月，旨在发掘和宣传广大学生身边的“朋辈榜样”和好人好事，用先进的事迹感染人，进取的精神激励人，学习的榜样引导人，激发广大学生良好的道德情感、道德意愿、道德责任和道德力量，引导和激励广大学生争做中华优秀传统文化的传承者、社会主义核心价值观的践行者，在学校形成“人人做好人、个个做好事、好人好事就上榜”的良好氛围，更好地推动和谐校园建设迈上新的台阶，为校园学子营造良好的成长氛围。“成航学生好人榜”的具体做法是：

分类设置，诠释价值观内涵。自“成航学生好人榜”设立以来，共有四十余名学生上榜。好人榜分为助人为乐、见义勇为、诚实守信、勤学上进、孝老爱亲五个类别。从活动宣传开始，共经历全校师生发掘预备候选人、评委会确定正式候选人并制作感言、好人事迹宣传及网络投票、现场评选及颁奖晚会四个阶段，每届历时两个月。第一层次是引起学生关注，宣传好人榜，并对每个类别的好人形象进行模糊释义；第二层次是获得学生共鸣，由师生根据对优秀传统文化传承和社会主义核心价值观践行的理解，一起发掘、评选共同认可的好人好事；第三层次是升华好人内涵，由评委会对好人好事进行感言提炼，总结好人精神，举办评选会由候选人作好人事迹演讲，现场对当选好人进行全校公开颁奖，打动每一位学子，使正能量深入人心。

精耕细作，养成做“好人”习惯。每一届“成航学生好人榜”活动评选周期虽然为期两个月，但实际上是对上一年度的好人好事进行发现挖掘、层层推选、总结表彰，贯穿全年和学生的求学阶段。自首届“成航学生好人榜”出炉后，“成航学生好人榜”上榜学生的好人好事以个人巨幅照片、图文并茂的形式在教学楼内进行展示性宣传表彰三年；上榜学生资料装入个人档案，2016 年、2017 年更是将好人好事摄制成影片在校园电视台播放。“成航学生好人榜”举办四年多来，逐步深入人心，“做好事、当好人”逐步成为学生们的习惯和追求，学生们从最开始的为了发掘好人好事而动，到现在关注好人好事、争做好人好事成为自觉持久的行为，“人人做好人、个个做好事、好人好事就上榜”的浓厚氛围和良好风尚已经蔚然成风。

辐射带动，注入好人榜活力。一张好人榜，带来清新扑面的正能量。“成航学生好人榜”的辐射带动作用非常明显：一是全体学生积极参与，调动了二级院系评选推荐的积极性。这种推荐评选，不仅用鲜活的事迹打动人，也用激励鼓舞方式带动人，二者并济，营造了良好的氛围，各二级院系也陆续开展院系级好人榜评选。二是搭建了全校师生深度互动平台。2016 年学校首次引入易班，将网络评选途径科学地与现场投票相结合，并进行线上互动，累计总页面浏览量达到 21486 次、独立访客总量 12123 次、签名墙数据共 4697 个。学校还运用易班数据平台抽取关注“成航学生好人榜”的幸运学生，有效地提高了全校师生的参与率。三是全媒体、多层级宣传，运用校园纸媒、广播、QQ、微信、微博等媒体，从校级、院系级直至教师自媒体进行三级宣传介绍，“成航学生好人榜”及其好人好事关注度不断提升。2017 年学校将“成航学生好人榜事迹”编印成册，下发至各二级院系和学生班级供师生查阅，从理念到设计、从导向到推进、从思想到行动，以润物无声的方式让每个学生受到激励与鼓舞、默化与熏陶。据不完全统计，“成航学生好人榜”涌现出的可圈可点的好人好事数量，从 2014 年的 20 余件增加至 2017 年的百余件。

四年多来，成都航空职业技术学院通过“成航学生好人榜”，树立了一批先进典型，在先进典型的“朋辈榜样”引领示范下，全校学生争先恐后，好人好事蔚然成风、层出不穷。作为我校思想政治工作“1235A”协同育人模式中“五工程”“十育人”重要环节的“成航学生好人榜”特色项目，成效显著，已成为传播、弘扬中华优秀传统文化的学校平台，成为以实际行动践行社会主义核心价值观的大舞台，成为引导、激励、培育优良校风的航向标和加速器。

本书分为“概论”“谆谆教导 · 领导讲话”“心得感受 · 学生心语”“国奖获得者 · 好人榜学生风采”“2011—2018 优秀学生名录”五个部分。

第一部分“概论”主要是对思想政治工作使命、价值、意义理性认识基础上的学校大学生思想政治工作“1235A”协同育人模式的缘起、内涵的概要归纳，并对学校“德育引领工程中”创新之举的“成航好人榜”进行推介。

第二部分“谆谆教导 · 领导讲话”撷取学校领导在一些重要时间节点的讲话与发言。学校领导通过春风化雨、娓娓道来的话语，教育引导全体学生树立正确的世界观、人生观、价值观和道德观，使学生收获学识点拨与思想启发。

第三部分“心得感受 · 学生心语”为学校优秀学生代表、国家奖学金获得者、“成航学生好人榜”上榜者的心得感想。佼佼学子讲述他们的竞选理由和心路历程，交流他们成长的故事与体会，作为“朋辈示范”，帮助全校学生找到可资学习借鉴的成长方法与路径。

第四部分“国奖获得者 · 好人榜学生风采”展示国家奖学金获得者、“成航学生好人榜”上榜者的主要事迹和人生格言，展现优秀青年学子的奋斗风采，以身边榜样的力量激励全校学生奋发图强、勇攀高峰。

第五部分“2011—2018 **优秀学生名录**”收录了 2011—2018 年学校“四川省优秀大学毕业生”名单和 2013—2018 年部分成航学生获得国家级及以上级别荣誉名录。刻苦钻研、敢于担当的他们，为成航莘莘学子树立了上进、拼搏、成长成功的标杆。

2 谆谆教导·领导讲话

2.1 在学校 2018 年党建与思想政治工作会议上的讲话

提高政治站位 坚持方法创新
全面提升学校党建与思政工作水平

党委书记 杨建国，2018 年 4 月 25 日

老师们、同学们、同志们：

大家好！在新时代新征程全面开启的重要日子里，我们在此召开成都航院 2018 年党建与思想政治工作会议，共同领略学校党建与思想政治工作的生机与活力、热情与能量，共同着眼于保证中国特色社会主义伟大事业后继有人和巩固党的执政地位的战略高度，谋篇布局学校党建与思想政治工作，令人倍感振奋与鼓舞。

刚刚，陈玉华、武智慧同志分别说明了学校《关于加强和改进新形势下思想政治工作的实施意见》《贯彻落实意识形态工作责任制的实施细则》，这两个文件是今后一段时期学校宣传思想工作的路线图，对推动学校事业发展具有深远意义。祝登义同志解读了学校 2018 年党建与思想政治工作计划，这个计划对抓好今年党建与思想政治工作具有重要指导意义。骆昌平同志、王箭同志、曹亚芳同志、张群杰同志、帅伟同志、岳永贵同志等 6 位同志分别从不同角度谈了学校加强和改进思想政治工作的思考和体会，大家的交流发言主动把自己“摆进去”思考问题，为学校发展提建议，讲得很生动，我也很受启发。

过去一年，在广大师生尤其是全体党务工作者、思想政治工作者们的

辛勤努力下，我们认真学习贯彻习近平新时代中国特色社会主义思想和党的十九大精神，深入落实全国、全省高校思想政治工作会议精神，党建与思想政治工作稳步前进，成绩值得充分肯定。一是着力加强意识形态建设，加强党的十九大、省十一次党代会精神的学习宣传，认真落实全国、全省高校思想政治工作会议精神，统筹抓好党建与思想政治工作，完善政治理论学习制度，加强对意识形态阵地管理，进一步强化了理论武装和价值引领。二是切实加强干部和党员队伍建设，推动干部选拔任用改革，优化学校内设机构，开展“基层组织建设年”活动，强化入党积极分子培养与党员发展，发挥党组织在精准扶贫中的作用，探索党支部建设新模式，进一步强化了基层党组织作用。三是落实立德树人根本任务，增强思政理论教育的针对性、实效性，推进协同育人教育综合改革试点，提高辅导员的思政教育能力，加强辅导员队伍自身建设，进一步强化了学生思想政治教育。四是强化党委政治功能，制定学校教育事业“十三五”发展规划，推动高职教育创新行动计划年度任务落实和四川省优质高职院校建设立项申报，推动内部管理体制改革和人事分配制度改革，加强高层次人才的引进和培养，进一步促进了学校改革发展。五是加强党风廉政建设，强化党风廉政建设责任制，持续推进内控制度建设，加强党风廉政建设警示教育，强化审计监督，坚持执纪问责，严格执行中央八项规定和省委省政府十项规定，进一步强化了党委主体责任。

回顾成绩的同时，我们也必须清醒认识到，面对新时代新任务新要求，我校党建与思政工作仍然存在一些薄弱环节。一是党建与思想政治工作的顶层设计与领导体制还需进一步完善，全员全过程全方位育人机制尚未完全形成；二是对新形势下党建与思想政治工作规律的认识不够全面，面对师生思想新特点和信息传播方式新变化，工作办法创新不足；三是对新时代思想政治工作形势和任务把握不够深入，对师生思想状态的调查研究不足，工作针对性亲和力需要进一步增强。

加强和改进党建与思想政治工作是一项长期艰巨的任务，需要广大党员干部和全体师生员工的长期努力和艰辛付出。2018 年，我们一要抓好党建与思想政治工作顶层设计，着力搭梁立柱，健全学校思想政治工作体制和运行机制，将社会主义核心价值观体现在规章制度和师生行为规范中，为拓展思想政治工作的深度和广度夯实基础、健全体系。二要进一步加强意识形态工作，校内各级党组织书记、行政负责人要担负起政治责任和领导责任，认真落实意识形态工作责任制，强化各类阵地建设管理，守土有责，以维护国家政治安全和意识形态安全的高度把党的意志和主张真正贯彻到教学、科研、人才培养的全过程。三要切实推进基层组织建设，大力提升基层党组织党建工作水平，抓好师生党支部建设，充分发挥党支部组织教育管理党员和宣传引导凝聚师生的主体作用；严格党的组织生活制度，抓在经常、严在平时，把党的工作做到师生心坎上，切实筑牢思想政治工作根基。四要扎实推进全面从严治党向纵深发展，进一步提高思想认识，贯彻好学校全面从严治党会议精神，时刻把党风廉政建设扛在肩上，抓好干部人才队伍建设和作风建设，巩固贯彻执行中央八项规定和省委十项规定成果，全力维护改革发展稳定大局。五要构建齐抓共管的“大党建”“大思政”工作格局，创新党建工作方法、思政工作载体，充分发挥网络育人功能，推动全员参与、全方位参与、协同参与，构建教书育人、科研育人、实践育人、管理育人、服务育人、文化育人、组织育人长效机制，确保党建与思想政治工作责任落实到位。六要强化教职工思想政治工作，加强对教职工的思想政治引领，深入开展党的理论方针政策学习，夯实理论功底；要及时掌握思想动态，按照总书记提出的“四个统一”要求，加强教师育人能力培养，扎实推进师德师风建设，引导我们的教师更好担起学生指导者和引路人的责任。

当前，国际国内形势深刻变化，不同思想文化交流交融交锋，新媒体新技术迅速发展，教育对象价值观念、思维方式、学习方式、交往方式变化巨大，这些都对传统的思想政治工作方式方法提出挑战。随着学校创新发展行动计划、优质高职校建设步伐不断加快，学校进入了提质增效的新阶段，对党建与思想政治工作如何更好地为学校人才培养中心工作保驾护航提出了新的要求。下面，我就加强和改进学校党建与思想政治工作讲几点意见。

一、提高政治站位，深刻认识加强和改进党建与思想政治工作重要意义

我们的高校是党领导下的高校，是中国特色社会主义高校。我们认识

和理解党建与思想政治工作的重要性，必须立足于坚持和发展中国特色社会主义、实现中华民族伟大复兴的全局高度，立足于实现党的执政使命、巩固党的执政地位的战略高度。

加强和改进党建与思想政治工作，是学校坚持正确的办学方向的根本保证。习近平总书记指出，“我国高等教育发展方向要同我国发展的现实目标和未来方向紧密联系在一起，为人民服务，为中国共产党治国理政服务，为巩固和发展中国特色社会主义制度服务，为改革开放和社会主义现代化建设服务。脱离了这个最大实际，高等教育就丢失了办学的根本，就很难办好”。无论任何时候、任何情况，淡化甚至忽视党建与思想政治工作，学校的发展就会迷失方向。只有坚持党对学校工作的全面领导，把全面从严治党各项要求落实到党建工作中去，全面加强和改进师生思想政治工作，才能确保学校改革发展不动摇，不偏离，始终坚持社会主义办学方向，才能使党的方针政策在学校落地生根、开花结果。

加强和改进党建与思想政治工作，是落实立德树人根本任务的必然要求。尽管经济社会发展赋予高校人才培养、科学研究、社会服务、文化传承创新、国际交流合作多项重要使命，但立德树人始终是高校的立身之本。高校是锻造优秀青年的大熔炉，学校党建与思想政治工作，只能加强不能削弱，只能前进不能停滞，只能积极作为不能被动应对。只有腰杆硬、底气足地把党建与思想政治工作贯穿于教学、管理、服务全过程，才能解决培养什么样的人、如何培养人及为谁培养人这个根本问题，引导学生更加坚定道路自信、理论自信、制度自信、文化自信，成长为又红又专、德才兼备、全面发展的中国特色社会主义合格建设者和可靠接班人。

加强和改进党建与思想政治工作，是学校改革创新和健康快速发展的内在需要。党建与思想政治工作是学校一切工作的生命线。在学校工作大局中，党建、思想政治工作与中心工作犹如“车之两轮”，相辅相成，互相促进，只有同时发力，同向同力，实现有机融合，才能最大限度地发挥效能。当前，学校发展进入质量内涵提升的关键时期，需要各级党组织真正把党的建设和思想政治工作当作主责主业，通过率先解决好人的思想、意识、精神上的问题，来为学校改革发展提供强有力的思想动力、组织保证和精神支持，从而用一流的党建与思想政治工作，带动学校各项工作实现一流。我们要坚持把党建、思想政治工作与中心工作同步规划，同步推进，把抓好党建、思想政治工作作为推动中心工作的可靠保障，用中心工作所取得的成效作为衡量党建思想政治工作效果的重要检验。

二、遵循内在规律，准确把握党建与思想政治工作辩证关系

面对思维活跃、富有个性的知识分子群体，要善于运用马克思主义立场、观点和方法去把握科学规律，有针对性地解决一些综合性、深层次的理论和认识问题。

加强党的建设，是高校思想政治工作的出发点和归宿。加强党的建设，不仅是学校思想政治工作开展的起点，更是其根基和灵魂所在。加强高校思想政治工作，是加强党的领导的具体体现，也是高校党建的主要抓手。这就要求学校各级党组织有效发挥思想政治工作对办好中国特色社会主义大学的特殊优势，把正确的政治方向、价值取向、育人导向贯穿办学治校全过程，确保师生始终凝聚在党的周围，成为马克思主义的坚定信仰者、积极传播者、模范践行者。

提升党的基层组织建设水平是高校思想政治工作有序推进的基础。思想政治工作是做人的工作，需要一个联系和团结师生的纽带，党的基层组织正是这样一个载体。这就要求党建工作必须抓得具体、抓得深入，充分发挥党总支（直属党支部）的思想引导、政治信仰、组织协调以及服务指导的“政治核心”作用，坚持重心下移、力量下沉、补齐短板，通过党员做先锋、做示范，团结凝聚周围群众，使思想政治工作真正入耳、入脑、入心。

推动党的工作方法创新是高校思想政治工作的桥梁。做好高校思想政治工作，引导广大师生通往真理彼岸、解决实际问题，需要因事而化、因时而进、因势而新，改革创新党的工作方法。各级党组织要在总结经验的基础上，适应形势发展变化和师生思想特点，把我们想说的与学生想听的结合起来，让基本原理变成生动道理，让根本方法变成管用办法，使思想政治工作接地气、暖人心，真正“活”起来。

三、创新方式方法，着力增强党建与思政工作实效

做好高校党建与思想政治工作，引导广大师生认同我国主流意识形态

的知识体系和价值观念，巩固马克思主义在意识形态领域的指导地位，必须遵循思想政治工作规律，遵循教书育人规律，遵循学生成长规律，沿用好办法、改进老办法、探索新办法，确保立德树人各项任务落到实处，见到实效。

注重环境制约。习近平同志指出，过不了网络关，就过不了时代关。党建与思想政治工作必须扎根于社会现实和经济发展环境。现在最大的实际就是，只有引领互联网，才能引领青年。我们需要研究把握互联网时代党建与思想政治工作的特点和规律，充分运用新媒体，推动思想政治工作传统优势与互联网技术的高度融合，深挖时代感强的鲜活内容，帮助大学生在互联网的世界里辨明方向、廓清迷雾，找到真知、自信前行。

注重舆论指导。做好意识形态工作重点在守好阵地、管好平台。新闻宣传、文化传播、课堂教学、网络舆论等都是我们的阵地。要守好阵地，就必须加强对新媒体、网站、论坛、课堂等平台的有效管控，强化政治纪律、政治底线，强化监管审核，绝不给错误思想言论提供传播渠道。要将中华优秀传统文化、革命文化、社会主义先进文化以及学校历史文化等有机融入文化素质课程、活动和校园环境中，融入师生日常生活中，以文化人、以文育人。

注重层次主导。思想政治工作对象不同，层次不同，思想政治觉悟高低不同、道德理想追求不同，具体要求和方式方法也应有所不同。这就要求我们注意不同对象的不同特点，不同时期的不同实际，开展不同的教育，不能“一刀切”“一锅煮”，千篇一律，空洞说教，而要讲究教育的层次性，注意工作的渐进性，因材施教、因人制宜、对症下药，不断拓展思想政治工作平台和路径，提高党建与思想政治工作的针对性。

注意情理交融。党建与思想政治工作的主客体都是人，而人都是有感情、晓道理的。要结合广大师生的精神文化需求，有理有节，把深刻道理通过温暖的语言表达讲清楚、讲透彻，达到主体和客体在情和理两个方面的相互交融、相互贯通，党建与思想政治工作才能真正达到满意的效果。

注意倡优去劣。思想政治工作如果“配方”比较陈旧、“工艺”比较粗糙、“包装”不那么时尚，那么亲和力就会差。思想政治工作要坚持原则，提倡先进，弘扬正气，批评错误，抵制歪风。要鼓励师生积极参加社会实践，正确认识中国和外部世界，正确认识自身承担的时代责任和历史使命。

要以“成航学生好人榜”等活动传播校园正能量，鼓励师生利用网络平台理性思辨、正面发声，不断用积极健康的声音占领阵地、影响青年。

老师们，同学们，同志们！党的建设是领导中国革命的三大法宝之一，思想政治工作是中国共产党由弱到强并取得中国革命和建设胜利的一个锐利武器。我们要紧密团结在以习近平同志为核心的党中央周围，在省委省政府的坚强领导下，统一认识，提高政治站位，牢记使命，创新工作方法，不断提升学校党建与思想政治工作水平，真正把党建与思想政治工作优势转化为发展优势，为推进学校优质校建设做出新的更大贡献。

谢谢大家！

2.2 在成都航院 2017 年毕业典礼上的讲话

放飞梦想　青春激扬

党委副书记、校长　张蕴启，2017 年 6 月 28 日

亲爱的同学们，尊敬的老师、各位家长、来宾：

大家上午好！

又到了一年毕业季，这既是收获的季节，令人高兴，值得庆贺；也是道别的时刻，令人难舍，充满伤感。但无论如何，今天注定是个难忘的日子、神圣的日子，是激动人心的时刻。在这激情与喜悦的时刻，我们在这隆重举行 2017 届毕业生毕业典礼，为同学们送行。我代表学校党委、行政向你们表示热烈的祝贺和由衷的祝福，向为培养学生付出辛劳的老师们和承担生活服务、管理的员工们表示衷心的感谢。今天对于毕业同学而言，将是一个重要的时刻，标志着你们的人生将进入新的发展阶段，意味着你们将褪去青涩、走向成熟、走向社会，用自己的才智去担负起建设国家的重任。

三年来，在航院这一个优美的校园里，作为校长和老师，我同大家一道，怀着激动的心情庆祝了学校 50 岁的生日、见证了学校在人才培养工作评估中取得丰硕成果，亲历了你们摘金夺银，在国际国内科创竞赛中为学校赢得荣誉；你们注重思辨，在“成航杯”辩论赛上挥斥方遒；你们坚持

服务，在社会实践的舞台上展示风采，全面发展，茁壮成长。我由衷地为2017届毕业生感到骄傲，为你们在成都航院的成长感到自豪！

我相信，经此三年，成航将定格在你们的人生记忆里，你们也将为做一个成航人感到自信和自豪！你们不会忘记，入校时帮忙拉行李的憨厚师兄，相伴走过的同窗好友，传道授业解惑的老师，服务你们的宿管老师、食堂大叔、保安大哥；你们不会忘记，图书馆的端坐身影，博学楼的谆谆教导，文体馆的欢声笑语，笃行楼的机床轰鸣；你们也不会忘记，商业街的奶茶和炸鸡，运动场的尖叫和呐喊，游泳池的速度与激情，湖畔边的表白和承诺，这些都已化作你们最温馨的青春记忆。当然，你们更不会忘记，“航空报国、追求卓越”的大学精神和“明德、笃行、求实、创新”的成航校训一直在激励你们的成长。更为重要的是，大学时光，你们增长了知识和技能，丰富了经验和阅历，提高了品位和修养。常言道：眼界决定境界，格局决定结局。这三年积蓄的智慧和力量，不仅为你们的职业生涯打下了坚实的基础，更能拓展你们生命的宽度、高度和厚度。我坚信，你们一定无悔这三年青春岁月的辛勤付出。

我知道有个别同学，可能由于就业情况与自己的期望值差距比较大，觉得目前的工作不理想，甚至是没有所期望的好条件、好环境、好待遇而情绪低落、信心受挫。这里我要告诉大家：世界上根本没有什么现成的好事等着你去享用，幸福更是不会从天上掉下来。英国有一句谚语：路太平坦，只能带你去到平淡无奇的地方。

同学们应该知道任何一个人的成功都不是一帆风顺、不劳而获、坐享其成的，成功的背后都充满着艰辛和汗水，都是在不断拼搏、奋斗中经受挫折和磨难，都是在毫不气馁的执着、坚持和追求中取得的成功。同学们应该清楚大学学习只是一个重要的学习阶段，只是为你走向社会打了一个基础，更重要的学习是在今后你们的工作中、是在社会上打拼中，所以同学们应有终身学习的意识，谁坚持不懈学习谁就能赢得未来。这使我想到了一位成航2006届的校友，他叫邵志永，中国某导弹研究院高级技师，他是工作在一线的一名普通技术工人，但他是全国五一劳动奖章获得者；是共青团中央授予的“全国青年岗位能手”；是人力资源和社会保障部授予的“全国技术能手”；是共青团中央授予的“第二季全国最美青工”和“中国青年五四奖章”获得者。这些荣誉的背后，是他勤奋学习、艰辛付出、辛勤奉献和不断的钻研。在参加工作后，他始终不放松学习，埋头苦干，在短短的几年中熟练地掌握了导弹电气装调、机械装调、光学精密装调、电子产品封装等多项技能，具备了很强的专业技能操作水平。在本职岗位上，他坚持挑战技术难度较大的工作：在某红外重点型号装配中，他承担最为关键的工序，初始产品批生产合格率只有 60%，通过改进技术，终于使产品装调的合格率达到 100%。他立足本职专业，不断开展小革新小攻关，先后完成各类工艺、技能成果 30 余项。2014 年，他担任“第 43 届世界技能大赛制造团队挑战赛项目”中国教练。他和团队专家、教练们先后对来自全国多个省市的 30 多名选手进行了针对性的培养，他所训练的团队在国际比赛中获得多项金牌，实现了中国在世界级技能大赛上金牌零的突破。还有很多像邵志永这样的校友在各自的岗位上做出了突出成就，都值得我们去学习。他们都是在平常的岗位上做出了不平凡的事，他们的职场经历彰显出锲而不舍、精益求精、创新担当、激情进取、自信自强、诚信传承的工匠精神。人的一生，要甘于从最平凡的事做起，要敢于使不可能成为可能。所以同学们走上工作岗位切不可急于求成、拈轻怕重、好高骛远，要干一行、爱一行、钻一行，要舍得吃苦、舍得投入，精诚所至，金石为开。

同学们，今天就要毕业了，以后再也不会听到老师天天的唠叨，再也不会感受到学校严格的纪律要求，好像一下子可以放松了，但是我要告诉你们，社会发展这只无形的手是不会让你有任何偷懒的机会，他会推着你去不断努力奋斗，如果你不努力，那将会被社会抛弃而一无所获，同学们应该有勇气用知识的力量去推开成功的大门。

今年 5 月 3 日，习总书记在与中国政法大学师生座谈时号召广大青年“要立志做大事，不要立志做大官”。作为你们的校长，在你们即将走上工作岗位之前，我真心地希望大家能够做到以下几点：

一是要树立远大的志向，树立工匠精神，要立志做大事，以时代需要为己任，勇于承担国家发展、民族振兴的历史责任。一个人追求目标有多高，他所取得的成功和对社会的贡献就会有多大，希望同学们独立思考、大胆实践，反复锤炼具有工匠精神的创新型人格特质，坚决摒弃急功近利和一蹴而就、不切实际的幻想，要驰而不息，久久为功。

二是不要忘记继续学习，要励志勤学、刻苦磨练，在激情奋斗中绽放青春光芒。在踏入社会走向职场后，仍要惜时如金、孜孜不倦，努力做到又博又专、愈博愈专；不断用新知识来滋养自己，不断壮大自己追求人生理想的能力。

三是要充分发挥青年人的创造创新精神，勇于开拓实践，勇于探索真理。在发展的道路上，你们除了收获成功和喜悦，也会面临困难和险阻，你们要处顺境而不张狂，陷困境而不沮丧，遇险境而不惶恐，遭逆境而不绝望；不以一时成败论英雄，更不以一时受挫而短志，使顺境逆境都成为人生的财富而不是人生的包袱。你们人人都是一块璞玉，要在人生中不断自我磨砺，用真善美来雕琢自己，不断培养高洁的情操和纯朴的情感，努力使自己成为高尚的人。

同学们，要记住在成功的道路上，在追求幸福的道路上是没有平坦大道的，只有不畏劳苦、敢于拼搏的人，才能有希望达到光辉的顶点。今天是一个让人眷念的日子，我希望你们记住，你们是成航人，成航永远是你们的家。愿同学们用知识的力量加足马力扬帆启航，让我们共同在实现中华民族伟大复兴和实现“两个一百年”奋斗目标的伟大实践中建功立业。

祝同学们一帆风顺、前程似锦。愿同学们在社会这个广阔天地里放飞梦想，青春激扬。

谢谢大家！

2.3　在成都航院 2018 年毕业典礼上的讲话

青春正好　不负韶华

党委副书记、校长 张蕴启，2018 年 6 月 26 日

各位老师、各位家长、亲爱的同学们：

上午好！

今天，我们在这里隆重举行成都航空职业技术学院 2018 届毕业典礼，共同见证和分享 2018 届学子即将毕业的兴奋和喜悦。我谨代表学校，向全体毕

业生同学致以最衷心的祝贺！此时此刻，我愿与同学们一起，用最热烈的掌声，向所有为你们成长成才付出心血与汗水的家长和老师表示最崇高的敬意！

白驹过隙，时光荏苒。仿佛大家刚刚相识，转眼就到了说“再见”的时刻。同学们，三年前，你们怀揣梦想来到成航，成航为你们开启一扇崭新的大门，也记录着你们成长成才道路上的点点滴滴。博学楼和尚学楼感受着你们在学习中的疑惑；图书馆目睹了你们在喧嚣中的静思；实训楼欣慰地看到了你们在继承中的创新；运动场、文体馆、小湖畔也见证了你们在挫折中的成熟……三年光阴，三载收获，你们不负青春，奋力拼搏，与成航一起逐梦前行，锤炼了过硬的本领，收获了探索的乐趣，绽放了青春的华彩，也为成航的发展做出了贡献。你们捧回了全国职业技能大赛一等奖的奖杯；你们三次斩获国际超轻复合材料桥梁竞赛总冠军，使 SAMPE 奖杯永久“落户”成航；你们的飒爽英姿继庆祝中国人民解放军建军 90 周年朱日和阅兵后又出现在南海实弹阅兵现场……是你们的不懈努力让成航变得更美好、更强大！

刚才，我们对我校四川省级优秀毕业生、校级优秀毕业生进行了表彰。你们中有门门高分的学神学霸，有成果丰硕的技能达人，有热心公益的志愿者，有创新创业的探索者，有自立自强的模范，有全面发展的表率……你们用出色的表现证明了自己的优秀，赢得了阵阵掌声。而此刻，我也想为在座每一位积极向上、勇于拼搏的同学们点个赞。你或许不是成绩最拔尖的那一位，但你博览群书、熟读经典，一不小心就为身边的同学打开了一扇新的视野之窗；你或许没有在技能大赛获奖，但你能歌善舞、能书会画，不时为校园的某个角落平添一份文艺的气息；你或许不是那个被表彰的志愿者，但你幽默可爱、善解人意，总能成为寝室同学的“开心果”和“及时雨”；你或许没有在大学迈出创新创业的步伐，但你足智多谋、推陈出新，活跃在学生会、社团、社会组织里，甚至把一个学生团队带得有模有样……是每一个看似平凡的你，是每一个独一无二的你，汇聚成成航如此色彩绚烂的画卷，成就了成航如此精彩靓丽的风景，我要为你们每一个人鼓掌！

同学们，你们的梦想与追求，你们的勇敢与自信，你们的踏实与坚持反映出成航人“明德、笃行、求实、创新”的宝贵品格，体现出成航人“航空报国、追求卓越”的高贵精神。它铭刻在你的生命中，融入你的骨子里，将为你们的人生奠定坚实的基础，为你们的事业不断开启新的篇章。

亲爱的同学们，今天，你们即将离开熟悉的校园，肩负祖国的重托，带着母校的祝福，握着父母的期待，怀揣勃勃雄心，扬帆远航。在这个重要的转折点上，作为你们的师长，我有几点心得，愿与你们共享：

第一，坚持学习。或许同学认为在高中认真读书是为了考一所好大学，大学时努力学习是为了找一份好工作。那么，走出校园，为什么我们还要学习？因为社会就像跑步机，你一旦停下来，就会摔倒。功利性学习的范围是狭隘的，收获也是非常有限的，但是终身学习的回报却是不可估量的。高尔基认为，“如果不想在世界上虚度一生，那就要学习一辈子”，爱因斯坦曾经说过，“复利是这个世界上的第八大奇迹，那些理解并使用它的人将最终获得巨大的财富，那些不理解它的人会付出巨大代价。”大家似乎都知道，人的差异产生于业余时间，业余时间能成就一个人，也能毁灭一个人。同学们，愿你就是那个在时间的长河中坚持不懈终身学习的人，知识将会在复利的作用下持续地累积和增长，最终的收获和回报会超乎你的想象。你们将在终身学习中与伟大的智慧相遇，获得思想的共鸣；在终身学习中见识社会的快速进步，体验生活的精彩；在终身学习中感受祖国的逐渐强大，激起“修身齐家治国平天下”的家国情怀……努力学习直到生命的最后一刻，是一件美好的事，而“读万卷书，行万里路”则是终身学习最基本的“打开方式”。

第二，懂得感恩。所谓感恩，就是感怀恩德，感谢别人对自己的恩惠。每个人都不是一座孤岛，我们时时都在与他人产生着联系和交流。危难之时，会得到来自他人的帮助和馈赠，这就需要我们怀一颗感恩之心，真心感谢那些帮助过我们的人。感恩父母，可以常回家看看，多陪父母吃几顿团圆饭；感恩朋友，可以在朋友不顺心时化身“垃圾桶”听听他的倾诉；感恩老师，成为那个优秀的自己自然是对老师最好的回报……如果同学们能时刻存有感恩之心，感恩那些帮助你和给你机会的人，感恩生活中顺境与磨难带给你的馈赠，感恩自然界的风光与美食给予你的快乐……那么，你将会变得谦虚与宽容，诚实与善良，乐观与积极，你将会懂得爱自己和爱他人，将会感受到来自他人的爱，如此，你的心灵将会圆满而温润、宁静而美好。只要同学们心存感恩，岁月赐予你们的，也会比你们感受到的更为丰富多彩。

第三，坚守忠诚。“天之所覆，地之所载，人之所履，莫大乎忠。”忠孝节义，在中华民族传统规范中，忠诚乃百德之首。首先，同学们要忠于自己。《致加西亚的信》中提到“忠诚有一个最重要的特征，就是不以此作为寻求回报的筹码”。现代社会，不乏这样一些人，他们标榜做一件事并非为了盈利，而是为了美好或情怀，然而他们追求的却是比金钱更难以企及东西——名誉、追捧、价值。踏出校门，诱惑与挑战扑面而来，忠于自己的内心，不迷失于物质，不醉心于名利，谦虚负责，坚守底线。其次，同学们要忠诚于家庭。家庭是每个人最温暖的港湾，只有真情相待，用心经营才能收获幸福的家庭，创造和谐的社会。当然，同学们要忠诚于国家，“忠诚于祖国，这是一种最纯洁、最敏锐、最高尚、最强烈、最温柔、最有情、最温存、最严酷的感情。”你们将是中国社会最鲜活的力量，你们要在每一个平凡的岗位上做出不平凡的事，要恪尽职守，报效祖国。

这里给同学们讲一讲成功定律：

关于成功，有很多定律，比较有名的就是荷花定律，竹子定律和金蝉定律。

一个荷花池，荷花第一天零星开放；第二天以第一天两倍的数量开放；第三天以第二天两倍的数量开放，之后的每一天荷花都会以前一天两倍的数量开放。那么到第几天荷花开满池塘的一半呢？有人说 15 天，那就错了。是 29 天，到第 29 天时荷花仅仅开满了一半，直到最后一天才会开满另一半，这也叫“30 天定律”。

竹子，生命之初的四五年只能长几厘米，第五年开始以每天 30 厘米的速度快速生长，仅用六周时间就会长至 15 米，原来开始的四五年，竹子都是在地下努力，它的根系达几公里远，只有这么强大的根系，才能让它五年以后加速度增长，这就是“竹子定律”。

金蝉，在地下要忍受寂寞和黑暗三四年，更长的还有十几年，他们会选择在某个早晨，突然钻出地面，悄悄爬到树上，迎接太阳的洗礼，歌唱美好的生活。

这些定律说明了什么呢？无论是荷花定律、竹子定律还是金蝉定律，都说明成功需要厚积薄发，要忍受煎熬，耐得住寂寞，有坚忍不拔的毅力，坚持、坚持、再坚持直到最后成功的那一刻。

今天很残酷，明天更残酷，后天很美好，但不少人等不到美好的那一天，而在离成功一步之遥时放弃了，这应了中国那句老话：“行百里者半九十”。

越接近成功越困难，越需要坚持。无论是创业还是人生，我们缺少的不是能力、技巧和思路，需要的是坚持和毅力，只有持之以恒，耐得住寂寞，沉下心来踏踏实实把基础打好，才能厚积薄发，才是成功之道。只有在那崎岖的小路上，不畏艰险、勇敢攀登的人，才能有希望达到光辉的顶点。

亲爱的同学们，离别的脚步近了，我满怀着对你们的不舍与期待。青春正好，不负韶华。我衷心地希望，同学们离开学校之后，要学习、学习、再学习，坚持、坚持、再坚持，努力、努力、再努力。不畏浮云遮望眼，不唯蝇头迷志坚，脚踏实地行稳致远。今天，你们能以成航人为荣；他日，母校也必以你们为傲。

同学们，你们将在这里挥手扬帆，成功启航。

最后，祝大家前程似锦、幸福安康。

2.4　在成都航院2017级新生开学典礼上的讲话

党委副书记、校长 张蕴启，2017年9月2日

亲爱的2017级新同学，家长朋友们：

大家上午好！

在这个秋雨新洗，风清气爽且硕果累累的金秋时分，成都航院充满蓬勃生机，校园群英荟萃，我们迎来了2017级3866名新同学。在这里，我代表全校1万1千余师生员工，向你们表示热忱的欢迎！向呕心沥血、含辛茹苦培养你们的父母表示由衷的敬意。

这两天，大家来学校报到，我在校门口、文体馆、图书馆、博学楼、生活广场都去转了转，看着熙来攘往报到的你们和你们的家长，我脑海里的一个强烈感受是：人生几次大选择，大学必居其一。为什么？因为大学是确立职业方向、形成价值观念的重要场所，是影响人一生的大课堂。同学们，从今天开始你们就是成航大家庭的一员，你们的到来也为成航增添新的活力和蓬勃生机。丰富多彩的大学生活从此展开，人生新的旅程在这里开启，在成航你们随时会感受到“航空报国、追求卓越”的学校精神，

体会到“明德、笃行、求实、创新”的校训给我们的感召，成航也将见证你们的青春岁月，为你们的成长成才插上腾飞的翅膀。

同学们，成都航院诞生于国家航空工业建设之初，已经走过了52年的光辉历程，是原十所航空院校之一，是西南地区唯一的一所服务国家航空战略产业的学校。学校的建立填补了我国西南地区航空教育事业的空白，是新中国培养航空工业应用技术人才的重点学校，为祖国航空工业发展提供了有力的人才支撑。成航始终紧跟国家国防建设重大战略的前进步伐，与中国航空工业一道快速发展。20世纪90年代，学校抓住国家大力发展高等职业教育的有利时机，1994年开始在全国率先举办高等职业教育，1998年经教育部批准，成为全国首批设立的四川省第一所高等职业院校，荣跃高等教育体系，完成了学校发展史上的重要跨越。1999年划转地方后，学校成为四川省教育厅直属高校，在积极为航空工业、国防科技工业服务的同时，主动融入地方建设，全程参与了中国航空事业的发展，全力参战了“西部大开发”和四川经济建设主战场，为学校的百年发展，找准了出路，以更加崭新的姿态建设了一个更加开放的新成航。学校是全国首批国家示范性高等职业院校、全国首批定向培养直招士官试点学校、国家发改委“产教融合工程项目学校”、西南地区唯一的高等学校继续教育示范基地、中航工业高技能人才培训基地、四川省高技能人才培训基地、四川省首批本科高端技术技能人才培养试点学校、全国职业教育先进单位、黄炎培优秀学校；学校连续12年被四川省评为“高校毕业生就业先进单位”。越来越多的毕业生进入高端产业和重点发展行业就业或进入本科院校就读。从2013年起，学校开始与境外高校互派留学生。我们已派出29批次229名学生赴国外、境外访学或交流学习。而今我们的校园里既有三年制专科生、又有空军、海军、武警士官生，也有与成都信息工程大学、四川省航空局联合培养的本科学生，还有来自韩国和也门的留学生，形成了特有的校园文化。学校拥有一支以中组部“万人计划”教学名师、国家级教学名师、省级学术技术带头人、享受国务院政府特殊津贴专家、全国模范教师、全国优秀教师、国家级教学团队等为代表的爱岗敬业、德技双馨的教师队伍，在成航这样一所学校里，通过老师的精心培养、同学们的刻苦学习，你们一定能成为国家有用之才。

建校至今，一批批成航学子从这里走出，他们秉承“航空报国、追求卓越”的精神，在实践中历练提升，在奋斗中谱写了一个个精彩华章。他们中有的献身国防成为共和国将军、中科院院士，有的坚守在中航工业成为国家重大工程、重点型号任务设计师、工程师、顶尖专家；有的勤奋钻研成为知名学者；有的留校工作春风化雨；还有一大批成为企事业单位技术骨干、技能能手和管理精英；中航工业的每个厂所，无处不有成航学子的身影，他们参与了国家所有战斗机的生产，尤其是当今最令人称颂的歼10列装、歼20试飞成功，翼龙无人机上天等成航学子更是主力军。他们中不乏“国防工业十佳杰出青年”“航空报国突出贡献奖”“航空工业科技进步奖”“中航工业管理创新奖”“五四奖章”“全国劳动模范”等获得者。

每当国家和民族需要时，总有成航人挺身而出；每当彰显国家力量时，成航人从未缺席。半个世纪来，成航人在祖国航空事业、国防事业和区域经济的发展和壮大中，特别是我国运7、运8、飞豹、枭龙、歼10以及无人机的研发和生产中做出了开拓性的贡献。今年新调整组建的军队院校、科研机构、训练机构主要领导座谈会在北京八一大楼举行。习近平亲手将军旗授予国防科技大学校长，我校杰出校友邓小刚。成航76级校友，中航工业数字化制造技术特级专家、中航工业十大风云人物、成飞数控厂厂长汤立民，是他对数控技术难关的攻克，扭转了军机研制初期大型复杂结构零件数控加工的被动局面，促使某型号飞机创造了我国航空工业研制周期的最短纪录。我们可以自豪地说，成航为国家航空、国防事业发展做出了积极贡献。卓越的蓝图是美好的，但美好的蓝图不是等来的，不是想来的，也不是说来的，而是知行合一，实干加苦干创造出来的。

同学们，你们应该为进入这样一所具有光荣历史和光辉前途的学校而感到自信、自豪。在求学立业的道路上，你们的人生必定打上成航的烙印，与成都航院的发展紧密相连。我们有充分理由对你们的未来充满更高的期待，相信你们必定会传承成都航院的光荣与梦想，成就未来。

仰望星空，我们要看到梦想和真理；脚踏实地，我们要做到勤奋和进取。最近，我在网上看到这样一条热搜，说的是一个大学生发微博向网友借50万，想完成去南极北极的梦想，毕业后用5年的工资去还。同学们，在我们为梦想提出要求时，是不是也要先考量一下自己的核心竞争力在哪里？不能还没工作就要用未来做资本。有梦想，有目标，就应该付出自己的努力和汗水，用自己的学识和才能去实现。正如习总书记在一次与青年代表座谈时说的“学问的根基好比弓弩，才能好比箭头，只要依靠厚实的见识来引导，就可以让才能很好发挥作用”。你们正处于学习的黄金时期，应该把学习作为首要任务，作为一种责任、一种精神追求、一种生活方式，树立梦想从学习开始、事业靠本领成就的观念，让勤奋学习成为青春远航的动力，让增长本领成为青春搏击的能量。

同学们，你们生逢盛世，你们“恰同学少年，风华正茂”。对于同学们的大学生活，我提三点希望共勉。

第一，希望同学们砥砺品行，立德做人。你们正处于汲取新知识、接受新事物的黄金时期，在大学不仅要学知识、学技能，更要注重培养自己良好的思想道德、优良品质、高尚情操、全面发展的素质，要积极加强自身思想品德修养，积极参加党团、班级活动及各种有意义的社会实践活动，树立良好的人生价值观，努力培养乐观向上的品格、豁达包容的态度、诚信负责的作风，怀揣家国情怀和远大抱负，在面临人生选择时，多问问自己内心的感受与热爱，少考虑社会的时尚与潮流。这就要求大家拒绝坐而论道，拒绝夸夸其谈，不论环境如何变化，都能沉下心来，俯下身去，诚信做人，踏实做事。人生的任何一个阶段都没有捷径，唯有实干的作风才能确保迈向理想的远方。

第二，希望同学们善于学习、勇于担当。要重视课堂上、书本上、理论上的学习，也要重视实训课和第二课堂的学习；既要常泡图书馆、实训室，也要参加各类社团活动；既要学好本专业知识，还要尽可能多地涉猎其他专业的知识；仅仅会思考还不够，还要学会实践；仅仅会写还不行，还要能够清晰地把自己的思想表达出来；仅仅会逻辑思维还不够，也要懂得形象思维；总之，要千方百计地利用好学校能够给予的一切条件、一切可能，加以锤炼。你们还要明白，上大学不能只为自己而学，不是简单地找一份工作，而是承载着父母的期盼、国家的富强、民族的振兴重任。你们的梦想就是祖国的梦想，就是民族的梦想，更是你们家庭的梦想！所以，你们要在大学勤奋学习、全面成长、勇于担当。

第三，希望同学们自理自立，笃行不坠。同学们要告别之前可能的依赖，回归自理和自立，学会“自我管理、自我教育、自我服务”，提高独立生活的能力，并从日常生活小事做起，自己动手洗衣晒被、打扫寝室。即将开始的军训，将会成为塑造良好生活习惯的开始。开学后的“晨读、晨练、清宿、晚自习”，同学们更要坚持不懈。我想再一次强调，在信息时代，知识的碎片化尤为严重，请同学们不要沉溺于网络和游戏中，更不能成为“屏奴”。有些宿舍闹不团结，同学之间有意见、有矛盾，起因很多都是一些同学沉溺于网络，通宵达旦“网游”“追剧”“直播”，不顾他人的感受、影响他人的休息；有些同学身体处于亚健康状态、不愿与人交流、性格孤僻，也都是沉溺于网络的结果。所以同学们要做一个自理、自立、自控的人。总之，希望同学们在大学学习期间，要明确发展目标，做好职业规划，学会做人，学会做事，学会学习，学会生活；做到勤奋学习、努力实践、敢于创新，树立好人生观、世界观、价值观，养成勤俭节约、不怕吃苦、诚实守信的好作风。三年之后，当你们走出校园，回顾往事，不会因虚度时光而悔恨，也不会因碌碌无为而愧疚，而是满怀自信，充满信心，收获满满。

亲爱的同学们，大学生活已经开始，遇到好学校、好老师是人生的幸运，我为你们祝福、替你们高兴。最后送大家一句欧洲谚语：“技能和信心加在一起，便是一支无往而不胜的军队。”预祝同学们学有所成，梦想成真！谱写绚丽青春华章。

谢谢大家！

2.5 在成都航院2018级新生开学典礼上的讲话

扬帆启航　成就未来

党委副书记、校长 张蕴启，2018年9月8日

各位同学、各位老师、各位来宾：

大家好！

今天，来自全国各地的4120名2018级新同学来到成都航院，成为这里的新主人。你们的加入给成航增添了新的生机和活力。在此，我代表全

校师生员工，对你们的到来表示热烈的欢迎！向获得新生奖励的同学表示祝贺！

成都航院是一所有着深厚历史积淀、办学成果丰硕、航空特色鲜明的学校。他诞生于国家航空工业建设之初，自 1965 年创建至今，伴随着国家航空工业的发展，学校在艰苦创业中成长，在励精图治中壮大，在改革创新中发展，始终与国家发展同命运，与时代变革同进步。学校是教育部首批批准设立的四川省第一所高等职业院校、全国首批国家示范性高等职业院校、全国首批定向培养直招士官试点学校、中航工业高技能人才培训基地、四川省高技能人才培训基地、四川省首批本科高端技术技能人才培养试点学校、全国职业教育先进单位、黄炎培优秀学校。学校秉承“航空报国、追求卓越”的精神和“明德、笃行、求实、创新”的校训，走过了 53 年的风雨历程。5 万余名英才，遍布全国各地。从献身国防的共和国将军、中科院院士到坚守中航工业重大工程任务的设计师、工程师、顶尖专家；从勤奋钻研、硕果累累的知名学者到留校工作、春风化雨的教育工作者；从企事业单位的技术骨干、技能能手到管理精英，成航人在祖国航空事业、国防事业和区域经济的发展和壮大中，发挥着自己的光与热。中航工业的每个厂所，无处不有成航学子的身影，他们中不乏“国防工业十佳杰出青年”“航空报国突出贡献奖”“航空工业科技进步奖”“中航工业管理创新奖”“五四奖章”“全国劳动模范”等荣誉获得者；我国重要机型的研发和生产过程中，无不挥洒着成航学子的汗水，枭龙、歼 10、歼 20 以及无人机，无不凝结了成航学子的智慧与心血。今天的成航学子朝气蓬勃，勇于担当。士官生的飒爽英姿出现在庆祝中国人民解放军建军90周年朱日和阅兵和南海实弹阅兵现场接受检阅；四川航空公司由重庆飞往拉萨的 3U8633 航班“史诗级备降”机组亦有我校航空服务专业学子临危不乱的身影……今天的成航人勤奋上进，精益求精。在数控技能大赛、电子设计竞赛、数学建模大赛、大学生创新创业大赛等国内外比赛中，摘金夺银，屡获殊荣。从 2015 年开始，成航学子在美国举行的国际大学生超轻复合材料桥梁竞赛中，与国内外众多名牌大学学生同场竞技，凭借精湛领先的技术，三次斩获国际超轻复合材料桥梁竞赛总冠军，使 SAMPE 奖杯永久“落户”成航。

正是一代代成航人的艰苦奋斗和卓越贡献，铸就了成航今天的辉煌！

亲爱的同学们，他们的昨天就是你们的今天！他们的现在就是你们的明天！

成航，就是你们成就梦想的起点。作为师长，我愿意成为你们的第一任“向导”，带着你们走进“成航之门”，领略大学之道、校园之美，和你们一起开启新的人生旅程。

大学生活即将拉开帷幕，你们将在一个全新的环境中开始新的学习生活。在成航，你们将接受“价值、能力、学识”三位一体的教育。即将开启的大学时光不仅是时间的宽度，更是你们人生的厚度，在你们毕业后，伴随你们的除了知识技能，更有历久弥新的成航精神。

今天，我想给同学们分享四点建议，与同学们共勉，以期你们更快地成为真正的有知识有文化有能力的新时代大学生。

第一，毫不松懈地努力学习。“黑发不知勤学早，白首方悔读书迟。”这是古人劝勉青少年要珍惜少壮年华，青年时代要知道发愤苦读，勤奋学习，有所作为。梦想从学习开始，事业靠本领成就。习近平总书记曾讲道：“要珍惜大好学习时光，求真学问，练真本领，更好为国争光、为民造福。”研究型人才是国家需要的人才，应用型人才也是国家发展需要的人才，而且是当前国家发展急需的人才。因此，在时代发展的征途中，我们要顺势而为，大有可为，乘势而上，掌握主动。

考上大学绝不能在学习上松气歇脚，而要在高层次上更高要求、更加主动、更加自觉地学习，这是你们踏入社会的加油站，是实现人生理想的新起点。希望同学们坚持积累，既多读有字之书，也读无字之书，既重视课堂上、实训中的学习，也经常参加社会实践、创新创业等活动；既学好专业技能，也广泛涉猎广阔知识，通过学习科学理论、社会知识、人生经验，最大限度地储备知识、拓宽视野、增强本领，不断夯实个人发展的能力素质基础，积蓄起展翅腾飞的无穷力量，做德智体美全面发展的新时代大学生。

第二，塑造独立与批判的精神。大家中学时通过学习知识、熟知知识、理解和运用好知识，并加以反复训练，能做到机械化输出，通过考试便不会太难，这是知识的熟能生巧。而大学则要求同学们有对原有知识和大众观点提出质疑和挑战的能力，同时还能对其进行科学分析，对问题提出建设性、创造性的解释，甚至是对策。英国著名数学家和教育学家怀特海曾指出：“教育的全部目的就是使人具有活跃的智慧。”这就是说同学们在受教育中，要拥有独立与批判精神。孟子曰：“尽信书，则不如无书。”作为大学生的你们，要努力塑造独立与批判的精神。面对社会信息的洪流，冷静、从容地思考，不盲从；客观、正确地判断，不顺从，坚持叩问初心，去伪存真，明辨是非。

“不唯书、不唯上、不盲从”，这是一个人的心智走向成熟、走向独立的过程。当你们今后进入了社会，在面对他人的质疑和指责，在不被理解、不被欣赏的时候，你只有具备了独立的人格，批判的精神，才能始终坚持心中的理想追求，充满信心地去迎接挑战，始终把命运掌握在自己的手里。

第三，培养包容与欣赏的品格。在发扬批判精神前，还需要培养包容的品格，这是一个人具备批判精神的前提与保障。独立不难，从众更易，既能独立又善合作，才是最难的。俗话说“人无完人”，没有一个人是完美的，但一个团队却有可能做到完美。你们要在集体中深刻理解团队的重要性，学会与同学们相互理解，包容彼此的不同。思想包容，能让我们懂得换位思考，避免不必要的矛盾产生，有利于构建和谐的人际关系；知识包容，能让我们在独立钻研的同时，获得更广泛的启发，不断提升自我素质；文化包容，能让我们与不同地域不同习惯的同学相处时，始终保持一颗平和的心，让我们体会到社会的丰富，生活的美好。学会包容，就要懂得欣赏。每一个人都渴望得到欣赏，同样，每一个人也要有能力去欣赏别人。欣赏与被欣赏是一种互动的力量，欣赏别人其实也是在肯定自己。爱默生说：“人生最美丽的补偿之一，就是人们真诚地帮助了别人之后，同时也帮助了自己。”

人的一生，都是在与人的交往中度过，在与人的交流中进步，在团队的合作中成长。只有拥有包容与欣赏的品格，才能在生活中保持平常心，拥有幸福感；才能在工作中从容应对，走向成功之路。

第四，养成专注与求新的态度。习总书记曾说过：“广大青年要力行，知行合一，做实干家。”要实干就要持之以恒、精益求精、守正创新。这其实可以用一个词来概括——“工匠精神”。《荀子·劝学》有言，“锲而舍之，朽木不折；锲而不舍，金石可镂。”具备工匠精神的人是谦虚收敛的，他们耐得住寂寞，守得住清贫，在做事情、做产品时，能隔绝外界纷扰，凭借执着与专注日益精进，从平凡中脱颖而出。他们甘于为一门技艺的传承，一项技术的攻关奉献毕生才智和精力。立志欲坚不欲锐，成功在久不在速。

守正创新是工匠精神的指引所在，同时也彰显了工匠精神的时代气息。从“守正”到“求新”之路并不容易，王安石曾言：“世之奇伟瑰怪非常之观，常在于险远，而人之所罕至焉；故非有志者，不能至也。”我希望大家立鸿鹄志，做开拓者，愿你们有一天也能看到“奇伟瑰怪非常之观”！

同学们，一代人有一代人的使命，一代人有一代人的长征路，你们这一代人的长征路就是实现中华民族的伟大复兴。你们应深深地感恩这个时代，因为这个时代不仅为你们提供了充分的发展机会，也为你们成就梦想提供了广阔的舞台。这个伟大的时代不缺乏史诗一般的实践，不缺乏创造史诗的机会，关键是你们需要拥有的是创造史诗的雄心壮志和脚踏实地的勤学苦练精神。唯有拥有真本领，你们才能够勇敢地迎接挑战，创造出优异的业绩，让这三年的学习成为你们奋勇前进的资本和动力。同学们，“成航之门”已经打开，大学的崭新学习生活就此开始，期待你们从今天起，毫不松懈地努力学习、坚持塑造独立与批判的精神、培养包容与欣赏的品格、养成专注与求新的态度，做无愧于新时代的青年英才！

祝同学们在成航学习生活中身体健康、学有所成、全面发展。

谢谢大家！

2.6　在2013—2014学年优秀学生表彰大会上的讲话

党委副书记、副校长　陈玉华，2014年12月17日

尊敬的老师们、亲爱的同学们：

大家下午好！

今天，我们在这里隆重召开2013—2014学年“创先争优”表彰大会。对一年来在“创先争优”活动中涌现出来的44个先进班集体、190名“三好”学生、293名优秀学生干部，11名国家奖学金、300名国家励志奖学金、1372名学校奖学金、45名企业奖学金获得者，以及校外竞赛获奖者进行表彰和奖励。他们是成航学子中的佼佼者，是成都航院青年学生和班级中的优秀代表，是以实际行动弘扬“航空报国，追求卓越”的成航精神、践行“勤奋、严谨、活泼、文明”校风的先进集体和个人。在此，我谨代表学院

向受到表彰的先进集体和“三好”个人表示热烈的祝贺！向在“创先争优”活动中辛勤付出的老师们和相关单位表示衷心的感谢！

过去的一年，许多同学在美丽的成航校园挥洒着汗水、付出了辛劳、收获了成长。这期间，很多同学有过迷茫和困惑、沉迷和颓废，甚至遭遇过麻木与放任自流、挫败与无所适从。同学们想过成功，也想过失败，但从没想过放弃。连你们自己可能都已经记不清在实训基地练了多少小时的加工操作，在实验室焊接过多少电路板，在电脑上画过多少张工程图纸，在操场做过多少次航模试飞，在早站位场地重复过多少遍礼仪动作，在体育场跑过多少圈体能测试……你们的专注，或许被人看作“真是让人醉了”；你们的坚持，或许被人认为“就是这么任性”；可成功一定是偏爱那些执着于梦想的人。

过去的一年，我校在校企合作与专业建设、技术教育与素质培养、文化建设与社团活动等方面都取得了可喜的进展。我校呈现出“出口畅、入口旺、中间培养有质量”的良好态势：我校 2014 届 3577 名毕业生初次就业率达到 95.16%，招收新生 3793 名且新生综合素质明显提高，2014 年我校一举荣获 3 项国家级职业教育教学成果二等奖（全国 15000 多所职业院校评奖 451 项）。也是在 2014 年，成都航院的大学生在第七届“高教杯”全国大学生先进图形技能与创新大赛中获得 20 项大奖；在第九届全国高职高专“发明杯”大学生创新创业大赛中斩获奖项 56 个；在全国航空航天模型锦标赛中获得一等奖 1 项；在第六届国际超轻复合材料桥梁/机翼学生竞赛中更是不畏名校强手，与清华大学、北航大、美国华盛顿大学的本科学生同台竞技，勇夺 2 个项目的冠军，并被邀请代表中国参加明年在美国举办的复合材料国际大赛。我们有理由为为成都航院增光添彩的优秀的你们感到骄傲和自豪!!! 是的，成都航院的大学生就有这么出色！只要勤奋、努力和付出，成都航院的学子个个都可以成功!!!

同学们，我校是培养应用型技术技能人才的高等院校。在高等教育大众化的今天，掌握一门实用技术，努力提高自己的文化素质，健全自己的人格，在日益激烈的就业市场与瞬息万变的经济社会里，你们不比任何本科以上大学生有就业和发展上的劣势！在国家层面上，今年 5 月，国务院出台了“关于加快发展现代职业教育的决定”（国发〔2014〕19 号），教育部等六部门制定了《现代职业教育体系建设规划（2014—2020 年）》，明确提出做好人才培养衔接，打通从中职、专科、本科到研究生的上升通道，加快构建现代职业教育体系；深化产教融合、校企合作、工学结合，将专业与产业、教学与生产相对接，加大经费投入与政策支持，培养高素质劳动者和技术技能人才。在社会层面上，我国经济社会的发展，需要大量能够为企业直接创造利润和价值、为社会直接做出贡献的高素质技能型和技术技能人才，接受高职教育的合格毕业生有着良好的就业前景和发展前途。在学校层面上，我校因鲜明的办学特色和不断提高的人才培养质量，再次荣获全国职业教育先进单位，社会美誉度与日俱增；2014 年 11 月底刚刚闭幕的学校第三次党代会，做出了推进产教融合、校企合作和办学体制机制创新，加强教学建设、深化教育教学改革、创新教育管理模式、提高人才培养质量等多项决定，努力为同学们的学习、成长、成才创造更加良好的环境条件，可以说同学们占尽了天时地利人和。剩下的，就要取决于广大的同学们是否努力、是否作为了。在这里，我向同学们提出三点建议：

一是希望同学们修好品德身，养成好品质。在今年的全国职教工作会议上，党中央、国务院明确提出要加快发展现代职业教育，以大批的技术人才为支撑，把“中国制造”从“合格制造”变成“优质制造”“精品制造”。国家经济社会的发展需要一大批既有一技之长，又具备敬业守信、精益求精等良好职业精神和职业道德的技术技能人才。为了更有效地提升校园文化的育人内涵，强化我校大学生的文化素质培养，达成既定的人才培养目标，我校历时两年筹建了成都航院大学生文化素质学校，在 2014 级人才培养计划中专门设置了文化素质学分，力图通过文化素质教育课程、成航大讲堂、社团活动、文体科创活动等载体形式，使接受高等职业教育的同学们成为既有专业技术又有科学精神、既有实践能力又有人文理想的高素质技术技能人才，成为有技术技能专长、有内涵有担当、有理想有自律的新时代的大学生。然而，今年以来，学院处理了多起学生考试违纪和严重作弊事件，对数以百计的旷课学生进行了违纪处分，多名同学受到留校察看和开除学籍处分，有几百名学生受到警告以上处分，希望能够引起同学们的警示并引以为戒。希望同学们明白：虽然大学是包容的、宽松的，但同学们必须要对自己的行为负责，为自己的错误“买单”，承担一切不仅影响现在、可能还会为未来带来长久不良影响的后果。试想一个人在校期间可以熟视无睹地旷课、随心所欲地上课玩手机、毫无顾忌地违纪违规，到了工作岗位难免不会出现旷工、上班玩手机、违章违纪等行为，企业想以这样的员工去实现精益制造和优质服务那是难以想象的，任何一家想要谋生存、求发展的企业，都是难以容纳这样的员工的。

二是希望同学们立好学业志，练就一技之长。“非学无以广才，非志无以成学”。一个人只有不断学习才能博闻强识，只有目标确立才能催人奋进。一些同学进入大学后，没有了高考的压力、不再有老师的“耳提面命”，一时间不知道自己该做些什么、学些什么，在自主、宽松的学习环境中迷失了自我，停顿起来不求进步的情绪、贪图玩乐不愿再刻苦学习的情绪开始滋长。同学们，切莫认为进入了大学就可以是“刀兵入库、马放南山”了！大学，是人走向社会、走向独立的前夜；是走向职场、走上岗位的加油站和中转站；是人生华丽篇章的第一乐章、人生征程的一个新的起点，这个加油站和新征程的起点比以往任何时候都更加重要、更加富有挑战性、更加具有决定性：当同学们从这里毕业的那一天开始，就意味着你们必须要独立生活于社会、从被供给着求学变成为自己的人生创业、从被父母养着变成养家糊口。而同学们在这个加油中转站里的充电时间也只有短短的三年（实际有效在校时间不会超过 800 天）。试想三年后的你，拿什么去赢得激烈的社会竞争、谋得生存之道？是靠游戏世界的大神账号、极品装备还是攻略秘籍？作为高职院校的大学生，必须要有坚定的学业志向，要一专多能，至少要有一技之长。唯有练得一技之长，才能让自己脱颖而出，但这个一技之长绝不是玩网游可以习得的。今天，我们在这里表彰奖励的一批优秀学生，就是要为大家树立起身边的榜样，激励同学们勤奋努力学习。

三是希望同学们备好期末考，回报父母恩。“满地翻黄银杏叶，忽惊天地告成功。”2014 年就要过去了，同学们最近往家里打电话的时候，父母或许会高兴地告诉你：今年地里收成还不错，等你回家给你做好吃的；或者说，今年在外打工还赚到一些钱，明年你的学费就不用发愁了；或者，你的父母又晋级晋职或者因为工作努力受到单位嘉奖了……当你的父母家人盘点一年来他们的收获的时候，作为大学生的你能为你的这个家、你的父母家人贡献些什么、捎回去些什么呢？今天获奖的同学，毫无疑问可以将此殊荣作为你们一年的收获献给你们的家庭和父母，他们也必将感受到你们的回馈，为你们感到高兴和自豪。那么，其他 9000 多名同学呢？

本学期以来，我们组织开展了“德育教育十天行动计划”，我们持续开展了加强学风建设、规范教学秩序等多项活动，取得了一些效果。但在整体上，我校的学习风气依然不够浓厚，数量众多的同学把上大学当成了网游和享受，把求学当成了幌子、把学习当成了借口。同学们，再过 40 天，你们就可以完成本学期的学习、考完试放假回家了，就能吃上爸妈做的可口的饭菜了，也不会有老师抓你们睡懒觉了……前几天，我在航院的贴吧里看到一位同学留言说：“不想放寒假，一想放寒假就有期末考，一想期末考就有挂科。”说的是实在话。同学们，虽然期末临近，时间紧迫，但只要我们现在就开启学霸模式，认真复习，一切都还来得及，正如贴吧里另外一位同学所说——将来的自己一定会感谢现在拼搏的我！

最后，衷心祝愿老师们、同学们圣诞节快乐！2015 年元旦节吉祥！2015 年新春佳节幸福！谢谢大家！

2.7 在 2014—2015 学年优秀学生表彰大会上的讲话

党委副书记、副校长　陈玉华，2015 年 12 月 9 日

老师们、同学们：

今天，我们在这里召开优秀学生表彰大会，对一年来在“创先争优”活动中涌现出来的 42 个先进班集体、133 名“三好”学生、310 名优秀学生干部、9 名“成航学生好人榜”上榜学生，9 名国家奖学金、310 名国家励志奖学金（3291 名国家助学金）、8 名学院特等奖学金、1371 名一二三等学院奖学金、74 名海克斯康和宝利根企业奖学金获得者，以及一批为学校赢得国内外荣誉的校外竞赛获奖者（特别是航空维修系为学院赢得世界级重大荣誉的同学们）隆重进行表彰和奖励。首先，我谨代表学院向受到表彰的先进集体和优秀个人表示热烈的祝贺并致以崇高的敬意！向在此次活动中辛勤付出的老师们以及相关系部、单位表示衷心的感谢！

2015 年，我们在全校学生中广泛地开展了“创先争优”活动，学校的校风、学风建设取得明显成效，促进了广大学生文明行为习惯的养成，激

发了同学们积极向上、努力学习的热情，并涌现出了一批有理想追求、有奋斗目标、勤奋学习实践，在德、智、体、美等方面全面发展的优秀学生和“学风好、班风正、凝聚力强”的先进班集体。这次我们评选出来的优秀学生和先进学生群体，是我校青年学生和班级中的优秀代表；在他们身上彰显了我校青年学子“航空报国、追求卓越”的大学精神，“勤奋、严谨、活泼、文明”的务实校风，积极向上的人生观、价值观和青春昂扬的精神风貌。这是我校大学生思想政治教育、教育教学改革以及校风学风建设所结出的丰硕成果，他们也是成都航院全体大学生学习的榜样。

今天的总结表彰大会，我希望它不仅仅是优秀学生和先进集体的“歌功颂德”大会，今天的大会也应成为全体师生对学习现状的反思、对未来发展的展望。我们与其把它当成是对上个学年的总结回顾，不如将它纳入一个新的学年，乃至一个新的人生阶段的新起点。我想，每一个获得表彰的同学，应该比我更懂得这一点。同时，我更希望那些与此殊荣失之交臂的同学们，能够一起去深刻地理解、感悟并尊重这个新的起点。

同学们，大学是我们真正开始独立人生的起点，是梦想开始的地方；梦想开始了请别停下来，追逐梦想的路上不可以留下遗憾。大学其实也是埋葬青春最好的地方，要么真的把自己葬送了，要么用付出把自己埋下、等待开花结果。在经济学原理中有个重要概念，叫作“机会成本”。机会成本是指为了得到某种东西而要放弃另一些东西的最大价值。简单打个比方，比如说你有 100 块钱，能吃一顿饭，也能看一场电影；你去看电影了，你的机会成本就是那顿饭。又如，你周末两天可以用来打英雄联盟或 DOTA，也可以用来看《不要让未来的你，讨厌现在的自己》这本书，你去看这本书了，打英雄联盟或者 DOTA 的暂时性快乐就是你的机会成本。换句话说，你做的事情价值多少，是由你放弃的事情反映出来的；而你放弃的事情，也是由你做的事情的价值反映的。同样的大学三年时间你怎么度过，奋斗与成功、颓废与失败两种抉择你怎么选，会将一个人的层次和本性暴露无遗。在发给每位同学的《我在这里启航》这本书里，有一句英文“You are what you eat”。成为什么样的人，取决于你自己；明天生活得好不好，取决于你今天的生活是怎么过的。

说得更直白一点，就是你做了什么，你就是什么、价值什么。如果你为了一桶矿泉水和室友闹矛盾，你俩的友谊和你的室友就值这桶水；如果你为了电影票钱和女朋友斤斤计较，你俩的爱情和你的恋人就值这几十块钱；如果你因为连续一个星期都在教室、在图书馆、在实训基地读书学习，就觉得大学是苦不堪言的事，那么你的前途也就值这几天的付出。一个人的时间就这么短，精力就这么少，你分给价值低的事，为了价值低的事沉迷流连，只能说，对你而言没有发现更有价值的事情值得你投入精力，要么就是你春秋大梦未醒，或者你干脆就是个价值取向低的人。

如果我们不想成为我们鄙视的人或者事的奴隶，不再后悔我当时怎么会在诸如网络游戏“这种事情”上耗费如此多的时间和精力，最靠谱的摆脱模式或许就是赶紧醒悟，抓紧时间找一些有价值的事情去做。试着沉下心境，走出迷茫，倾听内心的声音，这样，我们每个人都一定能找到自己真正应该做的事情。

同学们，在座的大一的同学们进大学只有几个月，大三的同学已经在学校两年多了，大家是否真的理解大学究竟是什么、大学究竟应该怎么去读？朱熹说：“大学者，大人之学也。”如果说中学学习的目标是“求算之法”，那么大学学习的追求必然应该是“明世之理”。因为大学不仅仅是大人之学，还是大德之学、大智之学。大学一定不是功利地学几门课程、拿几个学分、混个毕业证书就可以解读的。大学学习一定是有理想精神的修习。这种精神就是一种自由的精神。当然这种自由不是自由散漫的“自由”，而是精神和心灵上不随波逐流的独立和自主。 现在，我们的社会过于喧哗了，我们大学生难免不受到影响和冲击：太多的物质迷失了我们的选择，太多的信息蒙蔽了我们思想，这一切反而让我们变得不自由了，我们盲从着网购、跟随大流去追求物质享受，追逐流行一时的东西，这些东西让我们逐渐失去了真正的自我，变成了同质化越来越严重的“无脸人”——没有自己的思想、灵魂、价值和精神。作为信息时代的大学生，我们应该倡导一种“极简主义”的生活方式，做一个精神极简、物质极简、信息极简的人。

所谓精神极简，就是了解自己的真实愿望和欲望，理解自己的渴望与恐惧，正确选择，坚守信念，不轻易接受外在潮流的洗脑，不盲从、不跟风；专注于 1~3 项自己真正想从事的精神活动或者有益的兴趣爱好，充分学习、提高，不昏昏然浪费我们自己有限而宝贵的时间与精力。

所谓物质极简，就是明确自己的需求，不买不必要的物品；将自己用不着的东西捐赠、出售或者丢弃；用可以重复使用的口袋替代塑料袋和纸袋；用瓷杯和玻璃杯代替纸杯；整合、精简电源线和充电设备，不重复购买日新月异的电子产品，即使你是“官二代”或“富二代”（如果你的家境本来就不宽裕，那就更加不应该了）。

所谓信息极简，就是减少使用社交网络、即时通讯工具，少看微博、微信、朋友圈，避免无效社交混淆视听；定时（比如说上课学习及专心读书时）远离互联网、远离手机，避免无效信息干扰你的思维；不去关注与己无关的娱乐花边信息和社会新闻，关注点要少而精，时间界限要分明。

同学们，到现在为止，我们成都航院已经有 11300 多名学生。可以肯定地说，所有的同学都曾经有过伴随个人的成长逐渐降低目标的理想和抱负。相当多的同学，不一定都能够实现自己的梦想和理想目标。但是，假如同学们不愿意“明德、笃行”、不能够“求实、创新”、不去脚踏实地地付出努力，就一定不会成就你自己的梦想。保尔·柯察金曾说：“一个人的生命应当这样度过：当他回首往事的时候，不会因虚度年华而悔恨，也不会因碌碌无为而羞愧！”事实上，只要你努力了、拼搏了、奋斗了，即使没能取得成功，也一定会收获一路的美景，人生也就没有遗憾了。

同学们，在我们即将迎接教育部、四川省教育厅对我校进行的人才培养工作评估之际，在纪念一二九抗日救亡学生爱国运动 80 周年的特殊日子里，我今天在这里发言，是作为一名教师、一名长者、一名心存美好愿望的教育管理工作者，只为表达一个思想、一个心愿：愿我们每一位成航学子不负青春，不负时光！让我们收拾起心情，连同在冬日里蒙胧的睡眼，无论艳羡与嫉妒，自卑与自责，统统收拾起来藏在心底。然后，从现在开始勇敢无畏地努力，去创造属于你自己的存在价值！

今年 12 月 7 日的最新消息，你们的校友，中专毕业的邓小刚少将当选中国科学院院士。知道这昭示了什么吗？谁的青春不迷茫？但是，我们，苔米花虽小，也作牡丹开。

2015 年即将过去。我祝愿老师和同学们圣诞节快乐、2016 年元旦节吉祥、2016 年新春佳节幸福！

谢谢大家！

2.8 在2015—2016学年优秀学生表彰大会上的讲话

党委副书记、副校长 陈玉华，2016年12月13日

老师们、同学们：

今天，我们在这里隆重召开优秀学生表彰大会，对一年来在“创先争优”活动中涌现出来的44个先进班集体、136名“三好”学生、285名优秀学生干部、11名“成航学生好人榜”上榜学生，以及11名国家奖学金、276名国家励志奖学金（3288名国家助学金）、8名学院特等奖学金、1250名一二三等学院奖学金、64名海克斯康和宝利根企业奖学金获得者，以及一批为学校赢得国内外荣誉的校外竞赛获奖者（特别是航空工程学院在第十九届国际先进材料与制造工程学会超轻复合材料桥梁学生竞赛玻璃纤维工字梁竞赛上为学校赢得世界级重大荣誉的同学们）进行表彰和奖励。首先，我谨代表学院向受到表彰的先进集体和优秀个人表示热烈的祝贺并致以崇高的敬意！向在此次活动中辛勤付出的老师们和同学们，以及相关部处、二级学院表示衷心的感谢！

过去的一年里，学院美化、优化环境，校园内芳草萋萋、绿树成荫，亭台楼阁、小桥流水，为师生营造了赏心悦目的学习工作和生活环境。学院斥资1亿多资金加强基础设施和教学仪器设备建设，3.4万平方米的第二教学楼已经完工，下学期即将投入使用；我们会议所在的6000多平方米的文体馆已经建成并可风雨无阻地进行使用；我们学院的教学仪器设备总值接近2亿元、生均近2万元……这些校园环境和设施设备为同学们的大学生活和职业能力培养、文化素质养成创造了良好的条件。一年来，我们在全校学生中持续广泛地开展了“创先争优”活动，学校的校风、学风建设取得了积极成效，促进了广大学生文明行为习惯的养成，激发了同学们积极向上、努力学习的热情，并涌现出了一批有理想追求、有奋斗目标、勤奋学习实践，在德、智、体、美等方面全面发展的优秀学生和“学风好、班风正、凝聚力强”的先进班集体。这次我们评选出来的优秀学生和先进学生群体，是我校青年学生和班级中的优秀代表；在他们身上彰显了我校青年学子“航空报国、追求卓越”的大学精神、“勤奋、严谨、活泼、文明”

的务实校风，积极向上的人生观、价值观和青春昂扬的精神风貌。这是我校大学生思想政治教育、教育教学改革以及校风学风建设所结出的丰硕成果，他们也是成都航院全体大学生学习的榜样。

同学们，我们每年都在评“优秀”，表彰会我们每年都在开，当一个事情形成了程式，很容易就沦为一种形式。但我特别希望今天的表彰大会不仅是优秀学生和先进集体的“歌功颂德”，更应成为全校师生对当下学习现状的反思、对未来发展的展望。我们与其把它当成是对上个学年的总结回顾，不如将它纳入一个新的学年，乃至一个新的人生阶段的新起点。我想，每一个获得表彰的同学应该比我更懂得这一点。同时，我更希望那些没有获奖、没有受到表彰的同学们，能够充分理解、尊重并开启这个新的起点。

正如《我在这里启航》这本同学们一进校就拿到的第一本书的序言中我所写给大家的，大学是我们真正开始独立人生的起点，是梦想开始的地方；梦想开始了请别停下来，追逐梦想的路上不可以留下遗憾。大学其实也是埋葬青春最好的地方，要么真的把自己葬送，要么用付出把自己种下，一定会有开花、结果和收获的那一天的。

在座的大部分大一的同学们进大学只有几个月，大二的同学在学校一年多，大三的同学已经在学校两年多了，大家是否真的理解大学究竟是什么、大学究竟应该怎么去度过？古人把学习分成两类：一是“小学”，二是“大学”。小学是“济用之术”，大学是“为人之学”。所以朱熹说：“大学者，大人之学也。”如果说中学我们的学习目标是“求算之法”和考试分数，那么大学学习的追求必然应该是“明世之理”和涵养品质。最近流行一句话，叫作“主要看气质”。作为你们的长辈和老师，我更希望你们拥有青年人该有的气质和担当、拼搏意识和进取精神。因为大学不仅仅是大人之学，还是大德之学、大智之学、博览广学。大学一定不是功利地学几门课程、拿几个学分、混个毕业证书就可以解读的。大学学习一定是有理想追求的精神修习。这种精神是一种独立自主的自由精神、一种持续改进完善自我的追求精神、一种不忘初心善始善终善做善成的践行精神。只有这样，大家才能真正体会到快乐与幸福。大学一定不是年轻人的网络游戏厅，也不是培养“精致的利己主义者”的地方。那样的话，大学只会走出越来越多的“空心病”患者——他们不知道该如何有尊严、有价值、有意义地学习和生活，有的仅仅是日复一日地在焦虑、不安、甚至抑郁中活着。

作为高职院校的大学生，大家或许会说“来日方长”所以“随波逐流”；辛苦读书 12 年了，进了大学该“歇歇”了，反正也不知道该干些什么。的确，我们现在的社会过于喧哗了，作为大学生难免不受到影响和冲击：太多的诱惑迷失了我们的方向，太多的信息蒙蔽了我们的思想，太多的物质迷失了我们的选择。其实，年轻人的青春都曾经迷茫过。如果只是嘴里抱怨着大学生活，嚷嚷着“宝宝心里苦”真的是于事无补的。那么，如何更自在更从容地度过难能可贵的大学学习生活，使我们的大学学习生活更丰富更充实、更开心更通透呢？

一是要立德树人、修德明辨，做有信仰的人和全面发展的追求者。要学会做人，注重自己思想、品德、人文等综合素质的提高。今年，是中国共产党成立 95 周年、红军长征胜利 80 周年。红军指战员在长征途中表现出的对革命理想和事业的无比忠诚、坚定信念，表现出的不怕牺牲、不畏艰难的乐观主义精神，表现出的顾全大局、严守纪律、亲密团结的高尚品德，这些构成了伟大的长征精神，值得我们继承和发扬。现在我们有幸处在夺取全面建成小康社会、全面深化改革的决战阶段。在今年的 5 月 4 日，习近平总书记结合自身经历，立足于培养中国特色社会主义建设者和接班人的战略高度，对当代青年提出了“理想、奋斗、学习、自强、心态、志趣、踏实、吃苦、读书”等 9 个方面的殷切嘱托和希望。今天，受到表彰的同学们能够通过自己的努力，成为全校同学们学习的榜样，相信在你们的激励与鞭策下，全校同学必将会振奋精神、勤奋学习，将兴趣发展成特长、将爱好转化为优势、将追求优秀变成大学学习生活的习惯，在伟大的时代潮流中不负当代青年大学生的历史使命，努力使自己成为国家经济社会和航空事业发展需要的全面发展的高素质技术技能人才。

二是要德能并进、勤学精技，做有一技之长的工匠精神的践行者。要学会做事，注重自己专业知识学习、专业技术技能的训练、职业素质的提高。今年，人社部统计大中专毕业生和进入社会的初高中毕业生有 1500 万人（不包括往年未就业大中专毕业生、削减落后产能导致的下岗人员和不就业人员等），6%左右的 GDP 增量只能提供 1000 万个工作岗位。假如我们的学历和文化知识不如本科毕业生，技术技能和职业态度比不上中职毕业生，我们靠什么找到社会立足的一席之地？古人说："非学无以广才，非志无以成学。"一个人只有不断学习才能博闻强识，只有目标确立才能催人奋进。一些同学进入大学后，在自主、宽松的学习环境中迷失了自我，不求进步、沉迷网络、不愿刻苦学习的情绪明显滋长。试想三年后的你，拿什么去赢得激烈的职场竞争？是靠游戏世界的大神账号、极品装备，还是攻略秘籍？总不能说：上网有意思吗？为了弄清楚这个问题，我就一直在上网。显然，这些都是不行的。作为高职院校的大学生，大家必须要有坚定的学业志向，要知行合一、精益求精、一专多能或者至少要有一技之长，要立志成为各行各业的"大国工匠"。

三是要不忘初心、完善提高，做自觉自律的人和积极进取的先行者。进入自己选择的大学进行学习，要不忘初心，做好自己选择后该做对的事。大学学习不同于中学学习，大学里要求同学们要学会自我教育、自我约束、自我服务，以实现自我管理和自我成长。为此，要树立一个信心：我能行。俗话说：天生我材必有用。大家一定不要为自己的过去苦恼，更不能因为中学时期学习成绩不理想而得过且过。要养成一种学风：我认真。知识和技术技能是一个积累的过程。大学生的成长成才成功一定离不开"认真"二字，认真读书，认真训练，认真实践。要培养一个习惯：我自觉。俗话说：没有规矩无以成方圆。一所学校、一个企业，都会有保障学校或企业运行和实现目标的规章制度，作为已经成人的大学生，要严于律己、遵守校纪校规。

同学们，目前，我们成都航院已经有 11300 多名学生。可以肯定地说，几乎所有的同学都曾经有过伴随个人的成长逐渐降低个人未来目标的理想和抱负；相当多的同学，不一定都能够实现自己的梦想和理想目标。但是，假如同学们不愿意"明德、笃行"、不能够"求实、创新"、不去脚踏实地地付出努力，就一定不会成就你自己的梦想。在这里，我殷切希望同学们：勤于思考养自己的灵气，善读群书养自己的才气，宁静致远养自己的正气，诚实守信养自己的人气，修身律己养自己的骨气，技术技能养自己的底气，创新创业养自己的胆气！

2016 年即将过去、2017 年即将到来。现在，距离放假只有整整一个月的时间，请同学们立即行动起来，全力开启"学习模式"！念了十几年书，总不能到最后落个"感觉还是幼儿园好混"的说法吧。

最后，我祝愿、祝福全体老师和同学们圣诞节快乐、元旦节吉祥！

我期待着：所有在成都航院求学的同学们都有不负母校、不负父母、不负青春的光辉未来！

谢谢大家！

2.9　在2016—2017学年优秀学生表彰大会上的讲话

党委副书记、副校长　陈玉华，2017年12月19日

同学们、老师们：

今天，我们在这里隆重召开优秀学生表彰大会，对一年来在“创先争优”活动中涌现出来的44个先进班集体、121名“三好”学生、285名优秀学生干部、11名“成航好人榜”上榜学生，以及5名国家奖学金、273名国家励志奖学金（3015名国家助学金）、5名学校特等奖学金、1075名一二三等学校奖学金、75名海克斯康和宝利根企业奖学金获得者，以及一批为学校赢得国内外荣誉的校外竞赛获奖者（特别是复合材料专业学生团队在2017SAMPE国际大学生超轻复合材料竞赛中，战胜所有国内外名校参赛队，荣获总冠军并为学校赢得世界级重大荣誉的同学们）进行表彰和奖励。首先，我谨代表学校党政学团，向受到表彰的先进集体和优秀学生表示热烈的祝贺！向辛勤培育并助力同学们成长的老师们和同学们，各二级学院和相关部门，各校企合作企业的企业家和工程技术人员，一并表示衷心的感谢!!!

2017年，学校进一步改善办学条件，校园内四季花不断、银杏树成行，文化设施和文化景观赏心悦目，为广大师生营造了越来越美的学习工作和生活环境；伴随3万多平方米的新教学大楼“博学楼”的投入使用，校内各实训基地、工程技术实验实训室新建和扩建，学校教学仪器设备总值接近2亿、生均超过1.5万元……这些软硬件建设为同学们的大学学习生活和职业能力培养、综合素质提高创造了良好的条件。2017年，我校3700多名应届毕业生，初次就业率（2017年6月底）达到95%；新招生3900人，报到率达到92%；学校呈现“出口畅、入口旺、中间培养有质量”的良好局面。一年来，我们在全校学生中持续开展“创先争优”活动，学校的校

风、学风建设取得了积极成效，涌现出了一批有理想信念、有奋斗目标、勤学上进，在德、智、体、美等方面全面发展的优秀学生和“学风好、班风正、凝聚力强”的先进班集体。他们是我校青年学生和班级中的优秀代表；在他们身上彰显了我校学子“航空报国、追求卓越”的大学精神、“勤奋、严谨、活泼、文明”的优良校风，积极向上的人生观、价值观和昂扬向上的精神风貌。这是我校大学生思想政治教育、人才培养改革以及校风学风建设所结出的丰硕成果，他们也是成都航院全体大学生学习的榜样。

同学们，我特别希望今天的表彰大会不仅仅是优秀学生和先进集体的“歌功颂德”，更应成为成都航院全体学生对当前大学学习生活的一种反思、对将来个人发展的一种展望、对未来职业生涯规划的一个新起点。正如《我在这里启航》这本同学们一进校门就拿到的第一本书的序言中我所写给大家的：大学是独立的开始，是梦想开始的地方；梦想开始了请别停下来，追逐梦想的路上不可以留下遗憾。大学，其实也是埋葬青春最好的地方，是颓废者的地狱、奋进者的天堂。请同学们记住：每一个不曾起舞的日子，都是对生命的辜负——大学中最大的敌人是你们自己！

同学们：今年十月，习近平总书记在党的十九大报告中指出：“青年兴则国家兴，青年强则国家强。青年一代有理想、有本领、有担当，国家就有前途，民族就有希望。”总书记对广大中国青年提出了殷切的期望。今天借此机会，作为一名长者，我对全校同学提出三点希望和要求，与同学们共勉：

第一，要坚定信念、志存高远，做有信仰的人和全面发展的追求者。 大家知道，理想信念是一个人思想行动的“总开关”，是引领人生方向的“指南针”，是青年学生努力实践、德学兼修的思想基础；而志向则决定了一个人的眼界、见识、气度和格局。志向定得高远，眼界就深邃，见识就开阔，气度就恢宏，格局就博大。“功崇惟志，业广惟勤。”我很是希望同学们能在大学这个宽松、宜人的环境中丰富自己的学识，开阔自己的视野，磨砺自己的志气、增长自己的才干，进而树立远大理想、锤炼高尚品格，勇于担当、善于创新、勤于实践，把实现中华民族伟大复兴的中国梦，与基于个人奋斗的成长成才结合起来，把国家富强和民族振兴的重担扛在肩头，着眼长远、涵养格局，找准自己的目标定位，规划好学业和职业生涯，努力使自己成就为有志向有才华、有追求有胆魄，能为国家经济社会发展和航空事业进步做出积极贡献的全面发展的高素质技术技能人才。

第二，要奋发有为、好学力行，做能自律的勤奋学习者。学习，是青年学子的首要任务和第一要务。青年时期是一个人学习的黄金时期。大学，是一个人独立学习生活的开始，一定要养成勤奋努力的习惯，保持好学上进的追求，唯此，一个人才能够为自己人生事业的发展打下坚实的基础。我特别希望我们成都航院的学子能有一种区别于其他高职院校学生“特立独行”的精神风貌——把学习作为一种责任、一种精神追求、一种生活方式，并以滴水穿石、聚沙成塔的坚持和毅力对待学习，拒绝拖延而惜时自律，博采众长且兼收并蓄。与此同时，我们成都航院的同学们还要注重学做结合、边做边学，学思结合、以思促学，变被动灌输性学习为主动求知探索，把学到的知识内化于心，形成自己的见解；把习得的技术技能外化于行，形成自己的能力。要先学会做人，再学会做事，注重自己专业知识学习、专业技术技能训练、职业精神和职业素质的养成。

同学们，我们必须正视这样一种“残酷”：2018 年，我国的大学专科以上毕业生将历史性地达到 820 万人！作为 820 万分之一，你的学历文凭和文化知识不如本科生研究生，这是事实。假如你应该掌握的技术技能、应该具备的职业精神、职业意识、职业态度再比不上中职毕业生，你靠什么找到立足社会的一席之地？古人说：“非学无以广才，非志无以成学。”一个人只有不断学习才能博闻强识，只有目标确立才能催人奋进。一些同学进入大学后，在自主、宽松的学习环境中迷失了自我，不求进步、沉迷网络、不愿刻苦学习的情绪明显滋长。试想三年后的你，拿什么去赢得激烈的职场竞争？靠游戏世界的极品装备、大神账号，还是攻略秘籍？你不可以总是自我慰藉说：上网有意思吗？为了弄清楚这个问题，所以我就一直在上网。显然，这是不行的、不可取的！当然，大家更不能“高考跌倒了，趴在大学自由的土地上‘接着哭’”！

作为高职院校里专科层次的大学生，大家必须明白：你的不自律，正在慢慢毁了你！大学中的你，绝对不可以“毁谁不是毁，灭谁不是灭”地自虐！中国的一般大学调查统计表明：大学中最不求上进的人，他们既为现状焦虑，又没有毅力去改变自己。学习兴趣三分钟热度，虽时常憎恶自己的不争气，但坚持最多的事情就是坚持不下去。终日混迹社交网络，蜡黄着脸对着手机和电脑的冷光屏，可以说上几句话的人却寥寥无几。他们以最普通的学生身份淹没在3000多万大学生人群中，其实却过着最煎熬自己的日子。

同学们，你是这样的人吗？如果是，请务必开始学着自律、学会自律！因为你的不自律，不只是因为懒；你的不自律会慢慢摧毁你的心智、外貌、甚至是整个人生。只有自律，才是解决人生问题的首要工具，也是消除人生痛苦的第一手段。想请大家牢记这样一句话：一个人有多自律，人生就有多美好！自律的人不一定都优秀，但优秀的人基本上都是自律的。

第三，要不忘初心、勇于担当，成为青春正能量的传播者。努力了十多年，终于进入了自己选择的成都航院进行学习。同学们要不忘初心、牢记自己的使命，明确自己的目标，并为之坚持不懈地奋斗。在大学学习的过程中，当出现阻碍自己初心的时候，请大家不要忘了自己当初为什么选择我们成都航院，为什么要走读大学这条路。请同学们相信：大学精神的本质，并不是让我们变得深奥或者懒惰，而是回归和恢复人类的纯真；唯有纯真的人，才会无穷尽地追问和探索这个世界的真谛。这是因为“德不优者，不能怀远；才不大者，不能博见”。而且在我们这样一所大学里，同学们既要实现知识的提高，更要完成人格的养成，成为德才兼备、德学兼修的高素质技术技能人才。这既是我们成都航院办学的大学使命，也是每个成航学子持之以恒的价值追求。

“正身以为本，修身以为基”。德行对人的一生至关重要。青年时期，可塑性大，是人生的起步阶段。希望同学们牢记校训，不仅把“明德”作为自己的理想追求，更应该将其作为一种自觉行动。希望同学们努力加强道德修养，既要在学业上孜孜不倦，又要关心国家、关心民生、关心世界发展大势；学着担当社会责任，在人生的过程中不断完善自我、提升自我，见贤思齐、见不贤而自省，用自己的美德善行引领社会新风尚，立德修身、立德成才，为我国特色社会主义建设添砖加瓦，增添更多的青春正能量。

同学们，目前，大家所求学的成都航院已经有一万多名学生。我可以肯定地说，几乎所有的同学都曾经有过伴随个人成长逐渐降低个人未来目标的理想和抱负；会有相当多的同学，不一定都能够实现自己的梦想和理想目标。但是，假如同学们不愿意“明德、笃行”、不能够“求实、创新”、不去脚踏实地地付出努力，就一定不会成就你自己的梦想。在这里，我殷切希望同学们：勤于思考以养自己的灵气，善读群书以养自己的才气，宁静致远以养自己的正气，诚实守信以养自己的人气，修身律己以养自己的骨气，锤炼技能以养自己的底气，守正创新以养自己的胆气！这样求学成都航院的你，在大学毕业20年后，再回想起自己大学岁月里勤奋的足迹，你一定会微笑着回望自己当年因为奋斗而美丽好看的样子！

2017年即将成为历史，2018年即将到来。现在，距离寒假只有短短的四周时间了。请同学们立即行动起来，从现在做起、从我做起，全力开启“学习模式”！

最后，我衷心地祝愿并祝福全体老师和同学们：圣诞节快乐、元旦节吉祥！

谢谢大家！

2.10　在学校2013年第四届社团科技文化周开幕暨学生事务中心揭牌仪式上的发言

党委副书记、副校长　陈玉华，2013年5月14日

尊敬的各位领导，各位嘉宾，老师们，青年朋友们：

大家晚上好！

今晚华灯璀璨，彩旗飞扬。我们在这里隆重举行第四届成都航院学生社团科技文化周开幕式暨学生事务服务中心揭牌仪式。首先，我谨代表学院党委对各位嘉宾的到来表示热烈的欢迎，对本次社团科技文化周的开幕表示热烈的祝贺！

同学们，学生社团是高校第二课堂的重要组成部分，是青年朋友们激荡青春、挥洒热情、开发潜能、展示自我的舞台，也是大学生素质教育的

重要载体。近年来成都航院学生社团在院团委的科学管理与引导下，取得了长足的发展，目前已有形式多样、内容丰富、体制完善的学生社团30多个，并涌现出管乐队、街舞社、跆拳道协会、棋类协会等一批在校内外都颇有影响的优秀学生社团。

目前，我院正处在高速发展的新时期，正在凝神聚力加快发展、科学发展，积极探索育人为本、立德树人的新方向。我们将以此为契机，大力加强各社团的建设，增强凝聚力，为构建校园文化新体系、为学院早日实现成航梦、助力建设美丽和谐四川和实现伟大中国梦做出应有的贡献。

本次社团科技文化周将以积极引导学生树立正确的社会主义荣辱观为核心，以营造我院良好的科技文化氛围为重点，以弘扬校园文化、构建校园文化新体系为方向。

与此同时，为了更有效地提升校园文化的育人内涵，促进校园文化建设的创新发展，学院成立了成都航院大学生事务服务中心。中心以“情系学生、关爱学生、服务学生”为宗旨，围绕学生的学业发展、帮困助学、就业指导、职业规划、心理咨询、后勤保障等实际需要，打造一个以咨询服务、事务办理、信息发布、专题访谈、分时段进行现场服务为一体的新的学生工作平台，力图全方位为广大成航学子服务。

同学们、青年朋友们，舞台已经搭好，帷幕已经拉开，序曲已经奏响，让我们在成都航院的舞台上尽情演绎，用青春、用活力、用梦想，展示自己的才艺和风采。

预祝本届社团科技文化周取得圆满成功！谢谢大家!

2.11 成都航院第十九届田径运动会开幕词

党委副书记、副校长　陈玉华，2017年4月20日

尊敬的老师们、亲爱的同学们：

大家上午好！

“草树知春不久归，百般红紫斗芳菲。”在这春意盎然、充满生机、满

怀希望的美好季节里,我们迎来了学院一年一度的体育大会——成都航院第十九届田径运动会。首先，我代表学院体育工作委员会，对这次运动会的如期举行表示热烈的祝贺！向辛苦排练开幕式、刻苦训练并积极备战比赛的参赛运动员致以亲切的问候！向筹备本届运动会并付出艰辛努力的老师和同学们表示衷心的感谢!

本届田径运动会是我们学习、宣传党的十八大和十八届历次全会精神，学习、贯彻习近平总书记系列主要讲话精神，全面贯彻党的教育方针，认真贯彻落实《体育法》和《普通高校体育工作条例》的体育盛会，也是学院建校以来的第 47 届田径运动会。每年一度的田径运动会，既是为师生们提供自我展示的舞台，也是对大家身心素质的一次考验，更是成航人“航空报国、追求卓越”精神、顽强拼搏精神、团结协作精神和集体荣誉感的一次检阅。“参与就是成功，坚持就是胜利”。好的成绩值得骄傲，顽强的毅力、拼搏的精神更应是每个成航学子优秀品质的展示。不论比赛成绩如何，我们将为每一位参赛运动员加油、点赞!

一年来，学院领导班子始终关心、重视体育工作，积极倡导“每天锻炼一小时，幸福生活一辈子”的理念；学院体育工作委员会不断加强指导，统筹安排全校性体育活动，完成了覆盖全校一万余名同学的《国家学生体质健康标准》测试工作；新竣工的 6000 平方米文体馆也在进一步完善并已投入使用。这些工作，都是为了在全校师生员工中，倡导积极向上的课余生活，推广健康有益的健身方法，动员更多的师生投身到体育锻炼中去，使我们拥有强健的体魄、坚定的意志，更加健康快乐地生活。

老师们，同学们，运动员们，让我们行动起来，发扬“更快、更高、更强”的奥林匹克精神和“友谊第一，比赛第二”的中华体育文化精髓，牢记“参加比取胜更重要”的奥林匹克格言，弘扬大学生运动会“团结、奋进、文明、育人”的宗旨，树立“安全第一、健康第一”意识，锤炼“超越自我”的精神，顽强拼搏，奋勇争先，赛出水平、赛出风格，让运动的活力激扬在赛场的每个角落！把本届田径运动会办成团结的大会，办成展示成航学子体育运动水平、展示运动健儿道德风尚和实力的体育盛会!

预祝学院第 19 届、建校第 47 届田径运动会圆满成功!

2.12 弘扬五四精神 坚定理想信念 做有梦想的践行者

——在成都航院2018年“五四”表彰大会上的讲话

党委副书记、副校长 陈玉华，2018年5月4日

同学们、老师们，青年朋友们：

暮春犹清和，携一缕浅夏芬芳，热烈而不失婉约。

孟夏树扶疏，漾阵阵翠绿清香，青涩却不乏激情。

值此中国共产主义青年团成立96周年、纪念五四运动99周年之际，今天，我们在此隆重集会，表彰2017—2018年度在我校共青团工作中涌现出来的先进集体和优秀个人，感召并教育广大青年学生继承“五四”光荣传统，团结并鼓舞广大团员青年弘扬“五四”精神。在此，我谨代表学校党政学团向受到表彰的集体和个人表示热烈的祝贺！向为学校发展和建设做出积极贡献的团员青年表示亲切的慰问！向关心、支持共青团工作的各位领导、老师和同志们表示衷心的感谢！

青年朋友们，中国共产主义青年团是中国共产党领导，由信仰共产主义的中国青年组成的群众性组织。自1922年5月诞生以来，至今已经走过了96年的光辉历程。96年来，共青团以共产主义理想教育青年，帮助青年用马列主义、毛泽东思想和现代科学文化知识武装青年，引导青年在社会主义现代化建设实践中，锻炼成为有理想、有道德、有文化、守纪律的共产主义事业接班人。以“爱国、进步、民主、科学”为核心内容的“五四精神”，代表着诚实与进步、自觉与积极、自由与平等、追求与创造、真善美与奉献，既是忧国忧民的爱国主义精神、无私奉献的高度社会责任感，还是宣传民主科学的进步精神，追寻时代潮流、把握时代命运的伟大精神，更是一首青春的赞歌。中国共青团的发展史和五四运动以来的青年运动实践证明，青年是推动历史发展和社会进步的一支生机盎然、积极向上的力量。如今，新的时代既为广大青年提供了广阔的发展空间，青年也承载着伟大时代所赋予的历史使命。当代青年必须当仁不让地成为实现中华民族伟大复兴的生力军，成为社会主义核心价值观的践行者，肩负起国家和民

族的希望。

回顾过去的一年，我校共青团工作以党的十九大精神为指导，以习近平新时代中国特色社会主义思想为指引，以培养高素质技术技能人才为主线，始终坚持以“立德树人”为根本任务，始终坚持以“航空报国、追求卓越”精神为引领，始终坚持以素质教育为核心，重视同学们的思想道德素质、技术技能培养、个性发展和身心健康教育。通过广泛深入地开展校、院、班三级共青团组织建设、丰富多彩的校园文化建设、大学生文化素质学校和创新创业教育，以及社会实践活动等，为团员青年提供了锻炼成长的广阔舞台，在促进万余名成航学子综合素质不断提高的同时，也培养了一批先进团支部、优秀团干部和先进个人，他们是成航学子的优秀代表，是成都航院的骄傲，是全体成航人身边的学习榜样。涵养在“追求卓越”精神中的成航学子，都应该在奋斗中施展青春的活力、释放青春的激情、追逐青春的理想、展示青春的风采、放飞青春的梦想！借此机会，我想给同学们提出三点希望：

第一，希望广大团员青年有理想、有信念，有追求、有梦想。黎巴嫩艺术天才纪伯伦说过：“生活是黑暗的，除非有了希望；一切希望是盲目的，除非有了知识；一切知识都是徒然的，除非有了工作；一切工作是虚空的，除非有了爱。”人们常说，人的一生中、人们的日常生活中“不如意事常八九”，其实说的是作为平凡人的日常学习和生活是平淡的，甚至是乏味的、是“黑暗的”；但是，一旦你有了理想目标、有了努力方向、有了梦想和希望，世界没有变，但你的世界却发生了翻天覆地的变化——伴随中国诗词大会的举办，一段时间以来“一时竟传飞花令，满屏纷说雷海为”。一个怎么看都平凡的80后外卖小哥的雷海为，何以逆袭第三季中国诗词大会？因为有爱、有希望、有执着的信念，有认清生活真相后依然热爱生活的态度。假如一个人没有理想信念、没有目标和追求、没有希望和梦想，那么这个人的一生很可能除了“眼前的苟且”，剩下的就是“远方的苟且”。

“吾辈皆处沟渠之中，然其必有仰望星空者。”（爱尔兰著名作家王尔德）接受大学专科层次高职教育的同学们，与其困于“你的同龄人正在抛弃你”

的恐慌与焦虑之中，不妨学学雷海为。人生自有诗意，其实说的是人要有点精神。习总书记说："有信念、有梦想、有奋斗、有奉献的人生，才是有意义的人生。"作为新时代的团员青年，我们要在党的领导下，在各级团组织的引领下，以"学习总书记讲话、做合格共青团员"教育实践、"四进四信"（进支部、进社团、进网络、进团课，信仰、信念、信任、信赖）活动为契机，牢固树立对党的科学理论的信仰、坚定走中国特色社会主义道路实现"中国梦"的信念、增强对党和政府的信任、增进对以习近平同志为核心的党中央的信赖，将自己的理想信念熔铸于当下实现中华民族伟大复兴的"中国梦"之中，以实际行动谱写青春的华章。

第二，希望广大团员青年树立正确价值观，融道德修养于人格塑造中。党的十八大提出，倡导富强、民主、文明、和谐，倡导自由、平等、公正、法治，倡导爱国、敬业、诚信、友善，积极培育和践行社会主义核心价值观。富强、民主、文明、和谐是国家层面的价值目标，自由、平等、公正、法治是社会层面的价值取向，爱国、敬业、诚信、友善是公民个人层面的价值准则。2018 年 5 月 2 日，习近平总书记在北京大学师生座谈会上的讲话中，给广大青年提出的四点希望的第一条就是"要爱国，忠于祖国，忠于人民"。他说："爱国，是人世间最深层、最持久的情感，是一个人立德之源、立功之本。"敬业属于个人的道德范畴，敬业的意思其实就是专心致力于学业或工作，是一个人对自己所从事的学习和工作负责的态度。诚信，在一般意义上是指诚实诚恳、信用信任，是一个人"内诚于心、外信于人"的内在道德品质。友善，是形容个人品格的词汇，通常是指人与人之间的和睦相处关系。作为当代大学生，我们要义不容辞地率先树立并践行这种价值准则。

习近平总书记曾经强调指出："青年的价值取向决定了未来整个社会的价值取向，而青年又处在价值观形成和确立的时期，抓好这一时期的价值观养成十分重要。"这就像穿衣服扣扣子一样，如果第一粒扣子扣错了，剩余的扣子都会扣错。人生的扣子从一开始就要扣好。"凿井者，起于三寸之坎，以就万仞之深。"广大团员青年要从现在做起、从自己做起、从大学学习和日常生活做起，使"爱国、敬业、诚信、友善"公民个人层面的价值准则成为自己遵循的基本原则。广大青年要把正确的道德认知、自觉的道德养成、积极的道德实践紧密结合起来，自觉树立并践行社会主义核心价值观，带头倡导良好的社会风气，将正确的价值追求融入自身健康人格的塑造之中。

第三，希望全体团员青年敏于求知，善于读书，努力奋斗，久久为功。“书山有路勤为径，学海无涯苦作舟。”作为学生，大家的本分就是学习；学习的基本路径就是读书。“三更灯火五更鸡，正是男儿读书时。黑发不知勤学早，白首方悔读书迟。”西汉学者刘向曾言：书犹药也，善读之可以医愚；书卷乃养心第一要务。事实上，读书历来都是修身养性的重要途径，应该成为文化人的基本生活方式。读书可分为三种：一是读实用之书（例如《实用英语》《应用写作》等），它能转化为能力，可解决现实问题，直观增益，并使读书者成为强有力的人；二是读审美之书（例如《美学原理》《唐诗宋词元曲》等），虽无实惠，但可提高艺术感染力、获得精神熏陶和愉悦，丰富“诗意生活”，使读书者成为有情趣的人；三是读哲学之书（例如《理想国》《中国哲学史》等），一旦有所增益，犹如醍醐灌顶，会在人生关键时刻释放出巨大的能量，可使读书者成为有深度、能思考人生价值和意义的人。

人生只有一次，年轻只有一回，青春不能重来。大学的青春时光，对于每一个人而言都是最重要的一段生活经历。我特别希望成都航院的青年学子能够更加珍惜“追求卓越”精神感召下的大学时光，自觉地将所学知识、所习技能作为提升自身素养的必要条件，主动投身到以文化素质学校为依托的第二课堂活动中去，努力做到将自身所学“内化于心、外化于行”。只有将理论的学习与实践的检验结合起来，才能不断地增加知识积累、不断夯实自己的能力、不断提升个人素养，才能远离“有知识、没文化”的不良生态。我有一句话，想与大家共勉：所有向善的努力，所有有利于个人进步和增益的努力都值得被赞美和歌颂。

同学们、老师们、青年朋友们，历史和现实都告诉我们，青年一代有理想、有担当，国家就有前途，民族就有希望，实现我们个人、学校乃至国家和民族的发展目标就有了源源不断的强大力量。让我们高举起“五四运动”不灭的精神火炬，牢记习总书记“有信念、有梦想、有奋斗、有奉献的人生，才是有意义的人生”的谆谆教诲，始终把爱国主义作为高高飘扬的光辉旗帜，把勤奋学习作为人生进步的坚实阶梯，把深入实践作为成长成才的必由之路，把奉献社会作为不懈追求的优良品德，在实现中国梦的伟大实践中创造自己的精彩人生。

青年朋友们，今年是学校升格 20 周年；今年是改革开放 40 周年；今年是《共产党宣言》发表 170 周年，明年是卡尔 · 马克思诞辰 200 周年。在这样一个特殊的日子里，让我们重温马克思说过的一句话：生活就像海洋，只有意志坚强的人，才能到达彼岸。让我们一起牢记马克思关于奋斗的至理名言：青春的光辉，理想的钥匙，生命的意义，乃至人类的生存、发展……全包含在“奋斗”这两个字之中！只有奋斗，才能治愈过去的创伤；只有奋斗，才是我们民族的希望和光明所在！

衷心祝愿全体成航学子、青年朋友们节日快乐！百尺竿头更进一步！

2.13　理性平和 · 向上向善，扎实开展大学生心育活动

——在学校第十八届大学生心理健康“5 · 25”活动月开幕式上的发言

党委副书记、副校长　陈玉华，2018 年 5 月 22 日

各位领导、尊敬的老师、亲爱的同学们：

大家下午好！

五月花季，挚爱之季，感恩季节；五月繁锦，绿肥红瘦，流光溢彩。在这充满激情的火红 5 月里，学校第十八届“5 · 25 心理健康教育活动月”即将拉开帷幕。在此，我谨代表学校党政学团向全校一万余名同学表示亲切的问候！向为学校第十八届“5 · 25 心理健康教育活动月”付出辛勤工作的老师和同学们，学工部、校团委及相关二级学院表示衷心的感谢！

同学们，在党的十九大报告里，习近平总书记提出“加强社会心理服务体系建设，培育自尊自信、理性平和、积极向上的社会心态。”对青年一

代，习近平总书记提出了热烈的期许，他说：“青年兴则国家兴，青年强则国家强。青年一代有理想、有本领、有担当，国家就有前途，民族就有希望。”进入新时代的当代大学生，作为中国特色社会主义伟大事业建设未来的中坚力量，其心理素质不仅影响到个人的成长发展，而且也关系到中华民族伟大复兴中国梦的实现。因此，必须大力加强大学生心理健康教育工作，从心理层面关心、关怀和爱护大学生，为大家健康成长成才提供服务并保驾护航。

近20年来，我校始终坚持育人为本、德育为先，基于高职学生心理特点和成长规律，凝练了“16136”心理健康教育模式：以“与学生同行，伴学生成长”为教育理念（“1”）；践行心理健康教育与学生心理发展相结合、与高职教育相结合、与思想政治教育相结合、与学生学业就业相结合，普及心理健康教育与个别心理咨询相结合，心理健康课堂教学与课外活动相结合作为（“6”）；以“德育共心育并进，思想与心灵同行”为主线（“1”）；探索“健康第一、品格为要、就业导向”，集心理健康教育、思想政治教育、就业指导与职业生涯规划三位一体的集约式教育服务模式（“3”）；面向全体学生积极做好普及心理健康知识，使其掌握维护心理健康、调适一般心理问题的技能；针对存在心理障碍或有严重心理问题的学生，及时进行咨询服务、疏导和干预；重点构建了组织运行、课程主导、活动支撑、咨询服务、危机干预和工作保障的心理健康教育体系（“6”），促进了成航学子良好心理素质养成、身心健康和谐发展。

今年是我院举办的第十八届“5·25”心理健康教育活动月。本届心理健康教育活动月的主题是“理性平和·向上向善”，通过开展心理主题讲座、优秀心理委员评选、心理专题活动、心理情景剧等内容丰富、形式多样的活动，广泛宣传心理健康知识，帮助学生强化心理健康意识，增强心理调适能力和社会适应能力。

我特别希望各二级学院、各学生社团、各学生班级、各学生寝室，紧紧围绕“理性平和·向上向善”的活动主题，充分发动学生、精心组织活动，创造性地开展各项活动。希望主办、协办方以活动月为契机，把我校的心理健康教育工作不断引向深入，为学生成长成才铺路搭桥。

最后，预祝学院第十八届心理健康教育活动月取得圆满成功！

2.14 在学校2018年航空科技文化节闭幕式上的发言

党委副书记、副校长 陈玉华，2018年6月11日

各位老师、同学们：大家晚上好！

仲夏夜微风，开轩纳微凉。在这满园翠绿、满堂熙攘，人声鼎沸、激情四射的仲夏初夜，成都航院2018年航空科技文化节即将落下帷幕。在此，我代表学校党政学团，向为本届航空科技文化节提供大力支持的各二级学院领导、相关职能部门、老师和同学们表示衷心的感谢，因为有你们的支持，才使得航空科技文化节隆重而热烈；向为本届航空科技文化节付出辛勤劳动的主办、承办单位及工作人员表示诚挚的谢意，因为有你们的精心策划和细致部署，才使得各项赛事圆满顺利举行；向取得优异成绩的各二级学院的选手同学们表示热烈的祝贺！因为有你们的热心参与和出色表现，才使得本届科技文化艺术节更加精彩纷呈！

文化是什么？英国前首相丘吉尔说过："我宁愿失去一个印度，也不愿意失去莎士比亚。"——文化是个人、单位乃至一个国家发展的不竭动力；对于大学而言，文化是一所学校区别于另一所学校的精神之所在。

1988年，学校即在学生中组织开展"小科技、小论文、小发明、小制作"活动。如今，航空科技文化节是我校校园文化的浓缩，是我校办学特色的呈现，是教育综合改革的成果，也是对学校领导、老师以及对社会各界汇报、展示成航学子风采的重要窗口。一个多月来，在多部门的支持配合下，同学们参与热情高涨，以积极的态度投入到各项活动中，取得了圆满成功。首先，此次航空科技文化节规模大，内容丰富，持续时间长，充分调动了广大师生的积极性和创造性，凝聚着广大师生的劳动和智慧，活跃了校园文化生活。其次，通过举办成航大讲堂、航空知识大赛、航空模型大赛、"发明杯"创新创业大赛、航空展等活动，营造了浓厚的航空文化氛围。另外，此次航空科技文化节吸引了其他院校的关注并得到了社会力量的赞助，扩大了我校的知名度和社会影响。

2018年航空科技文化节将成为历史的一页。今后，我们将不断总结成功经验，推陈出新，凝聚各方力量，加强校际、校企合作，把航空科技文

化节创办成王牌活动，将我校校园文化活动的层次提升到新的高度，为我校全面提升内涵建设水平，建设国内一流、国际有影响、航空特色鲜明的高职名校奠定文化基础。

谢谢大家！

2.15 在学校2018年学生党员发展对象培训班结业典礼上的讲话

党委副书记、副校长 陈玉华，2018年6月13日

各位老师、学员们：

大家好！今天我们在这里召开中共成都航院委员会党校2018年发展对象培训班结业典礼，祝贺大家经过一个多月的学习，圆满完成各项学习任务，顺利结业。首先我代表学校党委、党校，向取得结业资格的380名学员和受到表彰的47名优秀学员、3个分党校表示热烈的祝贺！向为培训班顺利举办付出辛勤劳动的老师和学员们表示衷心的感谢！

今年的培训班有三个特点：一是学校党委高度重视。学校党委书记杨建国同志亲自过问，指导培训课程设置，并给大家作了第一场讲座；党委副书记、院长张蕴启同志给大家作了党的性质和宗旨的专题讲座；党委副书记、副院长陈玉华同志给大家作了党员条件、权利+义务、端正入党动机的专题讲座；党委常委、纪委书记武智慧同志代表学校党委，在年度党员发展对象培训班开班典礼上作了动员讲话，并为大家授课；学校党委组织部全程跟踪、指导培训班教育学习，各二级分党校也全力配合、有效组织学员参加培训，确保了本次培训工作的顺利、圆满开展。

二是体现了严格培训。本次培训班共有392名党员发展对象参加，其中学生入党发展对象391名、教师入党发展对象1名。鉴于大多数参培学员平时都有学习任务，我们把集中学习安排在晚上和周末时间。即使这样，仍有部分学生在校外实习实训、不能及时赶回来参加学习，我们专门安排相关二级分党校在后期组织了补课、补学等学习环节。这些有针对性的举

措，体现了党组织对发展对象更高的标准、更严的要求。

三是培训内容丰富，形式多种多样。从培训内容上看，本次培训班安排的教学，旨在使各位学员对党的基本知识有比较全面的了解；从培训方式上，本次培训班既有集中授课又有个人自学，既有社会实践还有小组专题调研；在教学方法上，本次培训既有老师讲授、又有分组研讨，既有学习汇报、又有知识考核，充分体现了教与学的互动。

各位学员，历时一个半月，大家聆听了五场专题报告讲座，参加了小组讨论和交流，观看了主题教育影片，开展了主题调研实践活动，撰写了心得体会，相信大家经过学校党委、党校精心设计的这样一个培训学习过程，一定能提高对党的认识并进一步坚定对党的信念，掌握党的基本知识并内化于心、外化于行，坚定对中国共产党的理想坚守和执着追求并时刻用党员的标准对照检查自己的一言一行。需要强调一点：希望大家一定要明白，仅仅通过几次讲座、几次小组讨论、次数不多的自学材料学习，就想对我们有着 97 年历史的全球第一大政党有一个全面深入的了解，那是不现实的！参加本期发展对象培训班学习并顺利结业，只是各位学员申请加入党组织的一个必经阶段，真正要在组织上入党、在思想上入党，特别是要在行动上入党，还需要大家脚踏实地、坚持不懈地努力，“不驰于空想、不骛于虚声”。唯有如此，才能如革命先驱李大钊所言：“以此态度求学，则真理可明；以此态度做事，则功业可就。”在此，我对党员发展对象的你们提出以下三点要求和期盼：

第一，勿忘学习，持之以恒，走出网络迷失陷阱。希望大家继续努力学习党的基本知识和基本理论，自觉接受党组织的教育、培养和考察。鸟欲高飞先振翅，人求上进先读书。读书学习是我们加强党性修养、提升工作能力和精神境界的一个重要途径，也必须成为我们党员发展对象的一种生活方式。现代人才学中有一个“蓄电池理论”认为，人的一生只充一次电的时代早已成为过去；只有成为一块高效蓄电池，进行不间断的、持续的充电，才能持续地释放能量。一个人是这样，一个国家、一个社会，一个组织、一个政党亦是如此。的确，学习对于每个人来说都显得枯燥乏味，见效慢、难坚持。习惯了快节奏信息生活的我们，受不了灯红酒绿的诱惑，离不开“干掉了电视机、收音机、照相机、银行卡、商店、报纸杂志，伤害了我们的眼睛和颈椎，损坏了我们的身体和精神”的手机，一大批人成了“手机控”。统计表明，现代大学生平均每天使用手机 6.5 小时，沉迷在网络游戏、海量垃圾信息之中不能自拔。世界上最远的距离是我在你旁边，你却在玩手机（对手机控的描述）。在诸如此类的诱惑面前，太多的大学生沉沦了、放纵了、迷失了……很难静下心来学习和思考。不学习，进步、成长和成功一定会弃你而去。关于学习，欧阳修说“立身以立学为先，立学以读书为本”；陶渊明说“勤学如春起之苗，不见其增，日有所长；辍学如磨刀之石，不见其损，日有所亏”（勤奋学习犹如春天的秧苗，看不见它增高，但是随着日子的增加在逐渐长大。不学习就像磨刀石，看不见它的损失却一天天地在亏损）。学习贵在坚持，我想我们每个人只要坚持每天学一点党的知识，每天抽出一点时间关注党报党刊和时政新闻，就一定能够逐渐对中国共产党有一个全面的了解，对伟大、光荣、正确的中国共产党有一个科学的认知。

第二，端正动机，锤炼党性，解决好为什么要入党的问题。端正入党动机是申请入党者必须解决的首要问题。每个要求加入党组织的同志，都必须将自己的奋斗目标与党的目标相统一，必须要以坚定的理想信念作为自己的精神支柱，要逐渐并牢固树立实现共产主义的远大理想和发展中国特色社会主义的坚定信念，不屈不挠地为中国特色社会主义改革发展、为共产主义事业而努力奋斗。我们也必须正视，受社会上不良风气、不正之风的影响，一些人的入党动机不纯、功利性趋势日渐明显；在现实生活中，也客观存在着不纯入党动机的人和事，会对我们每个人的进步产生负面影响，这应当引起我们的高度重视。我们共产党人所信仰的共产主义是一种大同愿景、是一种美好社会，是为大多数人谋福利的一种理想制度。我们入党的动机不是关注自己，不是自私自利，而是奉献他人、快乐自己，这才是我们共产党人应该坚守的人生价值追求。

第三，脚踏实地，明德笃行，用实际行动争取早日加入党组织。入党是我们在座所有学员的美好愿望，同时也是党和国家事业不断发展的要求。要实现入党的愿望，就需要每一位学员用实际行动努力争取：要用党员的标准经常性地进行对照检查，找出差距，不断学习并完善自己；要把党校培训期间学到的理论知识运用到学习、生活和工作中去，做到理论与实际结合；要脚踏实地地把大学生的学习任务和本职工作完成好，增强各方面的能力，不断丰富自我、提升自己。希望大家要从小事做起、从点点滴滴做起，真正发挥表率作用；端正入党动机，以实际行动真诚接受党组织的考验；要经常性地向党组织汇报自己的思想和学习情况，以得到组织上的帮助和指导，及时发现自己的不足，并按照组织的要求及时改进、修正和提高。只要大家这样坚持努力下去，就一定会在思想、学习、工作上不断得到提高和进步，久久为功，成为名副其实的中国共产党党员。

各位学员，今天的结业典礼，既是一个终点，更是一个里程碑。我特别希望大家以此作为新的更高的起点，在今后的学习生活工作中，发挥先锋模范作用，以更高、更严的标准来要求自己；要戒骄戒躁、再接再厉，继续认真学习、务实做事，攻坚克难、知行合一；带动身边人、做好本职事，以实际行动向党组织靠拢，以优异成绩迎接建党 97 周年。

最后，祝愿大家能够早日成为心中有信仰、肩上有担当、脚下有行动的合格共产党员。谢谢大家！

2.16　在 2018 级新生军训汇报表演暨总结大会上的讲话

党委副书记、副校长　陈玉华，2018 年 9 月 21 日

尊敬的各位教官、各位老师，亲爱的 2018 级新同学：

大家下午好！

为期 10 天的新生军训，在军训团的周密安排及各二级学院和职能部门的通力协助下，通过军训教官的精心教导和 4122 名同学的齐心协力，已经圆满完成了既定的各项军事训练任务，即将拉下帷幕。在此，我谨代表学校党、政、学、团，向军训期间承担和保障训练任务的全体教官和学校相关教职员工表示衷心的感谢！向参加军训的全体 2018 级新同学道一声：“同学们，你们辛苦了！”

同学们，军训是你们进入大学后的第一课。短短 10 天的时间，你们经

历了阳光的沐浴、汗水的浇灌、秋雨的洗礼，刻骨铭心地感受到了军训的苦和累、严和律、付出与收获。军训有些苦，但它提醒我们要懂得珍惜闲适安逸的大学生活；军训有些累，但它让我们体验到了超越体能极限的我们还有青春的潜力；军训虽然严，但它让我们学习并感同身受到了什么才是“规矩和严以律己”。是的，军训是一场艰苦的跋涉，只要风雨无阻坚持坚守、不忘初心，你就会有一份沉甸甸的收获，因为阳光总在风雨后；只要风雨兼程坚定坚持、永不言弃，你就会有坚忍不拔的意志，拥有战胜困难的勇气。秋日午后的骄阳可以晒黑我们的脸庞，但击垮不了我们的意志！露秋淅沥的冷雨可以淋湿我们的头发，但涣散不了我们的纪律！尽情挥洒的汗水可以浸湿我们的衣服，但淹没不了我们心中的信念！严格训练的苦累可以疲惫我们的身躯，但击败不了我们心中的斗志！刚才同学们所进行的军训汇报表演，大家队列齐整、口号嘹亮、军姿威武、纪律严明、斗志昂扬，充分展示了军训的丰硕成果。我十分欣慰地看到，经过严格的训练，你们的精神更加饱满了，意志更加坚韧了，组织纪律性和团队意识更强了，军事素质提高了！这是同学们步入大学后向学校、向老师和家长交上的第一份满意答卷，我为你们的优异表现感到由衷的高兴！我要向同学们表示热烈的祝贺！

借此机会，我想给 2018 级的新同学们讲三句话。

第一，不忘初心，将军训养成的优良习惯、作风、精神和意志品质尽可能长久地延续下去。是军训，让我们拥有克服困难的勇气和决心；是军训，让我们懂得团结互助和团队精神；是军训，开启了我们大学生活的新篇章。经过军训，我们学会了服从命令与遵守纪律，学会了坚忍不拔；军训，磨砺我们的意志，培养我们的品质；经历军训，我们习得了健康的生活方式和优良作风，因而变得阳光、自信、坚强，我们为此感到自豪和骄傲。既然如此，那么我们有什么理由可以将军训养成的优良习惯、作风、精神和意志品质“自我终结”呢？！

第二，牢记使命，履行当代大学生肩负的使命责任，刻苦学习，最大限度地丰富、充实和完善自我。十天，沸腾人血液、净化人心灵的军训结束了，同学们即将开启大学自由学习的征程。但大学第一课的军训带给我们的思考和改变将伴随一生。有人说：“播下一种习惯，会收获一种性格；播下一种性格，会收获一种命运。”军训时间虽短，但它的影响一定是深远的，会在你们今后的大学生活乃至一生中发挥重要的作用。希望同学们把军训培养的军人品质、军人作风永远保持、发扬光大：当大学学习乃至今后的工作生活中遇到困难和挫折的时候，“站直了，别趴下”，要以必胜的信心、乐观的心态和顽强的意志、敢于向一切艰难困苦“亮剑”。勇于面对，孜孜不倦，做好大学生的“本分”，肩负起当代大学生的使命和责任。

第三，未雨绸缪，明确目标，规划好自己的大学。大学三年，应该如何度过？应该读些什么书、做些什么事？我只想告诉大家：凡事预则立，不预则废！请大家规划好自己的三年大学生活。如果说中学教会大家的是“求算之法”，大学让大家学会的一定是“明世之理”：大学里，大家首先要学好关乎大家能否毕业的学分课程，但大学里一定不要仅仅拘泥于课堂教学教授的那几门课程；否则，大家上的将不是大学，而是高四、高五、高六。请大家好好读一读发给大家的第一本书《我在这里启航》，先试着弄明白为什么说“大学是大人之学、是大智之学、是大德之学”！在同学们作为成年人开始独立的大学学习生活的时候，请务必要先学会做人、学会感恩、学会努力!!! 想告诉大家一个事实：2018 级 4000 多名新同学中的 80%以上来自农村和工薪家庭，一定不可以好吃懒做、不可以无节制消费，不可以不求上进、行为乖张，将正常的学习成长当成吃苦！切不可手机电脑必须苹果、衣服裤子要耐克阿迪；明明是农家子弟，无视父母的辛劳、假装自己是“富二代”。

同学们：新时代需要新人才，希望大家牢记和践行“航空报国、追求卓越”的成航精神，用军训磨练的意志品质，在今后三年的大学学习中努力拼搏、不断进取，因为所有的成功都是奋斗出来的！

在大学第一课行将结束之际，衷心祝贺我校 2018 级新生军训工作取得圆满成功！祝愿各位教官、各位老师和同学们中秋、国庆“两节”快乐！谢谢大家！

3 心得感受·学生心语

3.1 成航优秀学生代表心语

3.1.1 叶开同学在 2013—2014 学年优秀学生表彰大会上的发言

尊敬的各位领导、老师，亲爱的同学们：

大家好，我是来自 212342 班的叶开。我非常荣幸能作为学生代表在此发言。首先请允许我代表所有获奖同学向学院各级领导表示衷心的感谢，向所有老师表示崇高的敬意。是你们教授我们知识，培养我们能力；是你们提供给我们展示自我的机会；是你们给予我们无限的关心和支持！谢谢你们！

今天，我们在这里相聚，虽然我们来自不同的专业，不同的班级，但我们却有着共同的理想与追求。在思想上，我们要认真学习党的基本理论和基础知识，不断提升自身修养；自觉践行社会主义核心价值观，这也是习总书记在五四青年节的讲话中对大学生提出的明确要求。在学习上，首先要制定合理的学习计划，然后落实到每一天的每一堂课中，及时复习消化当天的知识，这样期末也不至于手忙脚乱。在工作中，积极投身到学校开展的各项活动，珍惜当下丰富多彩的大学生活，切不可终日沉溺于网络游戏。还记得我在大一和大二的时候，也经常处理很多学生会和社团之类的事，现在想起来，虽然休息时间比别人少很多，但每一天都过得很充实，也收获到很多课本里学不到的经验和知识。

时代的光荣属于我们，时代的责任也赋予我们。所以，在我们为今天获得的荣誉感到自豪的同时，更应知道，所有的成绩只能代表过去，今后的路还很长，肩上的责任还很重。我相信，所有的同学都不会沉浸在今天的荣誉和掌声中，这只是我们出征的战鼓，前进的号角。今后的学习生活中，我们要在总结和反思上一学年存在的缺点和不足的基础之上，重视基础知识和专业技能的培养，并努力做到德智体全方面发展，立志成为一名优秀的当代大学生。

此时此刻，我们感谢学校培养了我们，更在此承诺，在未来的日子里，必定再接再厉，以更加优异的成绩回报学校。最后，衷心祝愿所有同学学习进步，所有老师身体健康、工作顺利，祝愿我校的明天更加辉煌!

谢谢大家!

3.1.2 陈欢同学在 2014—2015 学年优秀学生表彰大会上的发言

尊敬的各位领导、老师，亲爱的同学们:

大家下午好，我是来自 814314 班的陈欢，是国家奖学金获得者，“成航学生好人榜”勤学上进类奖项入选者。今天能够站在这里作为学生代表发言，我很荣幸，也很激动。结束高考的我满怀信心走进了成都航院，在这里渴望实现心中的愿景，所以从未停歇过追求理想的步伐。作为一名大二学生，在校一年半的时间里，我深深感受到了成都航院的“气场”，我感谢成都航院给了我一个新的开始，给了我可以不断拼搏并且展示才华的平台；我感谢传道授业解惑的老师们，是你们在我前进的道路上指点迷津；我感谢身边的同学与朋友们，是你们同我一起面对困难勇往直前；我想对所有帮助过我的人都道一声“谢谢”，是你们让我找到了新的航向，让我在奋勇前进的道路上不迷茫不心慌，从而有了今天的收获，谢谢你们!

“让优秀成为一种习惯”是我们这群青年学子刚步入成航就刻骨铭心的一句话。为了践行这句话，我们朝气蓬勃，时刻警醒，不让自己松懈，一直为着我们心中的目标奋斗。在课堂上，我们专注于专业，积极与老师互动；在生活中，我们会有一个共同的爱好，那就是在图书馆里遨游书海。因为我们谨记着这样一句话——“不读书知识从何而来，不锻炼能力从何而来，不交流朋友从何而来”，这句话给我们的启示，犹如警钟般长鸣心中。我们对于任何事物都有着乐观积极的态度，面对困难迎难而上，绝不逃避，因为我们知道每一个绊脚石都是垫脚石的前身。作为当代大学生，我们也是爱国爱党的新一代青年，我们积极地向党组织靠拢，了解党的发展历程以及党的政策，以一个社会主义接班人与主人翁的方式去了解党，去跟随党的领导与号召。现在的我们，很多人已是预备党员，更会以一个共产党员的身份去严格要求自己。

我们都有这样一个想法，每个人都努力学习，学好自己的专业，让自己的大学生活过得充实幸福有所收获，当我们走上工作岗位以后，要在职场中为自己拼搏出一片美好的未来。同时我们也会铭记成都航院给予我们的机遇跟平台，正是因为在这样一所学风优良、设施一流的大学，才会让我们这些渴望提升自己的青年学子茁壮成长。我们就像一棵树苗，在成都航院这块沃土上播种梦想、培养智慧、终成大树。我们因是成航人而感到自豪与幸福，感恩与成航的相遇，感恩那些诲人不倦的老师们，因为你们教会了我们的不单只是课堂上的知识，更有思想上的改变与为人处世的道理。我们也不会辜负学校对我们的培养，我们将始终谨记“明德、笃行、求实、创新”的校训，把“航空报国、追求卓越”的精神永存于心！

同学们，其实做到优秀并不难，只要用心便可成功。难便难在你是否可以做到每次都优秀，并且将优秀的状态保持下去，直到让优秀成为一种习惯。我们应永远怀揣一颗上进的心，不轻易言败，永不放弃，继续在前进的道路上努力拼搏、坚持不懈。让我们一起努力，一起进步，为我们自己的前路坚定我们自己的步伐。因为我们可以做到的，你没有理由不可以！

衷心祝愿我们学院的明天更加辉煌、更加美丽，我们的老师健康安宁、工作顺利！

谢谢大家！

3.1.3 龙文同学在 2015—2016 学年优秀学生表彰大会上的发言

尊敬的各位领导、老师，亲爱的同学们：

大家好，我是来自信息工程学院 614312 班的龙文，今天很荣幸作为学生代表站在这里，分享我这三年来的点滴感悟。

2014 年的初秋，一个在高考场上有些失败的男孩，带着一丝遗憾离开了高中，来到了成航。当时的我并不知道在三年之后，我这个当年有些失败的小伙子也能成为学生代表，自信地站在这里代表全体同学发言。这种巨大的改变，源自老师们的谆谆教诲。在这里请允许我代表所有的同学给老师们深鞠一躬，谢谢您！

大一的我，跟很多同学一样，时常将迷茫挂在嘴边，没有自我定位，没有目标规划，没有动力方向，但又渴望证明自己。于是我参加学生会，加入自律社，尝试新媒体、辩论赛，等等。每天把自己忙得像个旋转着的陀螺一样，牺牲了几乎所有的课余时间。当时身边朋友问我最多的一个问题是，做这么多值得吗？我也曾一度陷入困惑，但当我咬牙坚持下来时，才发现自己原来可以做到许多曾经认为做不了的事。“不经历，无言语！”千万别在什么都没做的时候就放弃。我们所谓的不喜欢或做不了，可能只是因为还未享受足够的成就感。

正如作家柳青说过的一句话：“人生的道路虽然漫长，但紧要处常常只有几步，特别是当人年轻的时候。”

我很庆幸自己在该努力奋斗的年华来到了成航，遇到了值得我铭记一生的良师与挚友。是我的老师让我明白，大学，本该是一个需要我们努力拼搏，不断突破自我的试炼场，而非高考过后，给学子们嬉戏放松的游乐场。

我珍惜在成航学习的每一个机会，我曾担心过失败，但是，不论结果好坏，有挚友陪我一起面对，一起找寻成长过程中的得与失，有良师做我的指路人，告诉我更好的方法和面对得失的坦然之心。一分耕耘一分收获，我获得了无比珍贵的经验，让我成长为更加优秀的人。

或许在座的各位同学已经取得了一些小小的成就，但我想说，我们才刚刚踏出了人生的第一步，你我仍只是万千世界中的一粒尘埃，你我今日之成就对比行业如何，对比四川乃至全国全世界又如何？我希望在以后的日子里，我们能秉承着工匠精神，不为外物所惑，坚守本心，勿忘初心，继续前行！

最后，请允许我再次向培育我们的学校，教育我们的老师表示真挚的感谢，同时祝福老师们身体健康，学校蓬勃发展！

3.1.4 张鹭瑶同学在 2016—2017 学年优秀学生表彰大会上的发言

尊敬的各位领导、老师，亲爱的同学们：

大家下午好！

我是来自管理学院 415321 班的张鹭瑶，名字源于“路遥知马力”。今天十分高兴能够站在这里作为学生代表发言。

悠悠寸草心，报得三春晖。还记得初入成航的我们吗？对未来充满迷茫，是成航“明德笃行”的文化底蕴、“求实创新”的治学风格，是老师在德育上的细心培养、在专业技能上的悉心传授，为我们点亮在远方的明灯，牵引我们前进的步伐。在这里，我谨代表全校同学向所有关心培养我们的领导、老师致以最崇高的谢意，是你们的关心和支持才有我们今天的收获。

今天我的发言有两个关键词，第一个关键词是“成长”。

两年前我来到成航，我感到的是踌躇，我和在座的所有同学一样，试探着适应周围的环境。是原管理学院党总支书记、现民航运输学院党总支书记骆昌平老师让我明白一个女生除了学习专业知识还要学会培养自己的形象与气质；是管理学院会计教研室主任鲜梅老师让我懂得会计专业的学习需要去浮躁存严谨；是辅导员赖启财老师让我学会有目标就要有行动，还有许多在这里来不及提及并感谢的老师们，正是他们的帮助才有今天的我。来到成航，我们的专业可能不同，但我们却有一些共同的体会：你在周末挣扎着早起去实训楼为比赛做准备，我可能在周末的凌晨挣扎着刷完了《小美好》的最后一集；同样的，我为了写一篇财务报表分析绞尽脑汁，你在寝室为“大吉大利，今晚吃鸡”欢呼不已。这样时而学霸时而学渣的生活，是我们共同的成长与记忆。它不够光鲜亮丽，却足够真实有趣；它写不进我们的简历，却能写进我们与成航共同的回忆。

第二个关键词是“担当”。

从我们踏进成航的第一天起，成航给予我们的除了最基本的专业能力和素养，还有潜移默化的精神传承。习总书记曾在十九大报告中深情寄语青年：“青年兴则国家兴，青年强则国家强。青年一代有理想、有本领、有担当，国家就有前途，民族就有希望。”作为新时代的大学生，我们在专业学习上认真，在社会实践中成长，在志愿者活动中奉献，我们努力去做

2013年3—5月，我担任我系“office办公”课程导师，我的“寓教于乐”的授课方式受到了许多同学的欢迎，上课人数也一直高居所有课程之首，我们在轻松愉悦的氛围下相互学习、相互成长。

怀着感恩之心，2013年7月，我参加了院“暑期三下乡”活动，将自己的爱心奉献给暑假里孤独的留守儿童们，和他们一起度过一段快乐的时光！

2013年12月，承蒙领导器重，我为成都航院设计制作院招生宣传PPT。

2013年10月—2014年6月，我担任我系文艺部剧艺队导师，编排音乐舞台剧《梦想之路》和小品等节目，期间我曾代表系参演院“5·25”心理专周闭幕式汇报演出相声《我的大学》，并获得了“最佳表现力”奖。

如今，我已迈入大三，可我并未因此松懈下来，心怀感恩，继续用青春书写激情，用奉献诠释自我！

2014年6月，由我倡导发起成立成航大学生公益社团——权益笃行社，提高大学生权益意识，为学子保驾护航！

2014年8月，我开发了全新创新型课程——“GEEK SHOW（极客秀）”，秉承“热情、交流、创新、超越”的极客精神，通过寓教于乐的方式，带给同学们最实用、最时尚、最有创意的计算机综合应用课程！

同时，我在我系系报《六号线》开辟撰写连载专栏《开叨啦》，通过这样一个专栏为同学们打造属于大学生的娱乐时事新体验！

有人或许会问：“你参与这么多活动，做这么多的工作，难道不累吗？”累！有时候的确累！但是——我的心从未累过！正是因为这颗年轻充满热血的心，才让我一直朝着自己的梦想与目标不断奋进！2014年9月30日的此时此刻，感谢成航给了我这样一个机会与舞台，让我可以奉献自己的青春，实现自己的梦想！在今后的学习和工作中，我一定会再接再厉，为自己的成航大学三年画上一个圆满的句号！

谢谢各位评委的聆听，我的演讲到此结束，谢谢！

3.2.1.3 林洋心语

尊敬的领导、老师们：

大家好！

我是来自航空电子工程系212321班的学生林洋，今天很荣幸能站在这里。非常感谢领导们、老师们能够为我提供这个平台，感谢大家的关怀与鼓励！下面我对本人的基本情况做一下介绍，请各位领导、老师参考。

在职务上，我一直是班级的卫生委员，年年都是良干。之所以选择这个职务，是因为在这个职务上我有高中时的经验，希望以往的积累能够为我指引方向，全心全意为同学们服务；从大一至大二，在院学生会综治部担任干事；从大二至大三，担任书画协会外联部干事，也是 YUKI 动漫社会员、梦想 DIY 社团会员。

在学习上，我对自己异常严格，脚踏实地，勤勤恳恳，主动学习，并一直使用科学五环法（“预习→学习→复习→作业→小结”）。看着自己一点一滴用汗水换来的成绩，如：“优秀学生干部”“学习标兵”、一等奖学金“最美学长”等，我知道自己在不断进步，但是还要精益求精，争取更进一步！

在生活上，我主要优点有责任感强、风趣幽默、上进心强、乐观向上、吃苦耐劳、坚强不屈，但主要缺点有追求完美、过于较真、有些木讷与呆板。

我知道，自己还有许多不足之处有待进一步提高和完善。所以在今后，我将继续保持积极的态度，不断提高与完善自我。

最后，要特别感谢领导们、老师们的教育、培养，以及同学们在学习和生活中给我的帮助。今后我一定会更加严格地要求自己，把良好的精神传递下去。

以上就是我的演讲，非常感谢大家的聆听，谢谢！

3.2.2　2015 年国家奖学金获得者心语

3.2.2.1　陈路桥心语

尊敬的各位领导、老师，亲爱的同学们：

大家好！我是来自建筑工程系 313351 班的陈路桥，非常荣幸成为“2014—2015 年度国家奖学金”评比候选人之一站在这里和大家一起分享我的大学生活。

我从 2013 年至今担任班级班长，2014—2015 学年担任学院 IT 智能协会会长。在这三年里我认真学习专业知识，刻苦钻研；积极参加学校组织开展的各项活动；对学院下达的各项任务积极配合，认真落实；同时注意团结同学，尊敬师长。我不断地提高自己的个人能力，力求上进，是老师得力的助手，也是其他班级干部学习的榜样。

在学校期间，我在各方面表现优异。思想方面，自入校以来，坚持四项基本原则，拥护党的路线、方针、政策，积极向党组织靠拢，通过努力获得组织认可，成为一名预备党员；2015 年 4 月，获成都航院 2014—2015 年度优秀团员的称号。

学习方面，我始终将学习放在首位，学习态度积极，自觉性高，勤奋努力，在班级有较强的表率作用，学习成绩和综合测评名列班级第一。2014 年 11 月，因成绩优异，被评为“学习标兵”；2014 年 12 月，获 2013 到 2014 年度“国家励志奖学金”；参与的大学生创业项目被立为省级项目。

工作方面，积极认真，担任班长和学院 IT 智能协会会长。管理班级，对待事情一丝不苟，从不推诿，工作踏实负责，能出色地完成上级下达的各项任务，有一定的团队协作精神，关心同学生活和学习。2014 年 12 月，被评为“优秀学生干部”；2015 年 5 月，在第五届科技文化周中获“先进工作者”称号。

生活方面，我始终保持着乐观的生活态度，为人诚恳，待人热情，在同学遇到困难的时候，愿意尽全力帮助他们；社会实践方面，积极参加院系组织的各项活动和社会实践活动，例如参与迎接新生志愿者活动，暑期去养老院做义工，献血活动等。2014 年 12 月，获“社会实践任务书优秀奖”；2015 年 6 月，创业项目“智能居家养老服务”获省级审批。

善于磨练自我，敢于挑战自我，勇于超越自我。书海扬帆，我正以最崭新的面貌、最积极的态度、最踏实的作风踏浪启航！一切的成绩终属过去，在未来的日子里，我将会更加努力地学习、工作，我相信只有端正自己的生活态度，脚踏实地、努力奋斗才能取得更加辉煌的成绩！

谢谢大家！

3.2.2.2 段佐礼心语

尊敬的各位领导、老师、亲爱的同学：

大家下午好！我是管理工程系 413324 班的段佐礼，很荣幸能够站在这里分享我大学生活的成长与收获。回首过去的两年时光，我积极进取，在各方面都取得较大的进步。

在思想上，不断提高自己的思想觉悟。进校就向党组织提交了入党申请书，积极学习党的理论知识，参加各项党校培训并获得结业证书，现已光荣地成为一名预备党员。在校期间，我时刻以一名共产党员的标准来严格要求自己，并在各方面起模范带头作用。

在学习上，我学习目标明确，积极上进，坚信“一分耕耘，一分收获”。现已取得会计从业资格证书、大学英语三级证书，普通话二级甲等证书等。参加学院 SYB 创业培训并顺利结业，参加学院企业沙盘比赛荣获二等奖，参加百科知识竞赛荣获三等奖，曾荣获二等奖学金。

在工作中，认真踏实，不断创新。作为班上的学习委员，充分发挥自己的职责，得到老师和同学的一致好评，被评为“优秀学生干部”；作为学校无偿献血队队长，做事积极认真、不断创新，在我校第六次无偿献血活动中创下辉煌成绩，获“全国无偿献血志愿者服务一星级奖”。

在生活中，我是一个勤俭节约、乐观向上的人。在学校勤工俭学的一年，让我对生活有了更加深刻的认识。作为寝室室长，积极带动寝室卫生的打扫与保持，在日常寝室卫生检查中一直以“模范寝室”著称，在学院评比活动中多次获“五星级文明寝室”称号。此外，积极参与各类文体活动，获学院心理情景剧一等奖，系师生大联欢二等奖。

在社会实践方面，不断丰富自己的社会实践经历，提高社会适应能力。在校期间，热情投身于各种社会实践及志愿者服务。获“优秀青年志愿者”“暑期社会实践三下乡优秀个人”“最美学姐”等荣誉称号。

作为一名在外实习的大三学生，通过在公司的两个多月学习，我得到了领导和同事的一致认可。面对社会的激烈竞争，只有在工作中不断学习，在学习中不断成长，才能更好地立足社会。

今年，我很荣幸能够申请国家奖学金。于我而言，这是一次非常难得的机会。在以后的人生道路中，我将继续秉承“航空报国，追求卓越”的成航精神，积极进取，奋力拼搏，把握每一次机会，创造人生的每一个奇迹。感谢各位领导、老师和同学们。

3.2.2.3 蔡清州心语

尊敬的领导、老师，亲爱的同学们：

大家下午好！我是来自计算机工程系的蔡清州。今天很荣幸能够有机会在这里和大家分享我大学生活的感动和收获，我将从思想与行动、学习与探索、体验与实践三个方面和大家分享。

在思想上面，我积极进取，努力向党组织靠拢。2014 年 5 月被我系入党积极分子组织的自律社选为思政部部长，并于 2014 年 12 月 19 日光荣地加入中国共产党，成为本年级第一批发展的党员之一。

刚进校门的我成绩并不拔尖，经过一年的努力学习，我终于在 2014—2015 学年获得了全系智育第一、全系综测第一的好成绩。在学好学校课程的同时，我利用课余时间学习红帽学院课程，并以满分成绩通过红帽 RHCSA 国际认证。目前我也加入了我系红帽课程建设团队，希望能为我系 Linux 课程贡献一份自己的力量。

我知道作为当代大学生，学习成绩是一方面，同时参与社会实践也是提升自我的重要一环。我 2013 年至今担任班长，与全班同学一起努力，刷新计算机系品牌活动“寝室吉尼斯”纪录，并获“先进班集体”“先进团支部”等十余个集体奖项。2014 年 11 月我参与组建系信息技术志愿服务队并担任队长，在上一学年我带队为全院师生提供义务维修两百余次，为学校的教学和学习环境提供了有力的支持。学年内我被评为 “最美知心学长”、院“优秀学生干部”“优秀团员”、首届感动成航“学雷锋优秀志愿者”等。

在成航这两年的学习和生活让我明白了一个道理，人生最珍贵的不是成功，而是为了获得成功那一路上所经历的酸甜苦辣。“不经一番彻骨寒，怎得梅花扑鼻香”，我想人生就是需要这样的激励才会懂得为什么坚持、懂得为什么永不言弃！

最后再次感谢一直支持、鼓励我的老师和同学们！谢谢大家！我的演讲完毕。

3.2.3　2016年国家奖学金获得者心语

3.2.3.1　龙文心语

各位领导、老师、同学：

大家好！我是来自614312班级的龙文。

今天很荣幸能够站在这里参加这次国家奖学金的评选，这正是老师和同学对我这两年多在校内、校外的工作和学习的充分肯定。感谢各位领导，老师和同学给予我这次机会。

作为大学生，我很骄傲自己在是享受青春还是坚守梦想中坚定不移地选择了坚守梦想，从未松懈奋斗的步伐。我尊重每一位老师，珍惜每一节课，我仿佛能感到自己的骨骼和思想在一年年的课程之间咯咯作响，这份积淀和成长让我欣慰，也让我收获了一个又一个惊喜：获得学校二等奖学金、获得软考初级网络管理员、软考中级网络工程师证书，以及全国高职技能大赛计算机网络应用大赛四川省一等奖、全国三等奖。

我特别喜欢作家柳青说过的一句话，他说："人生的道路虽然很漫长，但紧要处往往只有几步，特别是当人年轻的时候。"因此我暗下决心必须要比普通同学付出更多努力和汗水。经过努力，我目前精通OFFICE办公软件，能够熟练运用PS、AE制作视频及海报并参加比赛。

读好书，更要做好人。面对书本，我是勤奋努力的学子；离开书桌，我是计算机工程系团总支副书记，也是三下乡活动的"隆盛队"队长。从大二到现在，我加入信息中心也有一年了，期间协助老师维护学校网络，帮学校老师解决电脑软硬件问题，不仅帮助了老师，服务了同学，而且我也从中学习了很多在课堂上永远也学不到的办事方法和处事态度。同时我还负责带领新媒体，成为新媒体的负责人。绿色公益活动就像一块磨刀石，就这样一点点褪去了我的青涩，让我由自己行动到引领行动，由感受快乐到分享快乐。在行动、引领和分享中蜕变、成长着。

有人说，我们是缺失信仰、极度自我、没有担当的一代。对此我不敢苟同。去年，我荣幸地获得了"优秀团干"的荣誉称号。今年，我通过组织考验，成为预备党员，责任在肩。面对多元化的社会，我会始终坚守信仰，快乐前行。

回首一路走过的日子，我重复最多的是一次次在路上和会议室里解决掉午晚餐；一次次在双休日的清晨把自己塞入去上课的早班车；一次次在漆黑的夜里就着电脑的微光修改策划的画面，那些日子饱满充实，让我没有一丝的遗憾。在一步步的跋涉中，我的追求、我的梦想，渐渐地揭开面纱变得清晰可辨，可望也可及。很多朋友会问我："为何大学还是如此努力？"我一直坚定地告诉他们："因为我有一个梦想。"

最后，我要感谢学校领导和老师对我的大力培养。感谢同学们在工作和生活中给我的支持和帮助。在今后的日子里，我将以更加严格的标准和要求来激励自己、鞭策自己。

谢谢各位领导、老师和同学们！

3.2.3.2 杜坤心语

尊敬的各位老师、各位同学：

大家好！

我叫杜坤，是汽车工程学院514312班的一名学生，很荣幸能在大学最后一年有机会参加这次国家奖学金的评选。这一学年，我通过自身的努力，在各方面均比上一学年有很大的进步。下面我将从以下几个方面汇报我的基本情况。

思想上追求上进，紧跟党走。大一的时候我正式向党组织递交了入党申请书，参加了学校的入党积极分子培训，并顺利结业，成为一名入党积极分子。大二的时候，参加党员发展对象培训，并顺利结业。尽管现在还不是一名党员，但我会向党看齐，以党员的标准来要求自己，尽早地使自己成为一名真正的党员。这一年来，我积极配合老师做好了教学工作，管理班级事务，团结同学，因此在2015—2016学年被评选为"优秀团员"。

学习上刻苦钻研，注重实践。初到航院，自己还很迷茫，不清楚自己今后的方向，但在学校浓厚的学习氛围，优良的校风和老师们的影响下，我开始逐渐明确自己的目标。我的专业是汽车检测与维修技术，毕业后就是要成为一名维修技师，所以将自己大部分的时间用在了本专业学习上，平时更加注重专业技能实践。通过多层考核，我取得了中级维修工资格证，但同时，我对于公共课的学习也没有放松。我在课余时间积极参加学校组织的比赛，获得了学校“首届实用英语阅读比赛一等奖”。这两学期的期末考试，各门学科平均分在 90 分以上，位列本专业第一，综合测评成绩也是本专业第一。我在取得优秀成绩的同时，也帮助同学、学弟学妹，解决其在专业知识、技能上的问题。由于平时表现好，成绩优异，我被评选为“三好学生”。

工作上认真负责，身体力行。在班里，我是体育委员，负责班级或集体的课外活动和运动会的举办。在汽车工程学院首届春季田径运动会中，组织班上同学积极参与并取得了较好的成绩，获得了“优秀组织奖”和“运动会团体第一名”。另外，在课外生活中，我积极参加社会志愿活动，比如无偿献血等。同时组织并参与校外实践活动，帮助那些需要帮助的人，受到了同学和老师的一致好评，也因此获得了“社会实践优秀个人”的称号。

生活上勤俭节约，自立自行。来自农村的我，家里经济情况较差，所以自小懂得生活的艰辛，不愿给父母添过多的麻烦。在我看来，我可以通过勤工俭学来挣取必要的生活费。大学以来，我卖过报纸，当过学徒，带过家教。我的大学生活非常充实，没有过多的浪费，我相信只有今日的付出才能收获明日的美好。

以上就是我入学以来的情况汇报。我认为，今日申请国家奖学金是对自己昨日成绩的一种肯定，也是对未来生活的一种鼓励，不管能否获得这项殊荣，我都会继续努力。

谢谢大家！我的演讲完毕。

3.2.3.3 赵婷心语

尊敬的老师、各位同学：

大家上午好！

我是来自管理学院物业管理专业大三的学生赵婷。在学院各位领导和老师的教育、鼓励和引导下，通过我个人的努力，今天，我很荣幸能够站在这里参加国家奖学金的申请竞选演讲。

这一年来，学习上，我注重博览群书，不断丰富自己的知识储备量。积极参加各项比赛活动，提高个人的能力素质。先后获得四川省大学生综合素质 A 级证书、国家励志奖学金、学校“三好学生”“学习标兵”等荣誉。

学习之余，积极参加公益性社会实践活动，2015 年暑假也代表学校参加“全国第九届残运会暨第六届特奥会”开幕式演出，在这期间，我收获了友情、得到了历练、懂得了奉献，与大家一同为学校争得了荣誉。

工作上，我恪尽职守，勤勤恳恳。在担任院社团联合会纪检部部长的一年里，真正做到上传下达，认真管理与服务社团，带领干事完成各类工作。现已组织、参与过社团科技文化周、社团汇报表演、社团纳新等活动，增强了组织力、领导力与团队协作力，被学院评为“优秀团干部”。另外，我也担任 415332 班助教一职，对新同学、新干部进行传、帮、带，协助辅导员做好管理和教育工作，及我所及，尽我所能，受到老师和同学们的一致好评。

在思想上，我积极进取，遵纪守法。踊跃参加志愿者活动，如：社区服务；校运动会期间，清理场地垃圾、撰写运动员加油稿等。2016 年 5 月，通过了党员发展对象的培训，并获得“党员发展对象培训优秀学员”称号，同年 6 月，被党组织批准成为中共预备党员。

经过一年来的努力，我的成绩在班上名列前茅，各科平均成绩 89.34，综合素质成绩 97.09，在管理学院排名第一。

业精于勤荒于嬉，行成于思毁于随。对于即将进入工作岗位的我来说，也定会再接再厉，以更高更严的标准要求自己，为校争光，我的申请演讲完毕，谢谢大家！

3.2.3.4 青波心语

尊敬的各位领导、评委老师，亲爱的同学们：

大家上午好！我叫青波，来自 714331 班。首先我很高兴能够申请这次国家奖学金。现在的我已是一名大三的学生。想一想过去两年所经历的酸甜苦辣，感觉很幸福。对成航，对老师，对同学，都满怀感激。在这里我已经获得了成长，不管是思想上还是学习生活上，我始终保持积极向上乐观的态度。

思想情况：心中之梦，为之奋斗。我积极向党组织靠拢，大一时我就递交了入党申请书，随后参加了系党课、院党课，经过班上团内推优成为入党积极分子，经过党组织一年的审查与考核，如今我已经光荣地成为一名中共预备党员，在今后我也始终以一名党员的标准严格要求自己，争取按期转正加入党员的队伍当中。

工作情况：尽我所能，用心做事。从进入大学至今，我一直担任本班班长，主抓班级建设工作，勤恳踏实地带领我们班在德智体三方面全面发展。在辅导员老师的指导下，我带领全班同学一起努力，先后获得学院“先进班集体”、系部学风建设“优秀班集体”等荣誉。大二时担任了715332班的辅导员助理，在辅导员老师与我的带领与指导下，715332班先后获得学院“优秀团支部”、系部“心灵主题班会第一名”、系部“学风建设第一名”等荣誉。我认真负责的工作态度和良好的团队合作精神受到老师和同学们的一致认可，因此获得了学院“优秀学生干部”这一荣誉称号。

学习情况：坚苦卓绝，努力奋斗。我始终没有忘记我作为一名学生的首要任务是学习。除了考取本专业的专业技能证书以外，我一直非常刻苦认真，在入学两年多以来，我的学习成绩始终在班级前二，学年综合素质测评成绩始终名列班级第一、本系前茅，先后获得了国家励志奖学金，四川省大学生综合素质A级证书，今年我以96.65的综合素质测评成绩名列本系第一。

生活情况：丰富多彩，勇往直前。生活中，我朴素节俭、性格开朗、严以律己、宽以待人。我真诚地和大家相处，平时善于和同学沟通，也乐于帮助同学，在生活中建立了很好的人际关系，得到了大家的尊重和支持。在我的带领下，我们宿舍连续两年四次获得学院五星级文明寝室，我积极参加了学院的高等数学竞赛并获奖，也参加了学院第十七届田径运动会并获得男子组三级跳远第二名的成绩。

科研与实践情况：刻苦钻研，付诸实践。我积极参加科研创新项目，作为项目负责人，我申报了2015年创新创业实践项目——《树脂基复合材料维修技术》，并获得省上和学院的2万元经费支持；作为我系维修小组的组长，我带领维修小组给航空公司空客A320飞机上的复合材料零部件做维修实验，并获得公司的高度认可；在今年第八届SAMPE超轻复合材料桥梁机翼竞赛中国赛当中，我作为成航一队的队长，带领我们队战胜了北京航空航天大学、清华大学、同济大学等多所名校代表队，勇夺了此次大赛天然纤维桥梁的冠军，这也是我校参赛以来第一个天然纤维桥梁冠军，首次实现大满贯，包揽三个项目冠军。

再多的辉煌都已属于过去，我深知自己还有许多的不足。今年我成功地通过厦门航空公司的面试选拔，成为一名准机务。在即将离开校园踏入工作岗位之际，我要感谢领导和老师们的大力培养和深入指导以及同学们在工作和生活中给我的支持和帮助！今日我以学院为荣，明日学院以我为傲，我将不断提高自己的综合素质与职业素养，严格要求自己，用实际行动践行我校“航空报国，追求卓越”的理念！

谢谢大家！

3.2.3.5 熊成心语

尊敬的各位领导、老师：

大家上午好！我是来自于建筑工程学院建筑工程技术专业 314313 班的熊成，很荣幸能够站在这里向各位老师汇报我在成都航院各方面的情况。

“莫等闲，白了少年头”。从大一至今，我抓住每一分每一秒，不怕困难，勤学苦练。不懈的努力使我的成绩始终名列前茅，每学期期末考试在班级都是第一名，多个专业成绩多次获得第一，同时获得了 2014—2015 学年国家励志奖学金。大二这一年，因为班上旷课严重，学习风气不太好。在这种情况下，我“奉命于危难之间”，在同学们的推荐下，正式接替班长职务，以身作则的同时，和其他班委一同努力进行班级建设。班级旷课现象减少，学风明显转好，班级补考率由大一刚进校时 15%下降到现在的 0.8%，今年班级获得奖学金的人数也逐步增多。我一直相信我们班的每个同学都是优秀的，在一个优秀的班集体中会汲取更多成长的养分，更加充实自己。我记得在刚进校的时候，辅导员老师给我们说过：不管你们以前多优秀，来到大学一切都要从零开始，你们的起点从现在起都是一样的，只有戒骄戒躁，脚踏实地，把握大学生活的每一分每一秒，到毕业的时候你们才会收获更多。所以我时刻提醒自己一定要好好学习，更加努力地把自己变得越来越好。

在大学的这两年，我没有辜负时光，没有辜负自己。这两年我成长了很多，也取得了不错的成绩。在大三期间，我主动参与了学院 BIM 工作，和老师一起参与重庆江北机场等工程项目的建模。在我们共同的努力下，解决了一系列的困难，并提升了自己专业能力。今年的创新创业项目的申报过程，遇到了很多难题，但是在老师的指导和我与同学们的努力下，终于在 6 月的时候等来好消息，我们的项目被立为省级项目并获得 20000 元的创业基金。靡不有初，鲜克有终。我要时刻提醒自己，不管未来如何，我都要坚持这种在大学的冲劲和斗志，做一个善始善终的人。

人生的每一个阶段都需要制定一个目标，我的目标是成为一名合格的工程技术人员。在往后的日子里，我会更加努力地学习专业知识，不断提高专业能力和素养，为未来工作岗位打下坚实的基础。

最后，我要感谢学校和老师对我的大力培养，感谢同学们在工作中和学习中给我的支持和帮助！没有他们就没有我的舞台，就没有积极向上，热爱生活，刻苦努力的熊成同学。

谢谢大家！

3.2.4 2017 年国家奖学金获得者心语

3.2.4.1 凌荣巧心语

各位老师：

你们好！我是来自信息工程学院的凌荣巧，今天我演讲的主题是“我的学习历程”。在此之前，我并没有演讲的经历，所以，今天对我来说是一个挑战与学习的机会。

我主要从以下两个方面来叙述我的学习历程。一是思想意识上，二是行动实践上。刚进校时，我不满自己的现状，感到非常迷茫，除了脚踏实地夯实基础，我别无他法。首先，我得搞懂我的专业所学、老师所讲、书本所说；另外，我必须得接触一些其他的东西，例如操作技能、应用软件、英语口语等。接触这些东西需要花费大量的时间，我把它解读为“忍受得住寂寞”。我认为，只有在思想层面上给自己坚定的信念与勇气，在行动实践上才会有所作为。

我从大一下学期开学开始报考英语四级。在此期间，我的课余时间都在图书馆度过，每天图书馆闭馆标志着我一天学习的结束。令人欣慰的是，在考试日的两个月后，我获得了一个令我比较满意的分数。回过头看，发现四级考试并不是别人说的那么遥不可及，你尝试过就知道它究竟是怎么一回事。学习是无止境的，于是大二上学期我开始备考六级，考试前一个月，我几乎每天学习到十二点才休息，但最后我失败了。败给了“X 因素”——考试时，我的耳机坏了，听力全是蒙的，最终差了几分。第二年，我痛定思痛，重新来过。刚开学我就开始备考，每个工作日的早上七点有“早练课”要上，晚上九点有“夜宵课”要上，到了周末还有“核心技巧课”要上。即便在这样的拼劲下，最终我还是失败了，败给了自己的心态。由于有过之前的失利，我变得非常紧张。学习这件事需要“尽人事，听天命”，把心态放好，自然也就水到渠成了。

另外，我还想和大家分享一个关于我团队学习的事例。2016 年 9 月，我参加了数学建模的国赛，这是一个三人合作的团队项目。我们分工明确，相互之间取长补短，在这样的氛围下，我们拿到了国家二等奖。因此，我认为团队合作是一项必备的技能，不仅能体现出个人的价值，还能弥补个人的缺陷。

我认为学习中最重要的一点就是要静下来，静下来才能清楚地定位。现在的我正处于拼搏的年龄阶段，只有义无反顾地磨练自己，才能离自己想要的目标更进一步。另一方面，要多拼搏，少抱怨，用抱怨的时间去努力，学习是永不止步的。“路漫漫其修远兮，吾将上下而求索”，希望带着一颗拼搏的心活到老，学到老。

谢谢聆听！

3.2.4.2　张鹭瑶心语

尊敬的领导、亲爱的各位同学：

大家上午好!

我是来自管理学院会计专业大三的学生张鹭瑶，是“路遥知马力”的张鹭瑶。在各位领导、老师的帮助下，今天，这棵小草带着她的骄傲走向舞台，向孕育她的土地汇报她大学的成长经历。

预备党员、团总支副书记、415321 班班长、社会实践积极分子、创新创业实践者，这就是我。然而故事的开始，我只是一个拼尽全力才能勉强踏入大学校门的野丫头，做过班级倒数，外形普通是没有任何人关注的“小草”。在学校的培养，老师的帮助下，我一直坚苦卓绝，努力奋斗，先后获得四川省大学生综合素质 A 级证书、校一等奖学金、院三好学生等荣誉，考取会计从业资格证，英语四级。刻苦钻研，付诸实践，积极参加创新创业比赛，运用自己的专业知识为五个创新创业项目进行财务分析，其中 2 个项目已经成功获得省级立项。

心中之梦，为之奋斗。2017 年 6 月 18 号，我终于被党组织批准为中共预备党员。不忘初心跟党走，我组织并踊跃参加志愿者活动，获得“优秀志愿者”荣誉称号。除此以外，我积极参加公益性社会实践活动，如“三下乡”社会实践活动，四川共青团举办的逐梦计划。我在实践中收获成长，在实践中发挥自己的才能，在实践中肯定自身的价值，在实践中帮助了他人。

及我所及，尽我所能。在今年的校运会上，学院组织了共计 280 人的表演方阵，时间紧、任务重、困难多，作为学生总负责人，我协助老师、帮助同学们克服在训练中遇到的各种难题。最后，我们以饱满的热情、优秀的表演获得了最高荣誉。在老师的指导下，我把自己在团学会工作的想法与经验结成了一篇论文，发表在《中学生导报》上。

三年里，通过我的努力，学习能力和综合素质都有了极大的提升，这些是比获得国家奖学金更加重要的收获。不负春光，灼灼成长。感谢学校对我这棵小草的关爱。

请记住，这就是我，骄傲的我，自信的我，勇敢的我。发得了论文，当得了团总支副书记，带得了团队，搞得了项目，是一棵不断努力的小草——我的名字叫张鹭瑶。

我的演讲完毕，谢谢大家!

3.2.4.3　陈克礼心语

各位老师、同学：

大家好，我是来自航空工程学院 715313 班的陈克礼。很高兴能够站在这里与大家分享大学里的经历和收获。大学期间我始终保持积极向上的心态，有明确的奋斗目标，时刻以高标准要求自己的同时，妥善处理好学习、生活、工作三者之间的关系，努力做到全面发展。我在各方面表现优异，均符合优秀学生的评选条件，故申请国家奖学金，现从思想、学习、工作、实践四个方面做如下介绍：

思想上，入校时我就郑重地向党组织递交了入党申请书，从那时就用一名党员的标准来要求自己。参加学校的党员发展对象培训班。于 2017 年 5 月成为一名中共预备党员。在加强自身素养的同时，起好模范带头作用。

学习上，我始终坚信：天道酬勤，勤能补拙。我始终把学习放在首位，学习刻苦努力，注意理论与实践的结合，注重学习能力的培养。每天都执行一个满满的日程，比别人更抓紧时间，付出更多的努力。我的学习成绩一直保持全班第一，综合素质测评成绩全系第一。所学课程单科最低 83 分，平均成绩 89 分，实训成绩 90%为优秀。先后通过英语三级、四级、普通话一级乙等、计算机一级等考试，考取了电工证、钳工证。荣获国家励志奖学金、学院“学习标兵”等。

工作上，我担任学院教务处学生团队队长、班级班长、学生公寓 13 栋楼长、航工院学生安全员。在我看来，变的是职务的角色，不变的是肩上的责任与担当。作为学生团队队长，积极帮助教务处老师处理教务工作琐事，安排其他队员常规工作任务。全校学生等级考试的信息核对、创新创业活动的后勤保障等都能看到我们的身影。作为班长，积极配合好辅导员老师，认真处理好同学们在学习、生活中遇到的问题。“想同学之所想，解同学之所难”，全心全意地为同学服务。同时和其他班干部合作开展各项班级活动，提高班级凝聚力。作为楼长，负责协助宿管老师做好公寓安全工作，带领大家一同完成各项任务。作为安全员，协助相关老师做好学习、生活等方面的学生安全工作，尽职尽责。

课余时间，我积极参加比赛，投身于志愿者活动、实践活动，教务处、学生公寓的志愿清洁我总是第一个到达现场提前安排好清洁任务，并和大家一起做好清洁；校园内无偿献血活动，我会献出自己的一份爱心；学校的实践活动我都会积极参与、锻炼自我的同时也收获了许多。

三年的成绩和荣誉背后，是学校发展给我创造的良好条件，有老师的指导与同学的支持，也有我踏实的付出和永不言败的执着，现在我郑重地向学校申请国家奖学金，它不仅是对过去所有付出的一种肯定，更将激励我在今后整个人生奋斗路程上更加努力，我会在榜样力量的感召下，不忘初心，继续前行。

3.2.4.4 姚婷婷心语

尊敬的各位领导、老师，亲爱的同学们：

大家下午好，我叫姚婷婷，是来自民航运输学院物流管理专业大三的一名学子，很荣幸今天能够站在这里参加国奖的竞选演讲。希望通过今天的演讲，能够让我的努力得到大家的肯定并且感染更多的同学。

接下来我将介绍我的个人情况。

我叫姚婷婷，今年 19 岁，是一名中共预备党员，曾担任精英班团支书、组织部干事、党支部组长以及英语课代表。我的座右铭是“志存高远，勤能补拙”。对于学习，我喜欢先思考再行动，勤奋是学习的唯一捷径，我把学习当作一种兴趣而并非负担，这样自己在学习时会更加地享受而不觉得累。我们学的越多，知道的就越多，想要知道的就更多，才会不断去获得更多的知识来丰富自己，我想这或许就是我们所说的“勤学上进”。

知足者常乐，知不足者常进。自大学以来，我一直保持虚心学习的态度，勤奋刻苦，努力上进，我的综测成绩在学院排名第一，专业成绩也在年级上保持前三，大一时期有幸加入学院精英班学习并担任了团支书一职，现在已经顺利结业。通过自己的不断努力与进步，荣获了 2016 年度国家励志奖学金、2017 年度国家奖学金并通过了全国大学英语四级与计算机二级考试，连续两年获得校级“三好学生”，并先后获得校级“学习标兵”，校级发明杯二等奖，书法比赛二等奖，党支部“先进个人”等荣誉。但这些都只是见证我在成功路上行走的脚印，并不能停止我继续前进的步伐。

除此之外，我还积极参与到实践中去学习，两年时间，我去过龙泉长远二小区辅导小朋友功课。去过龙泉敬老院陪爷爷奶奶聊天。五一劳动节期间前往春熙路地铁站为乘客们指路。六一儿童节带领小朋友和家长参观成航的校园。暑假期间，我也参加了学校组织的“三下乡”活动，去到小朋友家里做一名为期一周的家教。在大学的小社会里，我学着与人接触，与人交流。在校外的实践工作中，我学着去享受，热爱我的生活和工作。更多的社会经历让我在未来的路上，无论风雨，无论艰难险阻，自己都能笑着面对。

大学是我们学习成长的地方，我的大学三年就是在课堂上、图书馆以及竞赛中度过。因为我始终坚信，今天不去走，明天就要去跑，相信我的大学时光没有虚度。

如果说自己人生前十几年都是在生活、在学习，我想这可能只占了我人生的百分之二十，如果掐着时间算人生，那么自己还有百分之六十的人生需要去生活去奋斗，而我的大学就占据了人生的百分之五。三年时光转瞬即逝，我的大学足够光鲜，它活出了我人生前百分之二十五的姿态。我相信未来的自己能够在大学的基础上走得更远。

最后，山高不厌攀，学精不厌苦，登山者不会因为登上过珠穆朗玛峰而放弃继续攀登乔戈里峰，学习亦是如此。只要学会坚持，保持勤学上进的态度，相信有志者，事竟成，不忘初心，方得始终。

谢谢大家！

3.2.4.5　熊芯心语

我是来自汽车工程学院 215351 班的熊芯。进入大学以后我始终保持着积极向上的心态，时时以高标准要求自己。希望自己能在成航这所孕育着希望和理想的学校实现自己的价值。

然而在高考后我也曾经历过彷徨和迷茫。恰逢学校 50 周年校庆，作为成航记者团学生记者的我有幸采访了我校多位优秀校友，从他们身上真切体会到了“航空报国，追求卓越”的航院精神，深受鼓舞。我迅速地调整了自己的心态，积极投身到大学生活中去，认清现实，抓住身边的机遇，最终遇见了更好的自己。

在思想上我积极进取，努力向党组织靠拢，参加了成都航空职业技术学院第七期党员发展培训班，系统学习了党的知识，了解了党的发展历史，获得相应结业证书，成为党员发展对象。在中国梦的理念引导下，我树立了良好的人生观、道德观和价值观，当一个人找到了自己的信仰，就会变得强大，我在面临任何困难的时候都不会轻言放弃。

我是从农村里走出来的，生活中，我朴素节俭、课余时间经常在外做兼职来锻炼自己和减轻家庭的负担。平日里，我性格开朗，严以律己、宽以待人，与同学建立了很好的人际关系，作为班级宣传委员，热情为同学们服务，得到了大家的认可，并连续 4 学期获得操行优秀。

从我接触专业课开始，世界仿佛为我打开了一扇大门，学习新知识，掌握新的软件总能使我感到充实快乐，我勤奋刻苦地学习，专业成绩连续两年位列专业第一，两次获得综测排名“专业第一”。荣获成都航空职业技术学院“三好学生”称号、获得“校一等奖学金”，2017 获得了国家奖学金。

另外我考取了维修电工（中级）证书，无线调试工（中级）证书，英语三级证书、计算机一级证书等，熟练掌握了：Altium designer14、Keil4、Keil5、IAR、Foxit Reader、Proteus 7 Professional、VisualTFT 等专业软件，熟练运用：51 单片机、STM32F103RC 系列、飞思卡尔 MK60DN512VLL10 单片机。

除此之外，我还参与了创新创业项目和校企合作项目，并在老师的带领下积极参加校内外竞赛。2017 年参加省智能车竞赛获得三等奖；参加第十二届“恩智浦”杯智能汽车竞赛获得西部赛区一等奖，并以西部赛区第五名的成绩成为全国唯一一所进入决赛的专科院校；2017 年 7 月，参加全国大学生电子竞赛获得四川赛区一等奖，作为我校唯一一支进入复赛的团队，经过大家的努力最终获得了全国二等奖。

我很幸运，在我一路成长的过程中得到了太多人的帮助，特别是进入成航以后，在老师的指引下，进入到一个专业领域，找到了自己的兴趣和奋斗方向，认识了志同道合的同伴，大家一起做自己喜欢的事，为校争得荣誉。我非常满足和感恩，感谢学校和老师的培养。

回顾我们团队准备比赛的经历，为了调试设备和队友一起度过了不知多少个不眠之夜，为了测量准确数据反复扔球数以千次。我们披星戴月，不畏艰难，都是因为我们心中有一样的梦想和追求。这些日子的锤炼让我明白，许多微小中藏有博大，短暂中孕育永恒。只要有锲而不舍的精神，所有你曾经奋斗的日子将堆砌起来，成就一个伟大的事业。

理想与现实总是充满着坎坷，未来的道路你我未知。永不言弃是我的信仰，凡事不求完美，只求尽善尽美。我会将“航空报国，追求卓越”的航院精神铭记在心，不忘初心，一路前行！

3.3 成航学生好人榜上榜者心语

3.3.1 2014 年成航学生好人榜获得者心语

3.3.1.1 “勤学上进”类好人获得者

1. 陈琪心语

大家好！我叫陈琪，是来自民用航空服务系 2012 级航空服务专业的学生。

在入学之前我为自己量身制定了一份自我成长计划。入学后自己做的每一件事，自己的每一点滴的时间都在为心中的目标铺垫，即使现在没有做到的，也离目标越来越近。我可以自豪地说：“我的青春无悔！”

在思想上，我拥护中国共产党的领导，积极向党组织靠拢，诚实守信。2012 年 12 月参加中共成都航院委员会党校学习结业，2013 年 11 月 27 日成为中共预备党员。我一直以党员的标准严格要求自己，做到思想上、行动上向党组织靠拢，养成了较高的政治觉悟。在校期间遵守大学生守则和学校各项规章制度，积极参加社会实践活动，2014 年被评为“暑期社会实践三下乡优秀个人”，还被评为了“财富论坛青年志愿者先进个人”。

在学习上，我勤奋刻苦，成绩优异，专业成绩一直保持年级第一，操行每学期都是优秀，两次综测都是第一名，2014 年荣获我院“三好学生”“学习标兵”称号。积极参加各种比赛，获得过国家奖学金，国家励志奖学金以及四川省大学生综合素质 A 级证书，“发明杯”创业创新大赛三等奖等证书、院级舞蹈大赛一等奖等名次。荣获系“学习之星”一等奖、系“助学、驻梦、铸人”征文比赛一等奖、“职业技能大赛”二等奖、系级“抗震救灾”文艺汇演二等奖、系团总支学生会“优秀学生干部”及“工作积极分子”，同时也是我院第一期杂志人物封面以及学院新编《服务礼仪》教科书中标准礼仪人物，2014 年荣获“国家奖学金”，在学习上起到了很好的带头作用。

在工作上，我兢兢业业，乐于奉献。担任民航系团总支学生会主席与班级学习委员期间，踏实认真，有良好的工作组织能力，在学生和老师之间起到了很好的沟通作用。工作认真负责，表现突出，受到老师和同学的好评，经常代表院系参加组织的会议活动。面对我系学生会结构的特殊性，利用课余时间起草了一万余字团总支学生会制度改革建设性的改革意见策划，通过与系指导老师协商以及在系书记的支持下，我在系里成功开展了具有建设性的“天生我才”骨干培训计划，获得了系上的普遍认可，对于系风建设起到了良好的促进作用。为下一届团总支学生会的发展打造了一支具有高素质、高纪律、高执行力的学生干部团队！

在这里我学会了运用自己所学所悟，用皆大欢喜的方式圆满完成院系指定的各项大小任务50余项。除此之外，感谢我的学院，我的老师以及我的同学们，他们见证了我的每一次成长，给了我无数的鼓励与支持，造就了这样一个有理想有抱负的我。我爱我的大学，这里是梦开始的地方。现在的我经过了乘务员培训，在师傅的指导和帮助下，也顺利通过了试飞阶段，可以独自进行飞行任务了。我感谢学校和老师对我的培养，让我能够在现在的工作岗位上有了更高的起点，我会在这个新的地方助梦成长，等待机会展翅飞翔，回报曾经帮助过我的人们，回报社会。

2. 何朋心语

尊敬的各位领导、老师，亲爱的同学们：

大家好！我是来自建筑工程系312313班的何朋，非常荣幸成为“成航学生好人榜”候选人之一站在这里和大家一起分享我的大学生活。时光荏苒，我已经是大三的学生了。回顾近三年的大学时光，航院给了我很多很多，精彩的校园生活，丰富的专业知识，多样的学习机会……在这一片舞台上，我放开自己，去尝试、去体验、去发掘自己的潜力。

每个人都怀揣着一个属于自己的梦，然而，什么是梦？我认为梦是一种期待，是一种坚强，是一份对自己未来与生命的责任。

“多学点，不吃亏”是我所信奉的人生格言，它贯穿在我学习生活的方方面面。“十佳”是我的向往和追求，“虽不能至，但心向往之”，我一直在为之努力。

大学是个锻炼能力的舞台，所以我积极竞选班级干部。我现担任班级宣传委员，在工作上，踏实认真，工作表现突出，被评为院“优秀团干部”。

目前我的专业课程已基本完成，成绩算是对得起父母、老师的期望。

从刚上大学时的迷茫，到现在有了自己的理想目标，我乐于学习、主动学习。经过不懈的努力，我通过了全国计算机二级考试，荣获“国家励志奖学金”“国家奖学金”，荣获我院“三好学生”“学习标兵”等称号。这些荣誉让我有了更多的学习动力。为了在专业技能方面有更大的提升，同时丰富自己的课余生活，我还积极参加各类竞赛，如四川省测绘技能大赛，全国“鲁班杯”建筑工程识图技能竞赛等。在测量比赛中荣获二等奖，在“鲁班杯”比赛中荣获个人赛二等奖，团体一等奖。在这些比赛中我不仅提高了自己的专业技能，还学会了坚持。测量训练中无数次的奔跑，汗水无数次地润湿后背，绘图练习中无数次的挑灯夜战……只为能够为校争光。后来，我学到了更多的专业知识，接触到了更广泛的专业领域，深刻地认识到仅仅凭老师课上讲授的远远不够，于是我开始自学，或者旁听其他老师的课程，学习我感兴趣的技术知识，前段时间的 SYB 创业培训我也有参加，我享受的是学习的过程。有同学问我：“学这么多你不累吗？”我回答：“我就是这么任性。”我在课余时间还会学习专业方面比较先进的技术，比如 BIM 技术中的 Revit 软件（BIM 技术是建筑行业以后发展的趋势，正在逐步向全国推广）。趁着学生时代有更多的时间，多学点，我不吃亏。

所有的这些荣耀使我更清醒地认识到：一个集体不是因为有几个优秀的同学而优秀，而是需要这个班级有很强的凝聚力和很好的学习氛围。没有一个稳定安静的学习环境，我是很难走到今天这一步的。我们班班风优良，大家团结奋进，互相关心，学习上有什么问题一起讨论，形成了一个密不可分的班集体。我们班也被评为院“三好班级”，连续两届被评为“民主模范班级”。我们大家也是“蛮拼的”！

宝剑锋从磨砺出，梅花香自苦寒来。不经历风雨，怎能见彩虹；不过小丘，如何领略到大山的巍峨。一切的成绩终属过去，明日东方又将有一轮崭新的红日升起，在未来的日子里，我将会更加努力地学习、工作。因为做一名“十佳大学生”是我不懈的追求。我相信只有端正自己的生活态度，脚踏实地、积极进取，才能取得更加辉煌的成绩！

谢谢大家！

3. 林洋心语

尊敬的老师们、亲爱的同学们：

大家好！我是来自航空电子工程系212321班的学生林洋，今天非常荣幸能参加“成航学生好人榜”的评选，在此要特别感谢领导们、老师们给予的如此宝贵的机会，非常感谢你们！

我热爱学习、积极进取，所以本次申请的是“勤学上进”类好人。说到这些年来的学习历程，可真是回味无穷啊。大一时，我初来乍到，由于没有目标，所以只是单纯地进行学习、复习以及备考，最终在一定的努力下获得了“学习标兵”“优秀学生干部”以及一等奖学金，综合素质测评分全班第一、全系前茅；大二时，我积累了一定的经验，有了相当明确的目标，拼命地学习、复习以及备考，积极参加各种活动、竞赛，最终在积极的努力下获得了“学习标兵”“三好学生”、省级优秀毕业生以及国家奖学金等荣誉，综合素质测评分全校第一，圆满完成了目标；大三时，为了戒骄戒躁、精益求精，于是我定下了全新的目标，而现在也正在为了新目标而刻苦奋斗着！

在这些年的求知路上，我对自己要求极其严格：因为只有“严格”才能磨练一个人的意志力、毅力与骨气——而这些是我从恩师处习得的。我会把它们作为品格的试金石与人生的动力，不断前进！

我在学习期间一直用的是“科学五环法”：“预习→学习→复习→作业→小结”。为了保持良好的学习习惯，每门学科都认真地做好笔记，上课期间绝对一丝不苟、心无旁骛，下课后每晚都要到学生公寓自管会自习室进行回顾，考试前大量复习，惜时如金。

此外，我还充分利用课余时间进行大量的“学习”。这里的“学习”不是书本上的知识，而是各种社交活动。我一直是班级的卫生委员，年年都是良干；大一时在院学生会综治部担任干事；大二时担任书画协会外联部干事，也是YUKI动漫社会员、梦想DIY手工作坊会员。

只有把理论与实践相结合，才能更进一步。在社会实践方面，我积极地参加多种志愿者活动、公益活动，如募捐、禁烟、义务献血、绿色兑换，到医院主动担当义工，参加双流区七夕节大型义卖活动等，并从中感受到了人间冷暖，体验到了“人生真谛”。

这几年来，我获取了大量的知识，培养了各种能力。在此，我深深地感谢母校对我的培育之恩！但另一方面，我知道自己还有许多不足之处有待进一步提高与完善，所以我将继续保持积极的态度，不断提高与完善自我。

最后，要特别感谢领导们、老师们的教育、培养，以及同学们在学习和生活中给予我的帮助。今后我一定会更加严格地要求自己，把良好的精神传递下去。

以上就是我的演讲，非常感谢大家的聆听，谢谢！

3.3.1.2 “助人为乐”类好人获得者

1. 陈钰心语

一辈子的记忆

我是成都航空职业技术学院管理工程系 414323 班的陈钰，一名刚进入大学不久的女生。不管在什么时候，我都是一个乐于助人的人。无论是室友有事需要帮忙，还是同学有事所求，只要在能力范围之类，我都会尽全力帮助他们。在别人需要的时候，我也会主动提出来帮忙。

曾经濒临死亡的我也是在别人帮助下逃过一劫。我非常感谢那些好心人，也正是受他们的影响，让我觉得自己力所能及地为他人做点事是应该的。正所谓“赠人玫瑰，手有余香”。

我的家乡蓬溪，美丽的书法之乡，同时也是一个贫困县。这里有很多

人生活还很困难。所以六月下旬，我参加了一个“青年志愿者三下乡”活动，进一步了解他们所需，并为他们送去生活用品和药物。

脚下的山路不好走，头上的太阳晒得皮肤火辣辣地疼，手也被袋子勒得红肿……但这些都没有阻挡我们前进的步伐，最终活动圆满结束。

在养老院，有很多生活不能自理的孤寡老人，虽然照顾他们的工作人员对他们很好，但毕竟工作人员是要工作的，很少有时间陪老人说说话。很多时候我看见的是老人们坐在轮椅上或者木凳上守在养老院的门口，望着路上来往的车辆，沉浸在他们自己的世界。所以在我的工作之余（八月份我做了一个月的公交车售票员，上半天班，休息半天），我会独自去陪陪他们，虽然有时候什么都没有帮他们做，但从他们的笑脸可以知道：他们今天过得很开心！

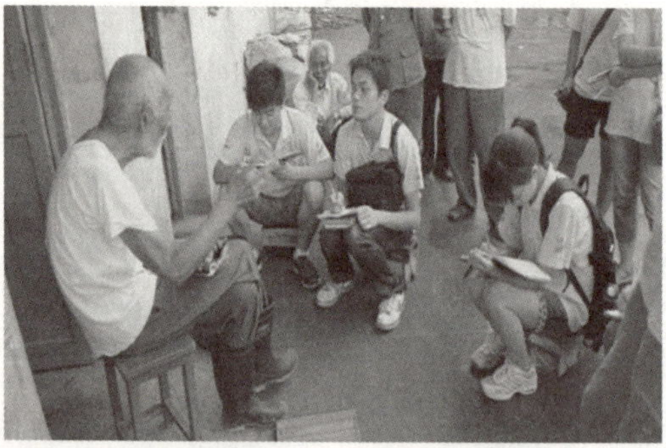

助人为乐，他们快乐，我也快乐。为了更多地帮助别人，在大学里我选的勤工助学岗位是多媒体技术小组，既可以学习一些技术，又可以帮同学解决很多问题。在系上礼仪队，我也用自己的方式帮助他人。比如在中航工业的双选会上，我们耐心负责地为来宾提供服务，指引入座，送上热茶，提供所需物品，同时也为参加面试的人员打气，为他们端上一杯热水。

生活中有很多小事，其中有一件让我印象最深刻。

2014 年的暑假，四川省残疾人运动会在我的家乡召开了。我很荣幸地成了一名志愿者。与普通的志愿者相比，我们的服务内容更具有挑战性。主要服务对象是残疾运动员，涉及的工作内容有接待随行，安排就餐，参观场地，生活指导，安全负责等。

看似简单的工作，实行起来却是万般复杂！在与服务对象交流时，有很多细节需要特别注意：不能投去异样的眼光，不能触犯对方的风俗禁忌，要细心、耐心、尽心，要保证他们的人身安全。

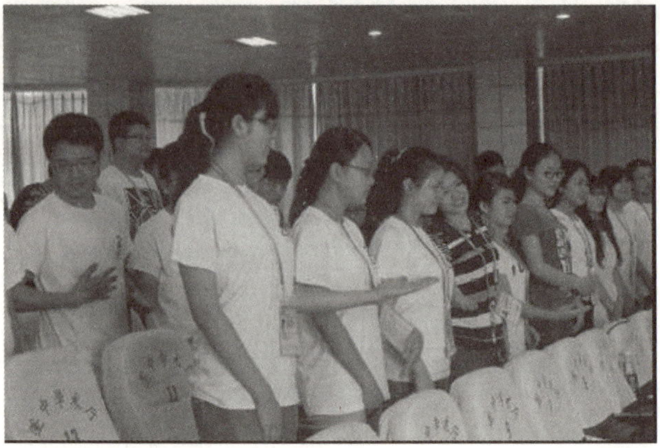

为了更好地开展自己的工作，我们特地接受了手语和礼仪的培训，但由于他们的语言和我们的语言有“顺序差”，所以有时我们还是不能准确地理解他们想表达的意思。为此，我们每个人都随身带有便利贴和笔，在交流出现困难时，就会按照手语的语序写一些诸如：“什么帮助你要？”“吃什么你想？”的文字来进行沟通。

刚开始很难，也很累，连吃饭都是简单几口就完事。我们得为肢残、智残盲人打饭、端汤；得推着轮椅上坡；得牵着盲人，用语言给他们描绘周围的景色……随着接触的逐渐深入，我渐渐了解了他们的生活习惯，渐渐能够熟练准确地使用手语沟通，之前看似繁琐困难的工作开始变得得心应手！

有时会遇到很多突发情况，比如他们报到那天恰好下大雨，我们只能用大型遮阳伞来回去接他们。又比如体检的时候，有位智残运动员走丢了，我们出动了大量的人员寻找，最终将他安全带到医务室。再比如有一位领队要求我带他们去周围的景点逛逛，由于赛事规定，我婉言拒绝，但在结束后，我特意邀请他们一起游玩。诸如此类事件有很多，因为我们的耐心、细心得以解决，也因为他们的体谅，才让我们的工作顺利进行。

运动会正式开始后，比赛过程中我主要负责安保工作，专管运动员和裁判的入口的安检，严格控制外来人员进入，并耐心引领观众到观众入口。因为表现较为突出，我细心、耐心、尽心的工作态度得到了志愿者总部的表扬。

一个暑假的志愿者活动，我得到的不仅是荣誉，还有友谊，更有一种精神慰藉。这次活动让我学到了很多，与残疾人相处也让我感触颇深：即使命运对你不公，也不要抱怨，因为上天给你关了一道门，必会给你开一扇窗。外面的世界很美，自己的世界也很独特！他们就是那独特的存在，在他们的身上看到的只有积极乐观，团结友爱。那种奋发向上的精神让我羡慕，也让我在今后的生活中一直向他们学习。通过这次志愿者服务，我能够熟练地使用手语，这是我这辈子都不会丢下的一种沟通方式了，如果可以，我会进一步接触聋哑人，走进他们的生活，帮助他们。

本次志愿者服务结束之后，我发现自己更喜欢帮助别人了，不仅仅是因为我喜欢看到他们的笑脸，抑或是我喜欢他们的一声谢谢，而是因为帮助别人能够让我在精神上得到满足，生活中感到快乐。

爱，就在我们心中。因为有爱，所以快乐。

2. 唐一丹心语

致我的桃李年华

金秋十月，丹桂已飘香。即将步入桃李年华的我，带着许多感动写下这篇文章，希望爱不只是给予得更多，而是传播得更远。

我，唐一丹，出生在一个叫遂宁的小城市，不过她也有一个响当当的大名“中国城市公益慈善七星城市”。我深爱这座城市，所以，她也用同样的爱孕育着我，让我在这样的年华，未施粉黛，却自有一份美丽。

那时十八岁，高考三天前，学校统一放假，最后一堂课是班会。班会上的我们都哭成了花猫，尽情释放着高中三年以来的压力。而我，不知为何，却似乎在感情释放之后更舍不得陪伴了我三年的本子、书，以往都不怎么“爱”它的我很苦恼：到底该怎么把它全部搬回家呢？当得知班上几乎所有同学都选择扔掉的时候，我的一个小伙伴提出“集体卖、集体捐”的想法，随后我们便立即成立“卖书专案小组”，从上午十点一直忙活到了晚上八点半。我们“东奔西走”，将募集的 3608 个本子和破旧书本变卖的 761 元钱一同捐赠给了中国麦田计划成都分社遂宁麦田。

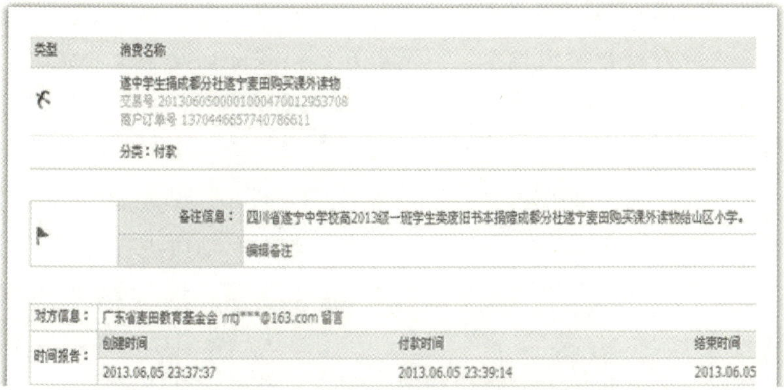
类型 消费名称

遂中学生捐成都分社遂宁麦田购买课外读物
交易号 2013060500001000470012953708
商户订单号 1370446657740786611

分类：付款

备注信息： 四川省遂宁中学校高2013级一班学生卖废旧书本捐赠成都分社遂宁麦田购买课外读物给山区小学。
编辑备注

对方信息： 广东省麦田教育基金会 mtj***@163.com 留言

时间报告：	创建时间	付款时间	结束时间
	2013.06.05 23:37:37	2013.06.05 23:39:14	2013.06.05

毕业时班级所捐书本和旧书变卖所得善款的捐款信息

我在纪实图片展上为前来捐书的小朋友进行登记

毕业时所筹集的书本及变卖转账记录

刚从“学海无涯”中“解放”的我们，原本以为会像高考前幻想的那样邀上一大群好友，游山玩水，尽情放松，可我却在某个晚上突然“灵机一动”，和两个好友一起成立了名为“薄荷水助学商社”的小团队。对于当时的我们来说，挣钱并不是最重要的，我们只是希望通过一次又一次的锻炼培养自身的能力，能够通过自己的努力去帮助一些需要帮助的人。

当时，考虑各种因素，最终我们决定订购一批毛巾进行售卖。以前见别人在街边摆地摊卖各种物品，感觉既轻松又便捷，认为没什么太大的困难，但是当自己亲身体验过后才明白，其中滋味只有自己才懂。

记得有一天，我们去河堤边摆摊，因为是傍晚，河边散步的人很多。一开始，自己拉不下面子大声叫卖，觉得有些不好意思；然而，围住我们的人越来越多，许多人都以一种疑惑的表情看着我们三个，我终于大着胆子独自一人喊了起来：“卖毛巾卖毛巾啦，有大毛巾、小方巾，用起巴适得很，阿姨不信你摸哈嘛，安逸得很。”听到我在一旁的叫卖声，他俩也马上跟我一样行动起来。可在这里不得不说，社会是残酷的。在卖毛巾的过程中，我见过太多的眼神，有淡漠、有不屑、有嘲笑……以及很多很多无法形容却又真实存在的眼神，这些都是我以前没有看到过的。或许，这就是社会的锻炼吧。

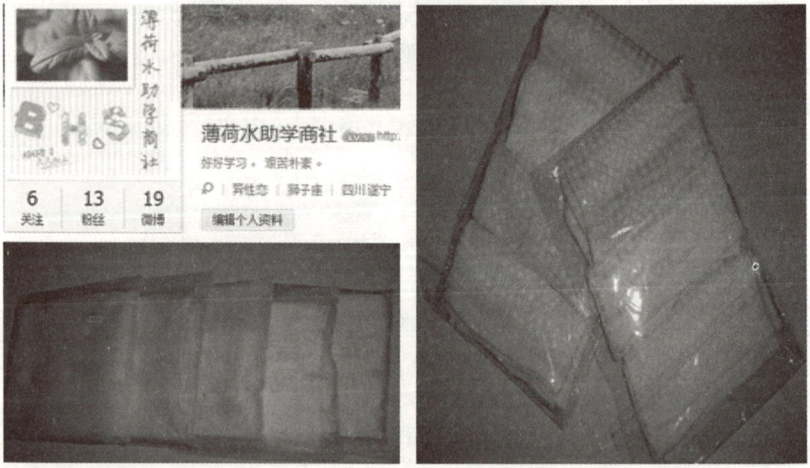

左上图为“薄荷水”商社微博号，左下图、右图是为营山县仁和村小学学生捐的毛巾

2013 年 8 月 28 日，这个历时 7 天的活动画上了圆满的句号。但对于我来说，这或许仅仅只是开始。后来，我们三人一致决定，将售出毛巾的大部分收入共计 179 元换购成体育用具捐赠给中国麦田计划成都分社的遂宁麦田，“遂宁麦田计划”在确认受捐这些体育用具以及我们同时捐赠的 5 条毛巾和 7 条小方巾之后，就马上快速地发放到了营山县仁和村小学可爱的孩子们的手中。而物品送达的消息也是在我上大学的第一天收到的，看到这条消息，在异乡的我当时心里暖极了。

为营山县仁和村小学捐赠的体育用具及孩子们拿到体育用具后开心玩耍的景象

2014 年 7 月，刚放暑假回家的我就被父亲叫到当地靠近绵遂高速路的一个加油站做暑期工。这彻底打乱了我一年一度开展的薄荷水助学商社工作计划。父亲在得知我担心不能进行这次活动之后，他语重心长对我说：“爱给予的多少跟你给予爱的方式无关，你一样可以用你自己一个人的劳动所得来表达你的心意。”于是，在放假后的第三天我就开始了在加油站打工的经历，朝九晚五，酷暑难耐，油味刺鼻，刚上两天，我就快坚持不住想打退堂鼓了。可是，一想到去年远方深山里孩子们的笑脸，我的内心就一阵欣慰，就是这样的信念让我坚持了下来。

八月，我的家乡正紧张筹备着每四年一届的四川省运动盛会“省运会”。在一个炎热的下午，我接到一个从遂宁共青团打来的电话，向我确认是否参加省运会志愿者的培训工作。我才想起在去年的时候我曾通过网上报名参加省运会志愿者活动，后面好长一段时间都没有音讯，我曾一度以为是自己落选了。这个消息使我措手不及：一边是工作，而另一边是家门口的盛宴，我又向父亲征求意见，父亲大力支持我暂时放下工作，去感受一下省运会的风采。

从 8 月 12 日到 15 日，我们每天都是凌晨三点半在区商务区集合乘车，在车上吃了早饭之后，一下车就开始忙活大半天的工作。几乎每天都在不同的运动比赛场馆进行安保工作，比如维持现场秩序、引导观众入席、劝导现场观众文明观看比赛等。这期间，陆陆续续有一些志愿者因为各种原因没有办法坚持下来。而我，因为有了之前上班的磨练，所以长时间的站立对我来说还不算什么难事。只不过因为一天下来话说得太多，嗓子“抗议”了很久，特别是晚上，总觉得不舒服，而不舒服就睡不着，所以睡觉时间本来就少的我睡眠质量也不好。

终于，16 日的开幕式来了，因为是安保志愿者，相对其他志愿者，我们需要提早两个小时到达会场。于是，我凌晨两点从床上起来，三点到达指定乘车地点统一乘车，三点四十到达了里三层外三层全是安检的主会场东区入口，四点整我们位于东区的安保志愿者开始工作，我和另外两个女孩因为是第一组少数的三个女孩，被分配到了东区安检口的里面，引导演出人员、工作人员、观众到相应的区域，以及分散人流防止发生意外，帮助一些对场馆不熟悉的人员指路等。一直到早上八点，全场从东区入口进来的两万多人在进入安检口后几乎都是通过我们三个的分流引导，顺利到达自己的候场、观看区域。接近中午十点，开幕式完毕，开始退场，我们的志愿者工作这才松了口气。十一点，全部观众及大部分工作人员退场完毕，这也预示着我们安保志愿者工作到此结束。

在省运会中获得的“优秀志愿者证书”

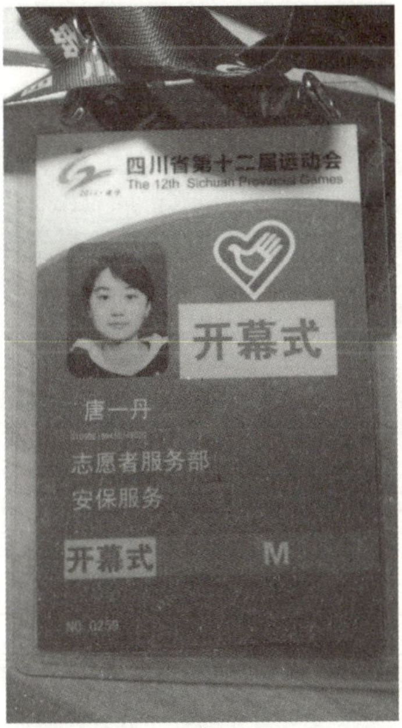

省运会志愿者工作牌

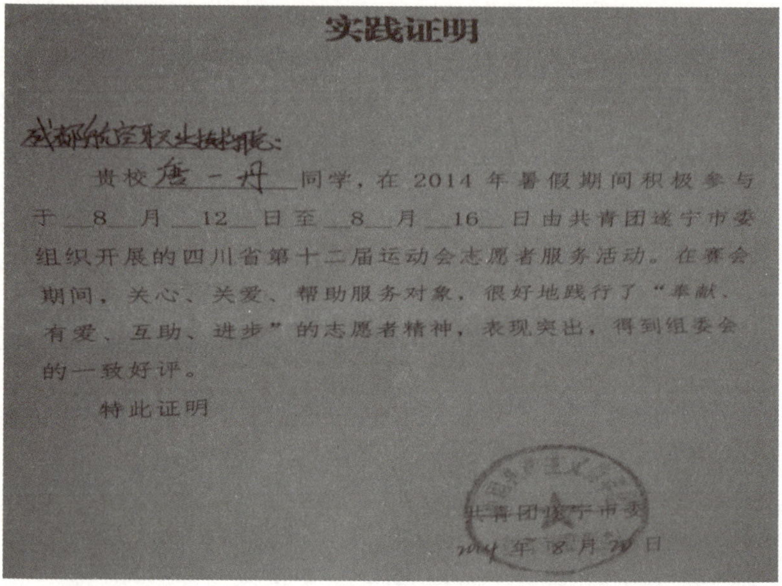

实践证明

成都航空职业技术学院：

贵校 唐一丹 同学，在 2014 年暑假期间积极参与于 8 月 12 日至 8 月 16 日由共青团遂宁市委组织开展的四川省第十二届运动会志愿者服务活动。在赛会期间，关心、关爱、帮助服务对象，很好地践行了“奉献、有爱、互助、进步”的志愿者精神，表现突出，得到组委会的一致好评。

特此证明

共青团遂宁市委

2014 年 8 月 20 日

遂宁共青团提供的实践证明

志愿者工作结束时我和小组成员的合影

结束后的第二天，我并没有选择休息，而是又返回了之前的工作岗位，坚持做到了八月二十日。在领到工资后，我立即把大部分工资都存进了我的一张卡里，作为我的薄荷水助学商社流动资金。第二天，在斟酌了许久之后，决定将这些钱如数捐给新浪微博的微公益中一个助养抗战老兵的捐助项目。“把爱不止洒在助学上”，这也是我们薄荷水助学商社投资人我的父亲对我们商社的愿望。在刚入学不久，我也收到了省运会的志愿者补贴，同样，这些补贴我也拿出了部分，存入我的薄荷水账户里面，并于之后捐给了微公益的一个受伤的孤儿。

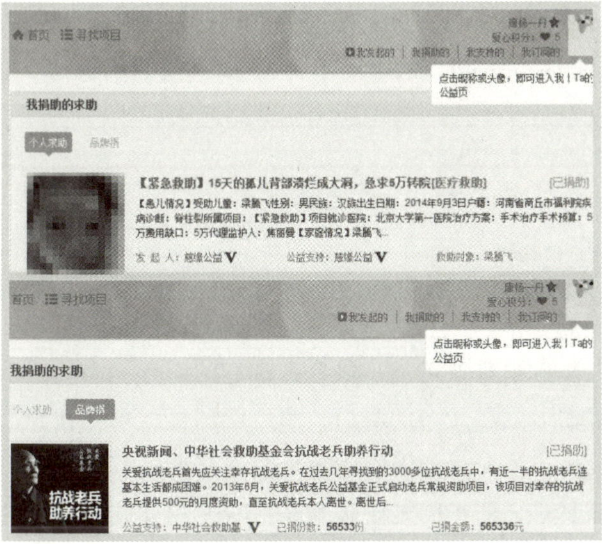

我在新浪微博微公益中所捐款项的信息

我感谢，我是十月出生的孩子，属于收获的季节，在帮助别人的过程中也收获了许多让我怀念的感动。生活依旧，万物美好。用一颗美好的心灵去对待一切人和事，我们得到的就将是圆满的、美好的生活。

3.周杨心语

尊敬的各位老师：

你们好！

我是航空电子系应用电子技术专业213345班的周杨。我是一个外向的学生，我喜欢和别人交流，从2013年高考完后，我组建了自己的爱心帮扶团队——“一缕阳光志愿队”。我们团队经常发起公益活动，帮助过的对象有留守儿童、孤寡老人、工伤病人、我校在校大学生，累计捐出人民币3604元，受到被援助者的一致好评。

我记忆最深刻的是我们资助甘孜的一个孩子四郎多吉，我每个月都会给他打电话，我们现在已经成了好朋友，他的父亲来成都给我带了很多特产，我感到特别的幸福、自豪、快乐。

我们希望有更多的爱心人士能向需要帮助的人伸出援助之手。拥有爱心就是要懂得帮助别人、懂得感恩。奉献爱心就是以你的所能去回报社会，去回报亲情，去帮助那些更需要帮助的人。奉献爱心是随时随地的，也是点点滴滴的。古人说“勿以善小而不为”，如果我们能，我希望我们就要去做到。把爱一直延续下去，让生命之光再亮起来。

3.3.1.3 “孝老爱亲”类好人获得者

1. 代艳红心语

爱的力量

她一个人独自艰难地走过一段令人难忘的历程。当父亲重伤昏迷不醒的时候，她坚韧地陪在父亲的身边；当巨额的催款单摆在她面前时，她四处筹集医疗费……当命运的绳索无情地缚住父亲的双臂时，当别人的目光叹息生命的悲哀时，弱小的她顽强地坚持着，用女儿对父亲的热爱唤醒了瘫痪父亲的第二次生命。

她曾坚持不懈地努力、兼职……只为了贫病交迫的父亲能好起来。她曾用稚嫩的肩膀担负着，担负着，饱含辛酸，只为了帮父亲讨回赔偿。她曾历经半年多的磨难，撞过绝境，顽强地寻找生活的希望。正是因为她用坚定的信念、执着的勇气，终于为父亲讨回了公道。

大家好！我叫代艳红，来自建工系装饰 2 班。我就是故事中的主人翁，家住四川省安岳县大堰乡 3 组，家中五口人。奶奶今年 88 岁了，体弱多病；弟弟还在上初中；父母都是老实的农民，在他们骨子里流淌着中国农民的朴实与善良。早些年，母亲在家务农，父亲跟随村里的建筑队常年在外。在我 13 岁的时候，为了我和弟弟，母亲也外出打工去了。从此，我便担起了家里的一切。

后来我上大学了，可是不幸也降临到我们家——父亲出事了。我永远忘不了那一天，2014 年 4 月 7 日，父亲在建筑工地从高架上摔落，造成肺部严重压缩，达 30%，6~12 根肋骨粉碎性骨折，大小便失禁，腰部重伤！当我得到消息时，立马赶了过去。在车上短短的几个小时，我好像度过了一年！

等我赶到医院，跑到父亲的病房前，却被一面厚厚的玻璃挡在外面。我透过玻璃望着昏迷中的父亲——满脸灰土、胡须头发散乱、脸色苍白，医生抢救父亲，正在给他输血、输液、输氧。我拼命在外喊："爸爸、爸爸……"可他的眼睛一直紧紧地闭着，一点反应也没有。我的眼泪不住地流，嘴里不停地念叨："爸爸，您可不能有事呀！爸爸，您快醒醒吧！"不管我怎么哭怎么喊，爸爸还是一动不动。后来，我听送父亲到医院的叔叔说："你爸刚掉下来的时候，他让我告诉你，他没事，他很好。听到这话，我再也控制不住自己，眼泪夺眶而出，趴在玻璃上又哭又喊："爸爸！爸爸，你怎么啦！爸爸，快醒醒啊！"后来，我找到医生，请医生允许到病房里面探望父亲，可医生不同意，在我再三哀求下，医生同意让我进去探望 5 分钟。我握着父亲满是老茧的手，一直叫着爸爸，可是不管我怎么叫，他还是紧闭双眼，脸色苍白，没有丝毫反应。我抱着父亲，想着刚才叔叔告诉我的话："告诉我女儿，我没事，我很好。"我自言自语地说："爸爸，醒醒吧！你为什么要把所有事情扛在自己肩上，女儿已经长大了，你干嘛不让女儿替你分担一点呀！爸爸，你睁开眼睛看看女儿吧。"我抚摸着父亲的手，父亲的手心在掉下来时，被地上的钉子刺穿了。

我日夜守护在父亲身边，三天三夜过去了，父亲还是没有醒，腰部还是青一块黑一块。我每天给父亲洗脸擦脚，一边流着泪一边对父亲说："爸爸，女儿想你，希望你快点醒过来。我们说好了，让我带你去看我的大学，要跟着我一起体验一下大学的生活，怎么可以还睡着呢……"就这样，父亲昏迷了三天三夜，我也不敢合眼，生怕一闭眼父亲就会离我而去。好不容易，2014 年 4 月 11 日晚上 12 点，父亲醒了，这太让人高兴了，我躲到卫生间里咬着衣袖无声地哭泣。过了一会儿，我调整好心情，面带笑容出去，给父亲端去一碗糖开水。按照医生的嘱咐，父亲刚醒来，需要一日多餐，必须按时按量地给父亲吃食物，并照顾好他大小便和清洁卫生。就这样，我一直陪伴在父亲身边，给他讲我学校里的趣事，帮他减轻病痛。可是随之而来的巨额医疗费成了我们家庭难以承受的经济压力。我也因为没休息好，失眠多梦，神经衰弱，由于伤心过度造成眼球下组织出血。医院的巨额催款单，几乎让我陷入绝境。起初，我找亲戚借钱，但他们都是经济困难的农民工，筹集的钱也只能够几天的药费，后来我只能找当地农村信用社贷款。

为了付清医疗费，在校上课期间，我利用课余时间到学校教务处勤工俭学：中午食堂送快餐；期末学校中职培训做辅助生；暑假在周老师的带领下，到四川省信息化教学改革中心做辅助生兼职。另外我也努力开辟属于自己的天地，创办了丝网花手工艺术培训班；在学校成立了“梦想 DIY 手工作坊”社团；并坚持每天卖一些手工丝网花为父亲筹集医疗费。我每周还得抽出时间，借用周老师的厨房，为父亲炖一些滋补品。等到父亲的病情稳定下来，我们为他办理了出院。

出院后，我们要做的事就是找到工地老板，商谈解决父亲受伤的赔偿问题。可是工地老板昧着良心，拒不承担责任，矢口否认父亲在工地受伤的事实。更为可恶的是，老板找人多次威胁我们，以各种理由推脱责任。由于父亲没有与公司签订劳动合同，无法证明是工伤。为了父亲，为了我们这个家庭，我义无反顾地担起了为父亲讨回公道的重任，不管有多困难，我顽强地坚持，一定要为父亲讨个说法。没有钱聘用律师，我就自学法律。为了收集证据，我找到与父亲一起共事的工友，请他们书写证明材料，请他们提供视频录像。确立了父亲在工地的事实劳动关系后，我带着父亲去华西司法鉴定中心，评残的结果是 9 级伤残。我按照法律的规定，计算出各项费用，然后向劳动仲裁部门申报立案。

经过 3 个多月的不懈努力，公司终于派人找我见面。经过多次协商，在 2014 年 9 月 27 日早晨，公司终于答应赔付 14 万元整。无数日夜难眠终于盼来了结果。那一刻，我和父亲相拥而泣。

现在父亲的身体恢复了，我们全家在一起其乐融融。同时我收获了一个团结上进的社团，拥有了一个全面掌握专业手工技术知识、上下齐心、积极进取的团队。如今我的梦想 DIY 手工社团发展得越来越好。并且我准备打造一个有品牌的社团，坚持弘扬中国传统的手工艺术，在自己人生的页面上画上一笔彩色的颜料！我希望能有更多的人了解我的社团，我们一起相互鼓励，共同进步，做充满朝气的成航学子。我会用我的故事告诉每一个同学，可怜天下父母心，我们的父母大部分是来自农村，他们没有什么文化，深知没有文化的痛苦。无论是艰苦的工地还是喧嚣的工厂，他们都加班加点尽最大的努力把最好的留给我们。在此我希望我们都能孝敬父母，关爱亲人，与他们和睦相处。多一份感恩的心，父母的付出比山高，比海深。而作为我们，只知饭来张口，衣来伸手。忘记了曾经父母的付出，忘记了去孝敬父母。学会感恩父母是自己的一份良心，一份孝心，因为如此才会有和谐，有快乐，有彼此间的亲情！

2. 刘海川心语

孝于心 孝于行

尊敬的各位领导，亲爱的同学们：

大家晚上好！

我叫刘海川，是电子工程系 213344 班平凡而普通的一员。

我来自大巴山深处南江县的一个边远山村，听惯了牛羊哞叫，看惯了麦草青青，我深深地明白学习对于我走出大山有多么重要。凭借这份信念，我的学习之地也一步一步从村上的小学到了镇上的初中，再到县上的高中，最后来到成都，来到大学。

人生也许从来都不是那么地一帆风顺，命运总会有起伏的波澜。

2014 年 4 月，我母亲因胸口疼痛难忍，在县医院被检查出结石堵塞了肝脏 70%的血管，县医院无力诊治。2014 年 4 月中旬，母亲在成都中医药大学附属医院被检查出先天性泥沙性恶性结石。2014 年 5 月，母亲转入华西医院治疗。2014 年 9 月，母亲在接受了三次机器手术、一次人工手术之后，仍未达到治疗效果。2014 年 10 月，医院宣布保守治疗无效，决定换肝，并等待肝源。2014 年 11 月换肝成功。2015 年 2 月返乡接受治疗。截至今日，花费大约有 90 万元。出售房屋后，负债 32 万元。

作为儿子，我知道母亲所面临的痛苦，也知道原本就不富裕的家庭所处的困境。我所能做的就是上学之余到医院日夜陪伴母亲；还有，我要挣钱，我也要更加努力地学习。

孝，是我对母亲、对自己最大的承诺。

在我母亲生病期间，我对母亲无微不至地照顾，不怕脏，不怕苦，在长达一年的时间里，无论严寒酷暑，我都坚持给母亲洗衣送饭，倒大小便，擦拭身体。

知道家里缺钱，我凭借以前考取的导游证，暑假便在四川光雾山旅游公司上班。在上班期间，为了挣钱，我拼命地做，拼命地学，用两个月时间，从普通导游做到导游组组长。我知道这还远远不够，那时除了在车上讲解以外，还可以选择带游客上山，12 公里的山路，爬一次要 6 个小时，但带一次可以在 2000 元一月的工资上再加 100 元。所以在 45 天里，我平均每天爬一次。刚开始那几天，我几乎每天磨破一双袜子，脚被掉进鞋子的蚂蟥咬后，留下的伤口被鞋子磨得血肉模糊。回学校后，看到腿上也全是蚂蟥吸血后留下的褐色伤疤。我上班不到两个月，穿烂了两双鞋，但当我从财务领到 5000 块工资时，我笑得无比灿烂……只有我知道这中间有多少心酸、多少苦涩，为了母亲，为了减轻家庭负担，一切都值得。

我明白，对于我的母亲，努力学习就是她最大的安慰，所以学习对于我就尤为重要。专业学习上，我的成绩一直名列班级前茅，并不断保持对于专业知识的拓展性学习。在 2014 年间，我荣获系、院、国家各类荣誉 22 项。

除了以工作挣钱补贴家用，以优异的成绩安慰家人，我也团结每一个同学，带动我身边的每一个人积极向上。我成功竞选了 213344 班长、214313 班助教、电子系助教组长，成为一名中共党员。我想把我这种对于家庭自强不息的态度与对学习的坚持不懈的精神带给同学们。在我的影响和带动下，我们寝室是全院五星级寝室，我们班前十名，我们寝室占了五个，并且各有特长，在某些方面甚至十分出色，有系篮球队队长，院软件协会会长，院“三好学生”。作为班长，所在的班级在单片机、数字电路等众多课程中被老师视为最优秀的班级。作为班助，我自己所带的大一的班级，常规总排名位居全系第一，成为学院学习的模范与榜样，这也是我对于自己最大的安慰，对于我的母亲最大的孝敬。

这是我演讲，这也是我的故事，谢谢大家！

3.3.1.4　“诚实守信”类好人获得者

陈智心语

尊敬的各位老师、同学们：

大家好！

我是来自 613332 班的陈智。从 2013 年 9 月至今，我加入了团学会社会实践部，开始正式接触志愿者的相关工作和服务。组织并参与了一系列的志愿者活动与服务：每周五组织并参与对学院实训楼三楼机房的打扫，利用周末的业余时间前往龙泉汽车总站当义务疏导员，去往龙泉阳光城附近敬老院看望孤寡老人，做力所能及之事。响应院系号召，传播青春正能量。犹记得，在敬老院与老人们相处的点滴时光，不是亲人，胜似亲人。看到老人们的笑容，我更加感受到了所从事的志愿者活动的意义和价值，并从中收获了温暖与感动。一年左右的时间，我一直致力于学生工作的开展与实施，足够的勤奋，足够的踏实。工作中，我很少代入个人情绪，总是要求自己带着专业的职业素养去工作，才获得了现在的成绩。也因此，我受到参与活动的志愿者的肯定和支持。对待工作，态度极为重要，自律，只为更好地生活，更好地奉献自己的青春岁月。

帮助他人，践行着帮助真正需要帮助的人的人生信条。在帮助他人的过程中，我学会了分享，并收获了鼓励与认同。越优秀的人，输出的帮助越有实际效果。这份付出，不管对别人还是对自己都是好事。这是一种责任，不是为了回报。院系组织过一些募捐活动或者祈福活动，我很幸运能和周围的人一起，积极主动地参与到其中，不管是去往敬老院看望老人们，还是去往社区进行服务，满满的都是感动。一个个故事，汇聚成爱的力量，不断传承、发展。

关爱家人，践行着自己尊老爱幼的人生信条。家中父母健在，均在当地县城工作，我为独子。从小与父母生活在一起，但大多数时候父母工作很忙，我多属于自我管理的状态。但这并不妨碍我与父母之间的深厚情谊。父母身体不好时，我会嘘寒问暖，悉心照顾，帮忙处理家务及日常。父母心情不好时，我会有效沟通，及时疏导。为人子，尽所能。家中还有奶奶一位老人，现独居于与家相隔不远的院子里。每次回家离开前，我都会去拜访奶奶，陪奶奶看看电视、说说话，帮老人揉揉肩、捶捶腿。如遇奶奶不舒服的情况，我会及时与奶奶沟通问明原因，带她看病，喂她吃药，帮奶奶按摩直至恢复。在外时，每周坚持与家人通话，谈谈近况。因父母均有亲兄弟姐妹，也算一个大家族，我也从小和家中姐姐、哥哥相处融洽。

诚实守信，用心就好。一件事可以简单做，也可以复杂做，但一件有意义的事就值得花费时间和精力去完成。很多时候我们以为很难达成的事，只是因为我们缺少一份坚持。我们无法要求别人，那就用实际的行动、认真的态度首先要求好自己。我对自己的要求极为严格，答应下来的工作一定保质保量地按时完成，哪怕只是口头约定。因为一个人愿意相信你，那是因为你有能力完成这份工作。这样既锻炼了自己，又很好地完成了工作，何乐不为。真诚是人与人之间沟通的桥梁，也是一个人做人的底线。我坚信：言必行，行必果。在这个过程中，我养成了良好的为人处事风格，受到了大家的赏识和肯定。记得参加院辩论赛时有一场的辩题就是“关于诚实守信到底该由道德约束还是制度约束”，其实任何一个辩题都不是绝对的，而最好的状态就是心中有杆标尺，度量真善美、假丑恶，再借由一定的制度加以规范和引导。

其实，再多的文字也无法完整地叙述我所有的经历。我会积极乐观地面对以后的工作和学习，用真诚的态度与他人相处，帮助需要帮助的人就是对自己最好的承诺。践行人生信条，从中慢慢找到自己存在的价值与意义所在，好好地生活着、成长着，就好。

3.3.2 2015年成航学生好人榜获得者心语

3.3.2.1 “勤学上进”类好人获得者

1. 杜定钟心语

尊敬的老师、亲爱的同学们：

大家晚上好！

有一位渴望拥抱蓝天的男孩儿，他的身体里流淌着航空报国的血液，践行着勤学上进的信念。翻越一座座知识高峰，他仍然坚守一片广阔的属于自己的求知信仰。我就是这个男孩儿——来自航空制造工程系的杜定钟。接下来我将与大家分享属于我的成航时光。

在大学里我有许多角色：系助教团队负责人、教师助理等。最特殊的应属成都学尚科技有限公司的创办人了。公司可以为客户解决有限元仿真、逆向扫描、数控编程、数字化测量等业务。

大学生不仅要有优秀的学习成绩，还要有较强的综合素质。通过平时的努力，我不仅掌握了很多操作技能，还主动将自己所学的知识与学弟学妹们分享，我每周定时上课，共 80 课时，培训出了系专业助教 16 人，为后期数控技术等 4 个专业课程的开展做了铺垫。在假期、周末、平时空余时间，我和其他同学过得都不一样。每一次放假我都选择留校设计飞机、加工模型，最长一个暑假也只是回家 20 天。平时周末，我都会在数控基地、教研室、图书馆学习。在教研室不知道熬了多少个通宵，凌晨 1 点多回寝室是常有的事情。

学以致用，方为乐学之地。通过自主设计和加工的产品，我已成功申请专利三项，其中发明专利一项和实用新型专利两项，另外还有四项专利正在申请。在这里我为大家介绍其中一项发明专利，它的名字是《固定翼机体与多旋翼相融合的布局设计》，使用这种设计的无人机可以垂直升降，前后两组电机共轴旋转，也可以进行两种模式的单独飞行，提高了飞行速度和续航能力。

学习中求实求真，操作中严慎细实。这样一步一个脚印，我在校外先后获得两个国家级、一个省级和多个市级奖项。在学习、体育和勤工俭学方面我严格要求自己，成绩显著。同时，我在大二就负责并参与了创新创业项目和绵阳九院的项目分析。绵阳九院的项目是从西南交大承接的，分析的是导弹上的一个部件，目前该项目已基本完成。

在追求知识上，既要有厚度也要有温度，既要有激情也要有友情。在后期学习中不但要努力学好专业知识和提高操作技能，还要通过自己的实际行动带动更多的人学习。越努力、越幸运，只有平时足够努力，当机会来时才能稳稳抓住。

大学时光来也匆匆，但我却用光影记录着那些坚持与积累的瞬间。一张张照片写满了我的故事和不服输的信念，也教会了我，学习中的强者就是不畏难、不畏苦，不怕跌倒、不怕付出。屏幕展示的这些照片有我参加全国首届“互联网+”创新创业大赛，我到山东济宁参加高职高专“发明杯”比赛，我担任助教团队的面试官，我在运动会上的拼搏风采……

有人问我为什么总是不知疲倦，就好像我可以不需要休息仍然保持热情，其实我心里一直有答案，那就是，追求知识的路途即便再多坎坷，我愿用青春追逐祖国的航空事业，时刻保持追求卓越的心。勤学而厚积，上进以至臻，我自豪，我是成航人。祝各位老师工作顺利、身体健康！祝各位同学学业有成，珍惜镌刻着青春的大学光阴！

谢谢！

2. 文诗心语

我是来自航空电子工程系的一名普通的学生，认真上课，学习努力。读书、思考、拓展能力就是我大学生活中每一天的任务。知识的世界于我而言是神秘又富有吸引力的宝库，强烈的好奇心和求知欲鼓励着我去努力探索。我希望通过学习能让自己在思想和行动上以及各方面都能够有好的提升。我不敢夸大地说自己取得了什么成绩，但是我一直在要求自己尽最大努力。

第一，以一名党员的标准严格要求自己，思想上进。我自幼受党员亲人的熏陶，一直梦想着加入伟大的党组织。了解和学习党的先进理论、方针、政策，提高自己的思想道德素质和科学文化素养，从小树立远大的理想，想要做一个对他人对社会有用的人。树立了正确的三观，懂得做出正确的价值选择。在入学后的党校学习中，表现优异被评选为“优秀学员”，随后入选为积极分子，之后再发展成为一名预备党员。我一直以一个党员的标准去严格要求自己。

第二，学习刻苦，专业知识巩固。从入校以来，在学习上，勤奋踏实，严格认真地按照老师的教导和要求去做，学习的能动性强，求知欲强。不仅在课堂上认真听讲，还在课后积极主动地请教老师问题，再自己钻研。学科成绩大部分是班级最高分，每一学期的总成绩一直保持在班级第一名，综合测评成绩也是第一。专业成绩在全系名列前茅。在对学习的态度上，我保持高度重视，丝毫不敢有所松懈。于我而言，学习并不是为了拿一纸文凭、拿某些称号、考多少个第一，而是去探索和收获更多有意义的东西。富有的思想比名利、财富、成绩更让人着迷。学习是为了让自己心胸更豁达，视野更开阔，精神更富足。

第三，结合实践，知识运用能力强。纸上得来终觉浅，在奠定良好的专业知识基础之后，努力学习把专业知识运用到实际当中。用实践检验真理。我在校内的模电、数电、单片机、专业认识等各种实训中成绩均为优秀。做到了理论与实践相结合。

除此之外，我积极参与社会实践，思修的社会实践调查报告获选为全校优秀作品。并利用寒暑假的时间，主动到与专业相关的公司实习，锻炼自己的工作能力，累积社会经验。

第四，热爱学习，拓展和提升自己。学习对于我来说是十分广泛的，最大的学习动力就是时刻保持着好奇心和求知欲。课余时间我常去图书馆阅览各种书籍，学习感兴趣的知识。积极参加学校举办的各种活动和能力竞赛，如英语口语比赛、英语听力比赛、英语写作比赛、英文歌比赛、知识竞赛等，获得过两次一等奖、四次三等奖。积极报名考取证书，第一学期通过了英语四级，计算机一级，随后通过了英语六级。

第五，勤学上进，积极进取。在学习中严于律己，不断地努力学习，不断地提升和完善自己。端正的学习态度，严谨的学习习惯让我获得了“三好学生”“优秀学生”“学习标兵”“优秀团员”等称号。同时，我也努力以优秀的成绩和优异的表现获得了国家励志奖学金，并申请了国家奖学金。

第六，完善自己，带动他人。古语有云：“独乐乐不如众乐乐。”我在对学习的态度上一丝不苟，学习劲头足，作为课代表以身作则，给同学们树立了一个良好的学习榜样，带动了大家的学习积极性。在学习和生活中，积极热心帮助同学们解决困难。平时帮忙讲解难题，实训帮忙检查错误，期末帮忙划重点复习。同寝室室友的成绩也保持在班级中的前几名。

第七，坚持不懈，乐观向上。我对于学习的热情从未有冷却的时候，在碰到困难和挫折的时候不轻言放弃，在失败的时候保持积极的心态，用乐观的态度去学习和生活，用踏实的态度去奋斗去进取。

第八，勤于思考，善于总结。在学习中，我知道不能一味全盘接受，要有独立的思考能力、分析能力和解决问题的能力。思维要有条理性，知识要有框架性，保持个人的认知和见解。在专业上，对于本专业的认识和总结深刻，受老师要求给 2013 级及 2014 级应用电子技术专业各个班进行演讲和交流。

在我看来，每个人都有无穷的潜力，事情能否做到，在于自己付出多大的努力。世界上也没有做到最好的事情，一个人永远都还有提升的空间。我常常懊恼自己还有好多需要努力的地方，也深知自己可能和其他同学比起来还不是最好最优秀的，但是我有坚持不懈的毅力、耐心、恒心和学习的热情。我会更加努力，我希望每一天都能够比昨天的自己更好。我从学习中收获了很多，我希望也能用自己的行动给他人带来一点点影响，用自己的力量能够带动和帮助别人。

3. 曹雄心语

尊敬的各位领导、老师，亲爱的同学们：

晚上好！

我是来自建筑工程系工程造价的曹雄，很荣幸能参加此次成航好人榜的推选。古语有云：宝剑锋从磨砺出，梅花香自苦寒来。我们的青春是无悔的，所以我要利剑出鞘。

高考：成功的起点，失败的终点。我第一次高考失败了，没有被学校录取。那次，我受到了很大的打击。我看着我的同学们拿着通知书走进了大学的校门，而我却不得已要复读。我便暗下决心，绝对不能再让自己失败。于是，我踏上了新的征程，苦心修炼，终于考入了成航。刚进入成航的时候，我并不是最好的，但我想我可以成为最努力的一个，“追求卓越”成了我的信条。

当我看到成航图书馆的时候，我决定了这三年要与她为伴。我要跑得比别人更快，才不会再失败，于是我开始了我的“泡馆”生活。大一的时候，图书馆成了我每个周末待的时间最长的地方；大二没有了晚自习，我每周投入图书馆学习的时间便更多了。在图书馆里，我学习我的专业知识，准备英语等级考试，自学建筑类信息技术软件。差不多每次都是到图书馆快关门了才不舍地离去。周末我曾经在图书馆里一待一整天，吃过早饭就进去，到了晚上八点多才发现天已经黑了，肚子也早已开始“闹意见”了。

大学的生活是丰富多彩的，我热爱打羽毛球，向来很拼，即使摔倒也要立刻爬起来，号称球坛上“拼命的熊二”。在辩论赛上激烈地和对手辩论，碰撞思维的火花，从辩论中，学会了如何据理力争，也在辩论中交到了一群好朋友。

我参加过两次“三下乡”活动，我真心希望我们青年志愿者的旗帜，能在全国所有最需要我们的地方飘扬。每年的夏天，都是血库最紧张的时候，每年我都会在最需要的时候，伸出手臂，走向献血车，将鲜红的血液无偿奉献给最需要的陌生人。我也希望每一年，都有那么一只手臂伸出，让我能记录下更多的感动。

我的大学生活也并不是一帆风顺的，英语四级我考了四次才通过。大二的时候，别人上早自习，我也跟着起来开始背英语，晚上室友们都睡下了，我还在挑灯夜战阅读。曾经为了突破极限，无数次在羽毛球场上摔倒，不记得挥过多少次拍，打坏了多少羽毛球，晚上也曾经因伤痛彻夜难眠。很多个周末都在图书馆看着落日余晖，我时常告诉自己，我可以承认自己笨，但绝对不能承认自己懒惰。

大学里面一直很努力的我，专业成绩连续三次位居专业第一，综测连续两年位居专业第一，并获得了以下荣誉：

2014 年获国家励志奖学金，“三好学生”“学习标兵”；

2014 年第十届成航杯羽毛球赛，与建筑工程系羽毛球队一起夺下团体赛冠军；

2014 年度社会实践三下乡“优秀个人”；

2014 年度勤工助学“优秀个人”；

2014 年知心学长学姐活动“最美学长”；

2014 年参加英语电影对白大赛获得一等奖；

2015 年获得了“海克斯康一等奖学金”；

2015 年受到鲁班公司邀请参加“全国建筑信息模型技能应用网络大赛”获得全国高职组二等奖；

2015 年被提名为四川省优秀毕业生。

前几天是感恩节，我的今天也离不开家人、老师、朋友们的帮助。首先我感谢我的父母，如果没有我父亲在外打拼生活，如果没有我母亲对我的鼓励，我无法走进成航。在成航，我感恩所有教育过我的老师，特别是我的两位辅导员老师，随和的胡君奇老师和美丽的李芳老师！是他们给了我很多的机会去证明我自己，也是他们教会了我很多对待生活的态度和方法。感谢我身边的所有朋友们，因为你们，我的大学生活才如此精彩！谢谢！

4. 陈欢心语

勤能补拙，笨鸟先飞。我不是一个聪明的人，但我坚信汗水和付出是成功的基石。进入大学开始，我便拿出日记本深刻地写下了这大学三年里的目标，心里埋下种子，决心用三年的汗水去浇灌培养。

进入大学之前的我，内向、胆小、缺乏自信。因为家庭里重男轻女的观念，我从小就下定决心一定要做出一番成绩，让家人认可我。我知道这样内向的性格会阻碍以后的发展，所以我努力克服内心的怯弱，担任了814311 班的班长，在班上工作尽职尽责，也锻炼了自己的表达沟通能力和人际交往能力，我的性格也慢慢变得开朗、自信起来了。我始终以党员的标准严格要求自己，第一学期就取得了党校结业证并在党校学习中被评为了“优秀学员”，成为一名入党积极分子。此外，我还在系上担任了实训室管理员，协助老师做好管理工作。

坚持上课坐在第一排，是我对自己的承诺。大学里有舒适的环境、自由的时间，少了高中的学业压力，我明白最大的敌人是我自己，我想要成功，想要让自己的人生不平凡，就只有严格要求自己。经过一年的努力，我的成绩和综测成绩在全系均名列第一，平均成绩超过了 90 分，单科最低分是 85，并且成为我系精英班的一员，这些都是我一直努力的结果。

“一日之计在于晨，一年之计在于春”。学校的早晚自习，我将其视为宝贵的时间，我用它们来预习、复习，去消化所学知识，并且利用这段时间记忆单词，积极准备英语考试。今年我也担任了大一新生班级的辅导员助理，一方面我用我的知识和经验引导他们适应学校生活，并且帮助他们解决学业和生活中的困难。另一方面，我也珍惜每天努力学习的时间。学习最重要的就是要静心，在别人睡觉玩耍的时间我更加努力地学习，因为我清楚地知道我要走的路更加艰辛。

英语是我的弱项，为了在课堂上跟上老师的进度，每次上课前我都会提前预习，将不懂的单词标注上并查阅资料，英语课堂原本是我最畏惧的，而如今我是全班最积极举手发言的人。因为要突破自己，唯有私下做足准备，我才能自信地举手，并且在课堂上随时起来接受老师的问题，跟着老师的思路走，开动大脑从最深处去记忆学习，精神高度集中尽可能地去理解老师讲的内容。现在的我已经通过了三级。我还会继续努力！接下来，我一定要努力通过四级和六级。

课余时间除了完成作业，我还积极参加学校的各种活动，充分抓住机会锻炼自己。在航空服务专业，多才多艺的同学比比皆是，我没有特长，但是我不缺乏挑战精神。我积极参加了啦啦操比赛、心理情景剧比赛等，均获得一等奖。作为班长，我带领班级获得了“班级文化建设”一等奖、“先进团支部”“优秀班集体”等荣誉称号。课余时间，我最喜欢的是学校的图书馆。我喜欢一个人戴着耳机在四楼的沙发上细细品味经典著作，喜欢在二楼的独立桌上写写东西，因此我也获得“借阅之星”个人二等奖。

我并不是一个很聪明的人，我知道要取得成功，我要更加努力才行。“勤”对我而言，其实是一种坚持，每一个小事都可以成就大事，因为只有量的积累才会有质的发展。而这条路布满荆棘，我需要不断克服困难与挫折，一直保持积极进取的心态，乐观向上，努力做到不气馁、不放弃，勇往直前。

3.3.2.2 “助人为乐”类好人获得者

1. 蔡清州心语

我叫蔡清州，今年 20 岁，是一名中共预备党员，来自计算机工程系 613331 班，现担任班长、系信息技术志愿服务队队长、系自律社思政部部长、系团总支学生会学习部干事，也是系青年志愿者分队的一名队员。一直以来，我用自己的行动充实这些角色，诠释着服务同学、奉献社会的担当与责任，以各种志愿服务向身边的人传达志愿者精神。

第一，带团队做表率，信息服务诠释志愿精神。一个人的力量毕竟有限，一群人的力量却不可估量。我想志愿活动也需要有组织、成规模地运行，集体努力才能感染更多的人加入其中。

2014 年我参与组建系信息技术志愿服务队并担任队长。万事开头难，但困难总是能教会我们更多，加速我们成长。缺少技术骨干、没有专业老师指导，我们就让学长带学弟、有经验的带没经验的，开展队内自主学习，提高志愿服务水平。没有队伍管理运行经验，我们就在本系范围进行试运行，“摸着石头过河”总结经验，完善管理制度。终于在 2015 年 3 月我们成功在学校一食堂门口举办了面向全校的义务维修大会，并开始向全校师生提供志愿服务。此后，我带队完成了基础部检修、志愿服务宣传、实训楼装机、财务处安装打印设备等志愿活动。学年末累计为全校师生提供志愿服务两百余次，为学校的教学和学习环境提供了有力的支持。将专业转化为能力，用知识服务他人，这是计算机专业学生最自豪的事情。同年 4 月我被评为首届“感动成航”学雷锋优秀志愿者，6 月被系评为“志愿服务标兵”。

基础部电脑检修活动志愿者小组

第二，争优秀见行动，勇于担当丰富志愿精神。因为志愿，所以坦荡。不计回报的付出，真诚待人，收获精神的成长。进校初我加入了系青年志愿者，积极参与分队组织的各项志愿者活动，精神鼓舞行动，奉献体现价值。记得有一次，为了防止东山国际社区后山秸秆焚烧造成环境污染，学院与东山国际组织了秸秆搬运活动，我们与当地社区负责人一起将秸秆转移到指定地点。活动中我与大家虽是初次相识，却如老友般亲切，互相分享，互相鼓励，让我们忘记了山间的炎热，只记得一路欢声笑语。

我们无法做到要求别人，那就做好自己，甚至有时候自己要多做一点。如在系“clear power”机房打扫活动中，做好自己的同时，去承担更多任务，对自己的要求比任务本身的要求再高一点。此外，我还积极参与学院组织的“守望阳光，关爱留守儿童”三下乡、无偿献血等志愿活动。2015 年 4 月被评为成都航院 2014—2015 年度“优秀青年志愿者”。

东山国际社区搬运秸秆

第三，好助人勤帮扶，知心学长传承志愿精神。真诚付出，不是为了回报，而是为了收获成长。我相信好的故事可以感人，也可以动人。大一初到成航的我，在学长学姐的帮助下迅速适应了大学的新生活。没有为什么，但凡有困难他们就会给予帮助，人与人之间多点帮助，就多点感动。2014 年 9 月，刚步入大二的我报名参加了学院组织的新生帮扶活动“知心学长，知心学姐”，认真做到“五个一，两个二”，帮助学妹们认识校园、规划大学生活，成为她们大学的第一个知心朋友，活动后被评为“最美学长”。

“互帮互助、助人自助”，志愿者精神让我们找到人生的正途，实现生命更深层次的价值；“奉献他人、提升自我”，志愿服务让我们挖掘生命的深度，拓展生命的宽度。“奉献、友爱、互助、进步”，每一次帮助别人，都让我油然而生出一种身为志愿者的骄傲与自豪。

2. 旷心怡心语

尊敬的各位老师、亲爱的同学们：

大家晚上好！我是来自 613331 班的旷心怡。

匆匆的大学时光快要结束，在这三年里，我更加懂得志愿者的含义——是助人为乐；是赠人玫瑰，手留余香。

第一，送一片朝霞，献一份关爱。回忆起来，在小学的一次公益活动中，我了解到了去敬老院关爱老人的活动。几乎是十年如一日，每年的春节前夕，我都会跟随爱心志愿者去敬老院看望老人。年复一年的坚持让我明白，虽然自己还不能够用物质经济去支持和帮助别人，但可以用爱感动身边的人。

上高中时，我利用暑寒假时间，在社区帮忙做简单的梳理工作，并且获得了“优秀个人”的表彰。

第二，予人玫瑰，手有余香。大学时期，我积极参与院系的各类志愿者活动。例如：定期打扫机房、参与院团委创新业所举办的绿色回收、以及社会实践部所举办的桃花节及桔梗搬运活动。2014 年 7 月还参与了暑期三下乡社会实践。

在一次活动中，有一位清洁工叔叔说：“志愿者不是拍拍照做做样子就可以了，你们要做了才叫志愿者。”很平凡的一句话却很触动人心，里面的深刻含义让我更加明白了什么叫“助人为乐”。

在这些活动中，我不仅结识了许多志同道合的朋友，也认识了许多温暖的陌生人。

第三、一念助人，一念关爱。今年一次偶然的机会，我加入了家教老师的行列。每个星期我大概会去两三次左右。连续两个月，我从辅导小朋友们写作业，到了解他们的生活，这是一种前所未有的体验，也让我感触颇深。

不得不说，每个人都像微尘一样渺小，面对不同的面孔，是爱使我们相聚在一起，才发出太阳般的光和热。人生道路那么长，我希望这些体验能够对我的未来有积极的影响。

第四，助人为乐，点滴之间是温暖。入学时，我加入了院团委，成为一名学生干部，主动为同学服务。由于我大一时体重不达标而未能献血。在协助社会实践部开展义务献血活动中，尽自己微薄之力和小小的心意。今年体重刚达标，我便迫不及待地去尝试了人生第一次兴奋而又紧张的献血，相信总有一天我也会像那些献血达人一样，一直用爱帮助他人。

同时，我在生活中是一个喜欢 DIY 的姑娘。在感恩节前夕，我参与了由蜜桃举办及赞助的公益活动。首先是成都国际妇女会举办的一年一度的大型慈善活动，我们团队赞助了海惠小母牛公益机构。最后所有的收益都捐赠给了爱馨公益中心和晨光小学。

就在本周五的感恩节手工义卖活动中，我和大家通过一个星期的时间将作品进行了义卖，所得收入全额捐献给了爱之家动物救助中心。天冷了，给流浪的生命们一点温暖。

人的本性是善良的。我想说，助人为乐是中华民族传统美德，我相信，这个世界上还是善良的人多。

3. 赵梦瑶心语

从受教育以来，老师就经常教导我们要学会互帮互助、助人为乐。记得在小学初中的时候，国家对我们学费就有减免，并且对于家里比较困难的同学还会有额外的补助，我知道这是国家对祖国的花朵们寄予的厚望，希望我们能在良好的教育条件下成为社会的有用之人。这是我想用我的微薄之力报答社会、国家的原因。

还记得那是在2008年汶川地震的时候，我的家乡都江堰也受到了很大的影响，房屋受震倒塌，很多楼房都成了危房。但是，国家和社会各界人士捐赠了大量的救灾物资，并且在很短的时间内将救灾物资发放给了灾区人民，搭起了一顶顶帐篷，这些帐篷成了我们暂时遮风挡雨的场所，温暖了我们的心窝。更让我感动的是，有一次我们收到了来自上海浦东某个学校的同学们的来信，虽然辞藻不华丽，但我们收到了很真诚的问候和祝福。在冬季的时候，对方学校的同学们自己花钱捐赠了保暖衣给我们。这更使我决定要从现在开始一点一滴来回报社会，感恩国家。

2011年9月，刚入高中，我成功地加入了学校团委青年志愿者协会。在高中三年里，除了在生活中帮助他人，作为青年志愿者的我们经常去敬老院给老人们打扫屋子，用筹得的钱来给老人们买一些水果和生活用品，周末有空就去陪他们聊聊天、散散步。我们和市区的交警大队联系，在违规过马路现象严重的地段当文明劝导员；有时候戴着小红帽的我们也会拿着抹布、扫帚去当“环卫工人”；有时候也会去路上宣讲节俭的行为等。做这些有意义的事情，让我感觉过得很充实、很满足。

2014年9月，到了大学，我选择加入学校团委社会实践部，这个部门给了我为他人服务的平台。我们多次组织和协助学校和各系青年志愿者队去社区关爱留守儿童，去敬老院陪伴孤寡老人，在学校组织收集废旧物品并把卖出的钱捐给贫困山区的孩子……每一次的活动都让我热泪盈眶，我也在活动中收获和成长。因为参加活动积极，入校仅一年的时间，我在学校团委登记的服务时间就超过了50个小时,我也获得了学校的“青年志愿者证”。

2014—2015 学年，学校团委主办的重点公益活动之一就是献血活动。2014 年 11 月，我作为现场组织和工作服务人员参加了第一次献血活动，虽然作为一个新干事，我只是做了一些维持排队秩序和血液检测观察等微不足道的工作，但我从活动开始坚守到最后。在这个过程中，我感受到了自己的价值，同时也献出了自己的一份爱心，当看到自己的血液能用于治病救人的时候，心中无比欣慰。而我们组织的这次献血活动更是突破了各大高校的最高日献血量，得到了成都市血液中心的感谢和表彰。今年 5 月的献血活动是由我和另一位同学策划主办的，前前后后忙了很多事，联系献血中心、安排活动现场、做好服务工作等，不同的角色让我成长，也让我为公益活动奉献了更多爱心。

2015 年，我参加了成都市血液中心主办的“2015 年无偿献血形象大使”的评选活动，最开始只是想着宣传无偿献血，号召更多人加入我们，去帮助那些需要帮助的人。随着一轮一轮的评选，通过学校推选、网络投票、现场表彰等环节，我身上的责任更加清晰和明确，我也最终成功当选“2015 年无偿献血形象大使”。在 2015 年 5 月召开的代言人发布会上，我们将形象口号“献我热血，可以绽放一次青春的色彩”宣传出去，号召更多的人加入我们去帮助他人，挽救更多人的宝贵生命。这是一个伟大的公益行为，不仅可以延续他人的生命，还可以拓展自己生命的宽度，让人生变得更加有意义。

或许我现在做的还很少，还有更多有意义的事情等着我去做，但是我相信公益是一项伟大的事业，只要从自己做起，影响身边的人，就一定能帮助更多需要帮助的人。

3.3.2.3　“孝老爱亲”类好人获得者

许红群心语

许红群，女，现年十九岁，来自四川省南充市仪陇县的一个小农村，是成都航空职业技术学院计算机工程系通信技术专业的学生。现在图书馆担任勤工俭学助理。

她家境贫困，出生未满八个月父母就离异了，由父亲一个人务工为她和哥哥挣学费。她至今十九年未见过母亲，她渴望今生能见母亲一面，希望父母能给自己一个满意的答案。哥哥为了她能顺利上学自己选择了退学，成绩优秀的哥哥初中都没有毕业。她和哥哥是由爷爷奶奶务农抚养长大的，当她稍懂事时，就常听村人说，奶奶在她俩兄妹很小时，割一大背篓牛草，还要一只手牵着哥哥，一只手抱着她，每次听完她都是泪流满面。记得小时候她生病了，都是奶奶背着去医院的，读初一时如果不是奶奶，病危的她现在已不在人世。一年又一年，小女孩长大了，奶奶也老了，再生病时奶奶也背不动了，反而当年老多病的爷爷奶奶生病时，该换着小女孩去照顾了。她很爱很爱养她疼她的爷爷奶奶，时常为爷爷奶奶做一些力所能及的事情。比如，爷爷奶奶背柴时，她会抢着去背，即使很沉很沉，她还是坚持背回家，这股力气来自她对爷爷奶奶的孝敬，她希望爷爷奶奶不要过得那么辛苦。念初中时，奶奶得了骨质增生，在医院动了手术，她下了晚自习会想办法带着用自己攒下来的钱买的营养品去县医院看望奶奶、照顾奶奶，第二天一大早给奶奶买了早餐又去赶早自习。这样坚持了半个多月，她无怨无悔，不怕苦、不怕累，只希望奶奶快点好起来。念初三时，她最亲爱的叔叔年仅二十九岁就得了直肠癌，在川北医院动了大型手术，用尽了家中钱财，还欠下巨款；但无情的病魔还是那么固执，几十万就只换回了叔叔两个多月的生命，还让叔叔倍受折磨，每天要打昂贵的止痛药。为了减轻卧倒在床的叔叔的痛苦，她从每周只有二十块钱的生活费中节约了很厚一叠钱，全部都是五毛、一块的。虽然只有两百多，连一次止痛药钱都不够，但她真的很希望能帮叔叔减轻痛楚。她每天中午跑回去做饭烧水，但看到叔叔病重到咽不下自己亲手做的香喷喷的饭菜时，看见只有靠输液维持生命的叔叔一天比一天瘦时，她很难过，真希望生病的是自己而不是叔叔，这来自她对家人的爱。她每天都要像喂小孩一样用吸管给叔叔洗胃，帮叔叔用热水擦背、翻身子，困了就趴在病床的桌边睡一会儿。严寒的冬天最终打败了她的柔弱身体，她生病了，在学校晕倒了，老师和同学送她去了几个医院，都因测不起体温而被医院要求转院。幸好，她最后还是奇迹般醒过来了。刚醒她就要求回家，因为她不想失去叔叔，叔叔也是她家的一分子。她的孝敬感动了老师、同学，老师、同学还去看望了她叔叔！但她就是感动不了病魔，病魔最终还是在次年四月二十六日晚上九点半剥夺了叔叔年轻宝贵的生命。当时的她接受不了失去家人的痛苦，像疯了一样又跳又叫。这种撕心裂肺的痛楚，没有经历过这种事的人可能完全体会不到。看见爷爷因过度悲伤，几天头发全白时，看见爷爷在地上难过得打滚时，每次在夜里听见爷爷的哭喊时，看见奶奶收拾叔叔衣服落泪时，看见爷爷奶奶在叔叔墓前沉默时，她如鲠在喉却又无可奈何。

这个女孩就是我。叔叔走了，婶婶改嫁了，堂妹成了孤儿，才十二岁。有人说把她送到孤儿院去，有人想领养她，但我们都拒绝了，因为害怕她过得不好，只有留在自己身边才放心。虽然过得贫困些，但至少她能健康快乐成长。我会一直铭记着叔叔的遗言，“要好好照顾妹妹”。虽然我也是学生没有经济来源，但我会让她像我一样尽量多读点书。为了能给她买几本资料书，我可以从微薄的生活费中节约出来。我会像以前叔叔照顾关爱我一样关爱她，让她快乐健康成长。

常言道“顺者为孝”，老人上了年纪，话多唠叨是正常的。我有个九十多岁的盲人曾祖母，喜欢热闹，喜欢有人陪她讲话，但很多人嫌她话太多，大家都以没有时间为借口不去陪曾祖母。但为了能让曾祖母开心，我会抽空去陪她散步讲话，逗曾祖母开心。曾祖母很和蔼，我希望她能健康长寿，但曾祖母在我上高二时就走了，享年九十七岁。现在回家看不见曾祖母的身影，心中有点落空的感觉。曾祖母在我们的陪伴下快乐地走完了余生，虽有遗憾，却无后悔。

2015 年上半年，我正处在紧张的高三备考阶段。二月二十六日，奶奶背肥料时，因为年老体弱，背不起沉重的肥料，一不小心在家后坡摔伤了腿。本应该立即治疗的，但由于家里发生了变故，经济状况不好，耽误了最佳治疗时间。六月高考结束过后，我发现奶奶病情严重了，我不顾奶奶的倔强，强行把她送去了县医院。医生说必须立刻动手术，但家里没钱，父亲又没在家，我就四处凑了一万多块钱，和我同学一起照顾奶奶。成功给奶奶做了手术。由于奶奶年老了，伤口愈合速度慢，我在医院照顾了奶奶一个多月。奶奶不能行走，不管做什么都得靠我背，每个深夜奶奶都要起床几次，我都会忍着疲惫背奶奶。只要奶奶能早日康复，我再苦再累也不算什么。

读高中时，离家远了，时间也更紧了，只有每周日下午可以回去吃一顿饭。我每周日都会坚持提着自己用节约下来的生活费给爷爷、奶奶、妹妹买的东西，回去和家人一起开开心心吃一顿饭。我只想看看他们在家是不是真的像电话里说的那样，一切安好。

这些都是我孝老爱亲的一部分表现。孝老爱亲是我们中华民族的传统美德，也是一名共青团员和一名当代大学生最基本的品德。

我希望自己成为家人的精神支柱，心灵慰藉，为年老多病的爷爷奶奶排解忧愁，分担愁苦，与他们默契沟通。虽然没有经济能力来帮助他们，但我会全力以赴用自己的行动去践行孝老爱亲的美德，并带动身边人一起去践行这一传统美德。

孝老爱亲，靠我，靠他，也靠你，为了社会和谐美好，我们一起行动！

3.3.2.4　“诚实守信”类好人获得者

蒲旭鸿心语

老师们，同学们：

大家下午好！

我是来自 614311 班的蒲旭鸿。当我站在这个演讲台的时候，我的心情就好像两年前接到成航士官班录取通知书一样。因为当我站在这里的时候就好像站在人生一个重要的转折点，无论结果如何，我都会用我所有的激情和努力来迎接下一段美好的日子。

我很像《士兵突击》中的许三多，当然许三多没有对我说过：“不努力，你永远不知道你会走多远。”但许三多对我说过这样一段话：“有意义就是好好活，好好活就是做有意义的事情。”我不是一个很有天分的人，我认为做有意义的事就是做最简单的自己。两年以来，我坚持从最简单的事情做起。从自律社生活部整理每天的卫生表格，到院田径队每周的训练，从每一次的站岗巡逻，到每学期的期末考试……从大一时的懵懂无知的自己，到现在的自律社社长，我真正做到了每一件事情都认真负责面对。在此期间，我也获得了“优秀团员”“优秀学生干部”“成航好人”等荣誉称号，但这些都是表面的，对我来讲最有意义的是我经历了每件事情后所沉淀下来的东西。而那些最简单的事也带给了我最明显的改变。

有人说，我有点木讷，小时候的交通事故留下的创伤也时而让我觉得学习有些吃力。但我觉得，付出总会有收获。专业上，我认真刻苦，偶尔的周末也是在实验室度过。经过努力，我大学二年级获得了国家励志奖学金，连续两年综合素质测评班级第一，代表我们学院参加第44届世界技能大赛四川省信息网络布线选拔赛获得一等奖并因此获得了暑期代表学校去西安参加学习交流的机会。

是什么充实和改变了原本内向怯懦的我呢？我觉得是一种职业精神。把自己的事当作一种职业，做一个职业的学生，做一个职业的士官班成员，做一个职业的生活家。借用许三多的话来讲："好好活就是做好每天该做的事。"我坚持每天从起床晨练到晚上收操归寝都认真严谨地对待每个生活细节，认真地整理内务，认真地吃早餐，认真地跑操。我坚信，这些看似琐碎无聊的细节才是构成我们生活的绝大部分，对这些细节负责也就是对我们的生活，对我们的人生负责，认真对待生活，这就是我认同的生活职业态度。

在自律社中任职的我对于学生组织中的职业精神有着更深的理解和体悟。不抛弃、不放弃是我的工作信条，什么是不抛弃不放弃？就是在组织最散漫的时候担起大梁整顿组织纪律，担当起自己社长的责任，而不是破罐子破摔，随波逐流。对于自律社我责无旁贷，不逃避不推脱，尽责到底，这就是我的职业精神。

在大学最重要的身份莫过于学生，对于学生这份"职业"我同样想借用许三多的一句话："信念这玩意儿不是说出来的，是做出来的。光荣在于平淡，艰巨在于漫长。"长路无轻物，学习也是如此，我清楚世界上没有轻轻松松就能获得知识的方法，只有不断付出，不断坚持才能终有所得。无论是平时泡的图书馆，还是暑假里一待就是一天的实训室，都曾见证了我在这两年里的付出和汗水。从"学习进步奖"到班级第一再到省赛一等奖最后获得国家励志奖学金，或许是对我坚韧的一种肯定，但我更相信这些奖状背后两年的学习和经历才是我学生职业生涯里最宝贵的财富。

从计算机工程系到士官管理学院，从成都航院到军营，感谢你们所给予我的东西，我会用一生去捍卫。谢谢大家！

3.3.3 2016 年成航学生好人榜获得者心语

3.3.3.1 “勤学上进”类好人获得者

1. 青波心语

尊敬的各位领导、老师，亲爱的同学们：

大家好！我叫青波，来自航空工程学院 714331 班。首先我感到无比的高兴能够以一名候选人的身份站在这里参加成航好人榜的评选，在过去的两年里，不管是思想上还是学习生活上，我始终保持积极向上的乐观态度。

在思想上，我积极向党组织靠拢，大一时我就递交了入党申请书，如今我已经光荣地成为一名中共预备党员。今后，我也将始终以一名党员的标准严格要求自己，力求在工作、学习上有更大进步。

在学习上，作为一名学生，我一直秉承坚苦卓绝、努力奋斗的学习态度，我能做到认真踏实，勤学苦练，刻苦钻研专业知识，考取了英语三级证书、计算机一级证书、中级电工、中级钳工等专业技能证书。入学两年多以来，我始终坚持上课坐在第一排，这样不仅能听得清、看得清，而且方便与老师沟通与交流。课下充分利用图书馆资源，阅读其他学科的相关书籍、报刊，拓展自己的知识面，不断提高自己的综合素质，因此我的两年综测成绩始终名列专业前茅，今年以 96.65 的分数名列本系第一，先后获得了 2015 年国家励志奖学金、四川省大学生综合素质 A 级证书、2016 年国家奖学金、2017 届省级优秀毕业生称号。

在科研与实践上，作为一名当代高职学生，我始终坚持课堂学习和课下实践相结合，利用我校丰富和完善的实验、实训设备，我将学习之外大部分时间都投入到实践当中。2015 年，作为项目负责人，我申报了创新创业实践项目——《树脂基复合材料维修技术》，获得省上和学院的经费支持，并已顺利通过答辩结题。在老师的指导下，我带领维修小组给空客 A320 飞机上面的复合材料零部件做维修实验，并获得公司的高度认可。在今年第八届 SAMPE 超轻复合材料桥梁机翼竞赛当中，我作为成航一队的队长，带领我们队在实验室反复实验，反复验证我们的设计方案。比赛的前一个月，由于赶做正式作品，仪器设备满足不了三个队白天的使用，我们就晚上用。

我们整队做了 8 个通宵，终于皇天不负有心人，我们的付出有了回报：我们队战胜了北京航空航天大学、清华大学、同济大学等多所名校代表队，勇夺此次大赛天然纤维桥梁的冠军，这也是我校参赛以来第一个天然纤维桥梁冠军，首次实现大满贯，包揽三个项目冠军。

在工作上，学习实践之余，我一直担任班长，主抓班级建设工作。在辅导员的指导下，带领我们班先后获得学院“先进班集体”、系部学风建设“优秀班集体”等荣誉。大二时我担任了 715332 班的辅导员助理，在我的协助下，该班获得了学院“优秀团支部”等荣誉。而我因认真负责的工作态度和良好的团队合作精神获得了学院“优秀学生干部”这一荣誉称号。

在生活中，我朴素节俭、性格开朗，平时也积极参加班级和学院的活动，在生活中建立了很好的人际关系。我们宿舍连续两年四次获得学院五星级文明寝室，大家共同努力打造了一个温馨的生活环境。同时我也积极参加体育锻炼，系部体测达到优秀标准，参加了学院田径运动会并获得了男子组三级跳远第二名的成绩。

再多的辉煌都已属于过去，我深知自己还有许多的不足，今年我成功地通过厦门航空公司的面试选拔，成为一名准机务。在即将离开校园踏入工作岗位之际，我要感谢领导和老师们的大力培养和深入指导以及同学们在工作和生活中给我的支持和帮助！在今后，我将不断提高自己的综合素质和职业素养！用实际行动践行我校“航空报国，追求卓越”的精神！

谢谢大家！

2. 龙文心语

尊敬的老师，亲爱的同学：

大家晚上好！

我是来自 614312 班的龙文。2014 年的夏天，我怀揣着梦想，来到了这个美丽的航空院校——成航。在充实的学习、团学活动中，我即将完成我的大学学业。岁月如梭，春秋三载，这三年，我用我的青春去挥洒激情，用爱去感恩社会。

何为勤学上进？在我大一懵懵懂懂的时候，我的学长学姐，他们用实际行动告诉我这个词的含义。每当夜色袭来，我都能看见实验室那微弱的灯光，图书馆闭关铃声响起时，他们匆匆离开的身影。当时我就在想，是什么在支撑着他们如此刻苦？后来我明白了，是梦想。

当时我不禁问自己，那我的梦想又是什么呢？那一刻，我突然感到有些害怕，因为我没有梦想，我的梦想早就淹没在了游戏与小说里，淹没在了自己的懒惰里。没了梦想，那么我的未来呢？我的未来又在哪里？在这个社会里，我存在的意义又在哪里？

所幸，我醒悟得还不算太晚，大学长达三年的画卷，还等着我去挥洒笔墨，去重新书写自己的梦想。

实现梦想的第一步，就是脚踏实地，不断积累。学习上，我听取老师的建议，白天学习理论知识，晚上到实验室进行实验积累实践经验。生活上，我积极参加各类活动，也担任学生干部，大到策划活动，小到搬桌子凳子，我都参与其中，并一直任劳任怨，因为我知道，事情虽小，但这里面一定有着我可以学习的东西，并成为我成功路上的宝贵财富。

在积累过后，便是付诸实践。在专业老师的建议下，我加入学校信息中心，期间帮助老师维护学校网络，解决各类电脑软硬件问题，而我收获的不只是知识，还有那份帮助别人的快乐。同时，我也参加了考试，并获得软考初级网络管理员、中级网络工程师证书。我也有幸代表学校参加全国高职技能大赛计算机网络应用大赛，并获得省赛一等奖，国赛三等奖，以及思科网院杯 CCNA 大赛西南赛区三等奖，全国三等奖。回想起集训的那几个月，没有周末，没有假期，每天从天还没亮出门，到回寝室天已经漆黑。再看看手中沉甸甸的证书，我觉得这一切都是值得的。

工作上，在大二时我有幸竞选成功并担任原计算机工程系团总支副书记。在老师的指导下，我和一群志同道合的伙伴在这个充满了活力的舞台上尽情地挥洒着自己的汗水。经历过无数次，在漆黑的夜里就着电脑的微光修改策划，一次次在路上、在会议室里，解决掉自己的晚餐，一次次为了一个细节，与其他伙伴争论得不可开交的情景。

那些日子，虽然很累，但却很充实。一路走来，虽然吃过许多的苦，受过许多的委屈，但我不后悔，因为我能清楚地感觉到，我离梦想的距离越来越近。

在我大学的三年时光里，我有很多朋友都不解，为何到了大学要如此努力，大学不是就应该好好玩，好好放松的吗？

真的是这样吗？三年的不懈努力，让我收获了许多，荣誉、挚友、能力、梦想。就在上个月，我有幸获得了国家奖学金，那一刻，我充满了喜悦，不是因为荣誉，也不是因为奖金。那是因为什么？很多人都喜欢竞技，为什么，就是那份奋斗之后获得成功的喜悦，那种被人认可的喜悦，那种因梦想实现的喜悦。我，也是因此而喜悦。今天能站在这里，就证明了我的梦想已经得以实现。三年来，我从未说过这一句话，今天，请允许我小小地骄傲一下，“我已经算得上一个优秀的人了，我将继续向着更优秀前进！”

3. 胡再兴心语

光阴荏苒，大学三年即将过去。趁此机会，我将从以下四个方面来回顾大学的主要事迹：

第一，政治思想。大一刚入学，身为共青团员的我就严格要求自己并提前学习党章党纪，争取早日加入中国共产党这个伟大的组织，经过大一、大二三次团内推优，由优秀团员到入党积极分子，再到 2016 年 6 月 21 日成为中共预备党员，奋斗初心始终在，我将继续严格要求自己，向党组织靠拢。

第二，学习工作。作为班级学习委员，我不仅自己要刻苦学习，积极参加竞赛，还要带领班里其他同学学习。坚持不懈地奋斗让我两学年成绩及综测均位于班级前两名，综测全院前五，同时还有幸成为从全校三百多名学委中评选出来的十名优秀信息员之一。因班上考试前专周较多，我在班上为同学们主动做考前分享，同时还在开学前为补考同学热心辅导，这不仅使我和同学关系融洽，还进一步巩固了我的理论课程。当然，身体也不能落伍，每天晚上我坚持围绕学校跑两圈，这也让我在学院 1500 米体能测试中拿到一、二等奖。

作为机电工程学院的机房助教，在大一期间，我提前学习专业软件安装及使用，协助老师完成教学，不仅帮助全院同学安装复杂的软件，还常常加班到深夜给班上同学安装专业软件。

作为寝室长，寝室卫生不能差，室友关系更要好。室长首先要做好榜样，现在我们寝室卫生都是自觉打扫，大二两学期均为五星级文明寝室，也是整个五栋楼唯一一个寝室卫生几乎周周全满分的寝室，宿管老师也多次组织全栋各室长参观学习。

第三，社会实践。自己学好是前提，更重要的是要把自己学到的东西应用于实践，我是怎么做的呢？

暑假办补习班，与三位同学一起办了四个初高中暑假补习班，中途有序组织一百多名学生去野炊，开家长学生交流会，办结业晚会。当然最感动的是很多学生泪流满面不舍别离的场景。我们的负责换来了家长的信任，他们都要求我们来年再办。

寒假当过家教、做过婚庆摄影等；我的实践报告被班级推选到学校，在各班推选的三百多份实践报告中脱颖而出，荣获成都航院优秀实践报告奖；所写报告汇编入册，而我的报告有幸被登在了首页。

第四，创新能力。曾多次参加科技创新大赛，为了全国大赛熬过通宵，写过七篇上万字论文和说明书。在全国机械创新、发明杯、全国数学建模等比赛中，也取得了较好的成绩。

获奖情况

2014—2015 年，获得国家励志奖学金

2015—2016 年，获得国家励志奖学金

2014 年 4 月，获得巴中市科技创新一等奖

2014 年 10 月，获得党校结业证书

2014 年 11 月，获得无偿献血证

2015 年 5 月，获得成都航院“社团优秀会员”称号

2015 年 6 月，获得成都航院数学建模二等奖

2015 年 8 月，获得 SYB 创业培训证书

2015 年 10 月，获得成都航院优秀信息员

2015 年 10 月，获得成都航院高数竞赛优秀奖

2015 年 11 月，获得成都航院学习标兵

2016 年 4 月，获得成都航院大学生优秀实践报告优秀奖

2016 年 4 月，获得成都航院优秀团员

2016 年 4 月，获得党员发展对象证书

2016年5月，获得全国机械创新四川赛区二等奖

2016年7月，获得三维建模一等奖

2016年7月，获得四级/中级加工中心证书

2016年10月，获得成都航院“三好学生”称号

荣誉如浮云，证书如白纸，做好事情才是真本事。无论现在自己身为何职何位，都不要忘记曾经奋斗中的自己，奋斗之路我仍在继续，在努力奋斗的同时我仍会继续带动身边的人一起拼搏。

4. 岳志威心语

我是来自士官管理学院航空电子设备维修专业714321班的岳志威，在成都航空职业技术学院学习的时光里，我积极上进，勤奋踏实。

从2014年入学至今一直担任班级纪律委员，在校期间曾担任15级空军班辅导员助理。我认真负责，热心为同学服务，同时也是一名青年志愿者，积极参加社会实践，得到了老师和同学们的一致好评，获得了2014年至2015年优秀学生干部称号。

在思想上，我是一名追求上进的当代大学生，积极进取，我热爱党，忠诚于党，并积极向党组织靠拢，现在是一名中共预备党员。

在学习上，我严格要求自己，努力学习专业知识和课外知识，专业成绩在大一和大二学年位于全班第一名，综合素质成绩大一、大二位于全班第一名。

在生活上，我是一名来自农村的孩子，父母都是农民，但我从不抱怨生活的艰辛，努力进取，生活上也艰苦朴素，积极为父母分忧，并且在2015年和2016年获得国家励志奖学金。

另外，我把学习之外的空余时间都用来提升自己的综合能力和自身修养。利用这两年多课余时间，我参加各种活动和比赛来锻炼自己。我十分清楚自己在大学要去主动学习，而不是简单地得到。通过努力，我获得了大大小小的荣誉共计20余项。在院上举办的主持人大赛中，没有任何经验的我虚心学习，获得了优秀奖。在院英语阅读比赛中获得二等奖，院运动会中获得4×100米第二名，成都航院辩论赛中获得亚军，院演讲比赛获得第二名，系征文比赛获得第二名，还荣获“军训优秀学员”“党校优秀学员”

等荣誉称号。在这些比赛和活动中，我的综合素质能力水平得到了极大的提高。我积极进取，努力拼搏。作为即将毕业的大学生，我更愿意到艰苦边远地方的部队为国防事业做出努力，为实现伟大的中国梦而不断添砖加瓦，这才是当代大学生应有的胸襟和担当！

主要获奖情况：

2014—2015 年度荣获国家励志奖学金

2015—2016 年度荣获国家励志奖学金

2014—2015 年度获得成都航院辩论赛二等奖

2014—2015 年度被评为优秀学生干部

2015—2016 年度被评为优秀学生干部

2015—2016 年度被评为“学习标兵”

2014 年 9 月被评为“军训优秀学员”

2014 年 10 月被评为学院第五期党校“优秀学员”

2014 年 10 月获得成都航院实用英语阅读比赛二等奖

2014 年 12 月成都航院主持人大赛优秀奖

2015 年 4 月获得 17 届田径运动会男子 4×100 米第二名

2015 年 9 月获得航空维修工程系征文比赛二等奖

2015 年 9 月获得航空维系工程系演讲比赛第二名

2015 年 10 月获得成都航院演讲比赛二等奖

2016 年 5 月被评为党章党规条例学习“优秀学员”

在以后的学习生活中，我还要努力地提高自己，全面发展，止于至善，成为一个对社会有用的人。

3.3.3.2 “助人为乐”类好人获得者

1. 杨航心语

我是成都航空职业技术学院管理学院 414321 班学生杨航，“志愿四川”青年志愿者、“中华人民共和国第九届残疾人运动会暨第六届特殊奥林匹克运动会”开幕式表演荣誉证书、成都航院 2015—2016 学年度“社会实践优秀个人”称号获得者。

在校期间，我始终秉承“奉献、友爱、互助、进步”的青年志愿者精神，积极组织并参加各项社会公益活动，在生活和实践中奉献爱心，尽心尽力去帮助他人，坚持用自己的实际行动去感染他人，传递青年志愿者精神。

2015 年暑假，在学校的号召下，我参加了以“快乐运动·逐梦天府”为主题的“中华人民共和国第九届残疾人运动会暨第六届特殊奥林匹克运动会”开幕式表演志愿者服务。我一直坚持以一名青年志愿者的身份严格要求自己，刻苦训练，帮助他人。在此期间，我担任了学院残奥会工作的学生总负责人，尽心尽力地协助老师开展关于残奥会的各项工作，帮忙解决同学们训练期间的各种问题，带领学院 203 名女生克服困难，积极完成开幕式表演任务。每当有人想放弃时，我都告诉他人和自己，我们是为谁而表演，我们辛苦的意义，这样再苦再累都值得了。我选择以这种方式奉献自己的微不足道的力量，传递爱与希望。同时，我乐于助人、甘于奉献的精神和勤恳踏实的工作态度也受到了老师和同学的一致好评，获得“社会实践优秀个人”称号。

2016 年暑假，我通过“志愿四川”这个平台，参加了“志愿四川·逐梦计划”志愿者实践活动，到广安协兴生态文化旅游园区规划建设局深入实践一个月，参加了一系列志愿服务活动。在党政机关的志愿实践，是我传递志愿精神，提高实践能力的一次很好的机会。我带去了先进的理论知识和大学生的志愿者奉献精神，为单位注入了新的活力。在此期间，我利用自己在校学习到的理论知识和生活实践经验帮助他们，为他们减轻负担。比如办公软件的实际应用、财务专业问题的解答、各类资料文件的整理和打扫卫生、跑跑腿……事情虽小，但是看见自己的价值得到体现却是一件很快乐的事情。

此外，我在担任管理学院团总支副书记期间，还积极组织并参加校、院举行的各项志愿者服务活动，包括成都航院 2016 年暑期“三下乡”、社区服务、义务家教等。2016 年 7 月 8 日，我跟随学校暑期“三下乡”社会志愿者服务分队来到了成都市金堂县土桥村开展了为期五天的社会志愿活动。在此期间，我们对当地的留守儿童进行了学习辅导、安全知识教育和文艺教授。“三下乡”期间，虽然条件比较艰苦，但是大家咬牙坚持，努力将快乐带给他们。在最后离别之际，家长孩子和志愿者哭成一团，依依不舍之情，便是对我们志愿者精神最好的肯定。

大学时光美好却短暂，青春的意义在于奉献。“奉献社会、关爱他人”是志愿者的行动指南。传递爱心，我在行动！

2. 熊梓延心语

我是民航运输学院空中乘务专业的一名大二学生，今年18岁。我是一名入党积极分子，从大一开始担任团支书、招生队队长、班级助教。

在平时生活中我喜欢旅游。2016年8月份的时候，我和家人去了四川南部山区的一个景点。那个地方开发得不是特别好，去的人也不是很多，景点也算是保存了最原生态的那一面。这个景区是当地小镇很重要的一部分，或者说是全部。那里的村民基本上靠景区做点生意，种土豆、花椒等作物维持生计。就在那里，我遇到了那两个可爱的小女孩。

从景区出来之后，我们在停车场稍作休息，有些许饿，就打算去买东西。转了一圈，发现那么大的地方居然连农家乐和便利店都没有，我们把目光投向了路边的摊位。两个小女孩一下就吸引了我的目光，她俩的烧烤架上整齐地排列着七八个土豆，烤得金黄，还有几个荞饼。我们人多，把她俩的东西买光了，她们对我说了一声谢谢姐姐。买卖东西很正常，可是这样的礼貌让我很惊讶。

在和她俩交谈的过程中我了解到，她们上学的地方离家步行大概需要3个小时，都是泥土路，没有车。和她们住在一起的还有弟弟妹妹，最小的才两岁，也和她们在一起卖土豆。鞋子、衣服全是破的，小脸也是花的……两岁，应该是最受宠爱的年纪，生怕磕着碰着，可在那个地方，可能连吃饱都成问题。我问她们去过附近的城市吗？拍过照片吗？买过新衣服吗？

答案都是否定的，这些对我们来说最最平凡的事情，可能都是她们的奢侈品。

在我们相处的那短暂的十多分钟时间里，她俩从最开始的拘谨到后来的开朗，都深深地印在我的脑子里。我给她们留了电话号码和地址，在那之后我们联系过几次，每一次她都说她在田边干活，或是在摘花椒、喂猪等。

回家过后，我一心想着帮助她们，但自己又是学生，没有很强的经济能力，只能在微博、微信、QQ 等社交平台为她们筹集爱心衣物、文具。功夫不负有心人，我为她们筹得了将近 30 千克的物资。其他地方的朋友也从各地给这两个孩子寄去了他们的爱心。我很感激他们，也谢谢支持我的同学和朋友们。我也要感谢我的家人，他们在自己朋友圈帮我发帖，联系各路朋友，也筹到了不少的物资。

后来我和小女孩联系，她说："姐姐，谢谢你！我的爸爸妈妈也很感谢你！"她还说了一句话，让我印象特别深刻："姐姐，有了这些东西，妈妈今年都不用再为我花钱了。"她的懂事让我觉得无比欣慰。

3. 鲁登国心语

尊敬的各位领导、老师，亲爱的同学们：

大家下午好！

我是来自航工程学院 715314 班的鲁登国。在 2015 年 9 月，我加入了我院志愿者的行列中。在很早以前，我就接触了志愿者，在 2008 年地震中，我们家乡算是重灾区，当时有很多的志愿者来帮助我们，让我受到很大的感触。那个时候我也算是半个志愿者，之所以说是半个志愿者，是因为在那个时候我还太小了，许多事情不能做。但是在那之后，我就决定以后一定要帮助他人，奉献自己。很荣幸，现在的我加入了志愿者这一行列。

在这一年多来的志愿者生活中，我参加和组织了许多的志愿者活动。比如：① 组织志愿者在周末的空闲时间到龙泉敬老养老中心关爱老人；② 组织"两元基金"活动资助阿坝州孤儿学校；③ 大三毕业季时，组织"绿色离校"活动；④ 在"2016 全国飞行器设计夏令营暨科研类飞行器设计挑战赛"中，作为一名志愿者，进行了志愿服务；⑤ 加入义务献血的队伍；⑥ 组织志愿者打扫校园角落等。

每个月，我都会组织志愿者到龙泉敬老养老中心看望那里的老人。每次去敬老院也会带上一点我们的心意，比如水果、糖果、面包。在敬老院里，我们的志愿者会为老人表演节目，陪他们聊天，为他们整理内务。每次组织志愿者到龙泉敬老养老中心看望老人时，我都感到很荣幸。虽然有时候志愿者们很苦很累，但是却换来了老人们的笑脸。作为当今社会的一名大学生，我们有责任、有义务去关心这些需要关怀的老人。我们要用最真挚的心带给他们最真诚的关怀。

去年11月份，我无意之间了解到阿坝州的一所孤儿学校条件艰苦，他们没有多的衣服、鞋子来抵御寒冬，学习用品也十分匮乏。我通过各种方式确认这个情况属实后，在2015年12月份举办了“两元基金”活动。“两元基金”于2015年12月在学院老师的支持下首次顺利开展，本次活动一共募捐到了2000余元善款与各种物资。我们通过邮递的方式将钱款和物资捐给了阿坝州的孤儿学校。“两元基金”将每个人的一丝温暖，一丝关爱汇聚到一起，给那些寒冬中的孤儿带去了一丝关爱。这个活动我也将每年坚持举办，希望在每一年的寒冬为那些孤儿带去一丝温暖。

每到毕业季时，学长学姐会留下很多带不走但是却有用的东西。为了减少浪费，我们开展了“绿色离校”活动。通过在二食堂门口摆点，很多毕业生把带不走却有用的东西捐了出来。经过两天的摆点，我们将收集到的物资一起捐给了一个公益组织，他们会对这些物资进行分类，将能够使用的物资捐给贫困地区，将不能再次使用的物资进行回收再造。

2016年9月，我作为“2016全国飞行器设计夏令营暨科研类飞行器设计挑战赛”的志愿者在洛带驼峰机场进行志愿服务。在为期4天的志愿者活动中，每天早上五点半起床，一直在比赛场待到下午六点。每一天，我们所做的事虽然看起来很简单，比如：协助裁判进行比赛、比赛过程中捡掉落的航模、布置比赛场地、维持比赛现场次序，但是我却觉得我们就如一颗颗螺丝钉，起到的作用也是很重要的。

雷锋一直是帮助他人、奉献自己的代表。在雷锋月时我组织了志愿者到龙泉山清扫垃圾，为龙泉山的环境贡献了自己的一份力量。每一年我都会加入志愿献血的队伍中，贡献自己的一点力量。在空闲时间，我会组织志愿者打扫教学楼，打扫校园的每个角落，让我们生活的校园变得更加清洁美丽。

赠人玫瑰，手有余香。人生因奉献而更加精彩，青春因奉献而更加绚丽。帮助他人，奉献自己，这正是当代大学生所应具备的品质。在这一行列中，我个人的力量是有限的，付出也是有限的，但我相信，无数个人所汇聚出来的暖流，将会带给每一个人，让人人都能感受到温暖。

谢谢大家！

4. 钱春池心语

我是615311班的一名武警士官生钱春池，来自辽宁省盘锦市。

很荣幸能进入成都航院大家庭中并且加入士官管理学院，以一名准军人的身份来服务同学们，为未来做一名军政素质过硬的军人做准备。在成都航院这个大家庭中，我们有着“特殊”的“身份”，那就是穿着军装的大学生。或许我们没有军校学生那么优异的成绩，但是我们不气馁，因为我们知道人生处处有机会。所以我时刻准备着，只要祖国有需要，我时刻准备着为祖国和军队献出我的一切。

我也非常荣幸在成都航院的学习和生活中得到了老师和同学们的认可，并且在2015年9月被选为2015级计算机武警士官班班长。在任职期间，我秉着公平公正的态度为班级的同学们服务。

第一，奉献也是一种幸福。中国军人是人民的子弟兵，始终保持着全心全意为人民服务的宗旨，做到军民一心。同样，作为一名准军人的我也牢记心中的使命，尽管我只是一名大学生，但我也始终做到服务同学，努力成为成都航院学生干部中的好榜样。在班上，我是一名班长，班长的职务虽然光荣，但职责就是更好地服务同学，无私地奉献出自己的空闲时间，

帮助同学、老师做一些力所能及的事情。每天同学们做完寝室卫生之后，我都会去每个寝室检查卫生，并告知同学们问题所在，监督同学们改正。在空闲时间里我会组织同学们讨论一些专业上的知识，保证班级同学的学习氛围。我也会去到办公室值班，只要哪里有需要我就到哪里。同学们都在问我你在忙什么？我只笑着说忙的是幸福。当班上的同学心理和情感上出现问题，我会及时发现，并通过聊天的方式使他感觉到班级在关心他，让他们找到一种家的归属感，从而让他们融入这个大集体。一次同学因发烧住院，我第一时间赶到医院帮助他完成挂号、取药等一系列事宜。当时已是晚上九点钟，同学的病情比较严重，我就整夜在医院守着我的同学。虽然守夜比较辛苦，但是我认为同学们遇到困难我就应该伸出援助之手。在 2015 年 9 月份，我们很荣幸地参与了我校的五十周年校庆活动，学校交给我们的任务很重，负责站岗和巡逻。同学们的心里都很激动，我也不例外。我积极辅助辅导员统筹协调好各项工作，同学们斗志昂扬，没有一个人抱怨，因为我们知道为学院付出自己的一点绵薄之力是值得的。整个大一，只要有站岗执勤任务就少不了我的身影，因为那是一种责任！

第二，工作精神值得传承。利用暑假的休息时间，我去了一家高档酒店当服务员。在这一个月里，我保持微笑地面对每一个客人，绝不对任何一位客人说“不”。在备餐的时候我始终保持最快的速度来完成自己的那一份工作，然后去帮助其他的同事做一些力所能及的事。一次，客人来用餐时，一位客人的钱包掉在了座位上而且散落了一地的百元钞票。钱的诱惑力固然很大，但是我没有任何想法地拾起现金就去找那位客人。当我跑出去送钱包时，那位客人已经开车离开了。我满心焦急地去前台找那位客人的订位电话，及时联系失主，失主听到消息后回到酒店，领取了钱包。客人在检查自己的钱包时却说少了几百元的现金。面对客人的误会，我耐心地与他解释，最后客人也没再斤斤计较。作为一名服务人员，服务客人是我们应该做的，不管客人对我有再大的误会，我也一笑而过，因为我只做我自己，那个问心无愧，最好的自己！

第三，献出光荣为他人。2016 年 5 月 18 日这一天，成都市血液中心来我校开展无偿献血活动，我第一个报名。俗话说一方有难，八方支援，尽管我们的生活很美好，但是还有很多的同胞生活困难。我们应该尽自己所能去帮助他人，献出自己的爱心。中午我来到了献血站，医生开始检查我的血是否可以献血，因为我是 O 型血，也就是所谓的“万能血”。我兴奋地在想是否我天生就是为社会服务的呢？我不禁笑了。

第四，为实现军人梦而奋斗。我是一名士官生，虽然我不是一名真正的军人，但我时刻牢记全心全意为人民服务的宗旨，不断强化军人意识，做到帮助有困难的同学，爱护集体荣誉，守护班级、学校利益。时光荏苒，我在成都航院已经度过了一年的时光。每日忙忙碌碌，但我觉得很充实。其实我认为帮助他人并不是干几件轰轰烈烈的大事，而是一件件小事累计下来的幸福。帮助有需要的人是我一生想做的事情，这份执念将在未来的军旅生活中给我充足的动力，让我能为国家和人民贡献出自己的一份力量！

3.3.3.3　“孝老爱亲”类好人获得者

李小强心语

“背”起爸爸上大学

大家好！我是信息工程学院 215362 班的李小强。

“老吾老以及人之老”，敬老、爱老、助老是我们中华民族的传统美德，是先辈传承下来的宝贵精神财富。养老爱老，亲情所系；侍奉父母，尽心竭力。

我出生在一个农村家庭，在我 5 岁时，父母离婚，父亲独自一人把我养大，母亲改嫁后就没有了联系。父亲老来得子，53 岁才有我这一个儿子，对我很是疼爱。由于家境不好，父亲退休后也一直努力赚钱，父亲 60 岁的时候都还在郊外种地，我放学后就去那里帮他。虽然生活辛苦，但父亲无微不至的关爱使我健康地长大。

这一切都在我 17 岁的时候改变了，父亲病重住院，在医院检查出帕金森综合征、脑梗塞等病，也被确定为肢体四级残疾。在住院的 3 个月中，父亲因病情逐渐消瘦。从那时起，家里的重担就落在了我的身上，高中的我在学校和医院间来回奔波照顾父亲。

在我补习那年，父亲再次生病入院。我上午在父亲身旁一边照看父亲输液，一边做试题，父亲输完液后我又马上赶去学校听课。连日奔波，我也感冒了，来来回回两个月一直没好。那段时间，老师同学都挺关心我的，帮助我坚持到参加高考。我深知“羊羔跪乳，乌鸦反哺”的道理。再苦再累，我也要照顾父亲并坚持完成学业，这也是父亲所期望的。

高考后，我有幸被学院录取，带着父亲一起来到学校外面租房生活。由于经济原因，我在离学校两千米远的 10 平方米小屋里和父亲住下。每天早上很早起床做好饭，然后就步行 30 多分钟来学校上课；中午急忙买菜回家给父亲做饭；下午回家吃饭后又赶来学校上晚自习，很晚才到家；给父亲洗脚后，我完成作业才睡下。每天都这样往返于学校和家里，虽然时间紧，但是我都能按时来学校上课，没有迟到过。

由于父亲病情的需要，每个月都要花费 1000 多元医药费用，但除了父亲的退休工资外，我们没有其他的经济来源，因此，我一有空就去做兼职补贴家用。

虽然生活艰难，但我还是乐观地面对，每天陪父亲说说话，陪他慢慢地挪动步子缓慢行走，希望父亲能好起来。

爸爸您辛苦了！愿您的身体越来越好，天天开心快乐！我会铭记你所教导的一切，勇敢地面对一切！

树欲静而风不止，子欲养而亲不待。我害怕，爸爸您渐渐老去。我后悔，以前怎么那么不听话，没有好好看看你的模样。我要给您一个幸福的晚年，就像您给了我温暖的家。时光啊时光，慢些吧，别让您变老了，让我好好地看看您，让我为您再做些什么吧。

3.3.3.4 “诚实守信”类好人获得者

顾杰心语

老师们、同学们：

大家好！

我是顾杰，一个在诚实守信的道路上不断前进的普通人。我来自成都航空职业技术学院士官管理学院。很荣幸能站在这里和大家分享一些关于我诚实守信的故事。

古人云“人无信不立”。那什么是诚信呢？

有人觉得诚信离我们很远，说：我也能做到拾金不昧啊，可是我没碰到这样的事啊！其实我想说：诚信是一种品质，一种信仰，一种坚持。现在人们把它想得过于形式化，过于具体化。难道说我没有拾金不昧，就不算诚实吗？很显然，并不是。

在我看来，诚实守信并不是一定要去做一些轰轰烈烈的大事，而是在生活的点点滴滴中做到做人真诚坦荡、做事诚实守信。

对于诚实守信，我有如下理解：① 不逃避，不退缩；② 实事求是，不贪图；③ 尽本分，守信用；④ 坚持原则，重承诺；⑤ 军人的忠诚。我给大家分享几个我的故事：

大二的时候，外出骑行，一不小心我把一个停靠在路边的轿车后视镜撞坏了，当时心中一惊。尽管四下无人，但我第一反应是要面对，绝不可以当作什么事都没有发生而逃之夭夭。一个多小时的等待后，终于等到了车主。我与车主友好协商，争取解决问题，虽然出了一点钱，但我坚守住了我的品格。面对自己的错误，我们应该勇于面对，敢于担当。

在一次外出兼职回校途中，我去超市购买日用品，购买完商品离开的时候，发现有件小商品未能成功扫码付款。多年的素质教育让我毫无迟疑地向超市工作人员反映情况，经检测为条形码损坏。我认为做人应该实事求是，不可因为贪图小便宜而丢弃了自己的品格。君子有所为，有所不为。

我做过许多的兼职，其中救生员是我印象最深的，救生员是游泳者生命的保障。在职期间，我从未迟到早退，遵循救生员守则，认真坚守自己的职责，保障了群众在游泳过程中的安全。

2016 年暑假，我参加志愿四川的逐梦计划。到岗后，由于工作任务多、经常加班、工资较低等原因，和我一起参与工作的几名同学都放弃了此次活动，去寻找待遇更好的岗位。面对高薪诱惑，我却坚守本心，从始至终地完成好本职工作，获得了单位领导和同事的一致好评。

作为志愿者，我时刻提醒自己要忠于自己所承担的责任与义务，自觉觉他，自律律人。

作为士官班中的一员，我忠诚于党，忠诚于人民，忠诚于国家。国旗赋予我责任与义务，我将用一生去忠于我的使命。

诚实守信！我们要守原则，重承诺，贵坚持。

我的演讲完毕，谢谢大家！

3.3.4 2017 年成航学生好人榜获得者心语

3.3.4.1 “勤学上进”类好人获得者

1. 张鹭瑶心语

在奋斗与责任中成长

尊敬的各位领导、亲爱的各位同学：

大家下午好！

我是来自管理学院会计专业大三的学生张鹭瑶。今天很高兴能够参与勤学上进类“成航好人”的竞选。在这个用勤奋刻苦做注脚的舞台上，其他竞选者的成绩基本上都是年级第一，而我通过自己笨拙的努力，勉强名列年级前茅。好在任何事情都不是绝对的，事实证明成绩不能总是等于学习能力，首先请允许我回顾一下往事：

（1）管理学院会计专业第一个获得国家奖学金的团总支副书记；

（2）管理学院目前参与创新创业项目最多的财务分析者；

（3）内江市工商局第一位专科实习生；

（4）奖状铺满半个寝室的中共预备党员。

这就是我。然而在故事的开始，我只是一个拼尽全力才能勉强踏入大学校门的野丫头，曾经班级倒数，外形普通。在学校的培养、老师的帮助下，我一直刻苦学习，努力奋斗。我的英语不太好，第一次英语四级考试只得了 405 分。我通过这次考试的成绩单分析自己的知识薄弱点，每天坚持背单词；写得满满的单词本，大学两年多以来我积累了整整五个。接下来的英语四级我考了 492 分，比上次提高了 87 分。我坚信我每一分笨拙的付出都会得到相应的回报。作为一名学生干部，我深知模范和榜样的重要性，没有任何理由可以允许自己放松学业，少了睡眠时间，少了逛街看电视的时间，却不能缺一堂课，少交一次作业。很荣幸作为会计专业的代表，登上了会计专业介绍栏。

除了刻苦钻研，我还积极将所学知识付诸实践。我参加创新创业比赛，运用自己的专业知识为五个创新创业项目进行财务分析，两项通过省级中期答辩，两项通过校级中期答辩，一项获得全国二等奖。在参加四川省共青团举办的逐梦计划的40天里，我从一个懵懵懂懂的工商小菜鸟成长为熟悉办理诸多业务的工商小能手。在老师的指导下，我把自己在团学会工作的想法和经验总结成了一篇论文，发表在《中学生导报》上。在收获成功的背后，是对创新创业项目财务的无数次预算分析；是炎炎夏日里往返于市政府服务大厅和档案室的数次奔波；是论文从开篇立题到最终定稿的反复修改。

习总书记在十九大报告中深情寄语青年："青年兴则国家兴，青年强则国家强。青年一代有理想、有本领、有担当，国家就有前途，民族就有希望。"在国家奖学金的竞选演讲中，我曾把自己比作"劲草"，我的名字源于"路遥知马力"。父母希望我能做一个坚韧、刻苦的人。如今，我带着坚韧与刻苦，一步一个脚印，脚踏实地地走在人生的道路上。不论是在社区做志愿者辅导小朋友学习，向社区居民科普航天知识并接受电视台采访，还是在"三下乡"活动中陪伴留守儿童，参加逐梦计划向市民解答工商知识等，这些都让我感受到付出的快乐。

我想，每个人都有自己的行走方式，我的方式可能笨拙，但只要方向在那，我就可以一步一步走到那个舞台，就像今天这样。请记住，这就是我，骄傲的我，自信的我，勇敢的我。发得了论文，当得了团总支副书记，带得了团队，搞得了项目，更做得了榜样，我的名字叫张鹭瑶。谢谢大家！

我坚持自己的目标，目光坚定，勇敢自信地面对生命中的每一个挑战，用不懈奋斗去度过一个灿烂青春。

2. 姚婷婷心语

尊敬的各位领导、老师，亲爱的同学们：

大家下午好。我叫姚婷婷，是来自民航运输学院物流管理专业大三的一名学子，很荣幸今天能够站在这里参加勤学上进"成航好人"的竞选演讲。希望通过今天的演讲，能够让我的学习态度和努力得到大家的肯定并且带动更多的同学热爱学习。

我是一名中共预备党员，担任了精英班团支书，组织部干事，党小组组长以及英语课代表。我的座右铭是“志存高远，勤能补拙”。对于学习，我喜欢先思考再行动。勤奋是学习的唯一捷径，我把学习当作一种兴趣而并非责任，这样自己在学习时会更加地享受而不觉得累。当我们学得越多，知道得就越多，想要知道的会更多，就会去汲取更多的知识来丰富我们自己，我想这就是我们所说的“勤学上进”。

知足者常乐，知不足者常进。在学习方面，我一直保持虚心学习的态度，勤奋刻苦，努力上进。我的综测成绩在学院排名第一，专业成绩也在年级上保持前三，大一时期有幸加入学院精英班学习并担任团支书一职，现在已经顺利结业。通过自己的不断努力与进步，荣获了 2016 年度国家励志奖学金、2017 年度国家奖学金并通过了全国大学英语四级、计算机二级考试，连续两年获得校级“三好学生”和“党支部先进个人”，并获得了校级“学习标兵”的称号。同时，作为党小组的组长，我更是以身作则，鼓励我的组员们积极学习，并在自己的带领下成功让我们组获得了党支部优秀党小组的称号。

在竞赛活动方面，我积极参与学校组织的各类形式活动，全面发展自己，充分利用自己的课余时间。我曾获得成都航院第一届发明杯大赛二等奖，校级书法比赛二等奖，校级参与发现创意成长作品三等奖，辩论赛三等奖，社会实践优秀个人，优秀志愿者等荣誉证书。但这些都只是见证我在成功路上行走的脚印，并不能停止我继续前进的步伐。

除此之外，我还积极参与到校外实践中去学习。大学以来，我去过龙泉长远二小区辅导小朋友功课，去过龙泉敬老院陪爷爷奶奶聊天，五一劳动节三天去到春熙路地铁站为乘客们指路，六一儿童节带领小朋友和家长参观成航的校园。暑假期间，我也参加了学校组织的“三下乡”活动，去到小朋友家里做一名家教。在大学的小社会里，我学着与人接触，与人交流。在校外的实践工作中，我学着去享受，热爱我的生活和工作。更多的社会经历让我在未来的路上，无论风雨，无论艰难险阻，自己都能微笑着面对。

大学是我们学习成长的地方，我的大学三年就是在课堂上，图书馆，各类竞赛以及实践中度过，因为我始终坚信，今天不去走，明天就要去跑。因此，我们应该合理安排并且充分利用好在大学的点滴时光，让我们的大学不会虚度。

如果说自己人生前十几年都是在生活、在学习，我想这可能只占了我人生的百分之二十。如果掐着时间算人生，那么自己还有百分之六十需要去奋斗，而我的大学就占据了人生的百分之五。三年时光转瞬即逝，我的大学足够光鲜，它活出了我人生前百分之二十五的姿态。我相信未来的自己能够在大学的基础上走得更远。

山高不厌攀，学精不厌苦。登山者不会因为登上过珠穆朗玛峰而放弃继续攀登乔戈里峰，学习亦是如此。只要我们学会坚持，保持勤学上进的态度，相信有志者、事竟成，不忘初心，方得始终。

谢谢大家！

3. 陈克礼心语

各位老师、同学：

大家好！

我是来自航空工程学院 715313 班的陈克礼，很高兴能够在这里与大家分享大学里的经历和收获。大学期间，我始终保持积极向上的心态，有明确的奋斗目标，时刻以高标准要求自己，妥善处理好学习、生活、工作三者之间的关系，努力做到全面发展，在各方面均表现优异。现从思想、学习、工作、实践方面做如下介绍：

思想上，努力学习党的理论知识，从思想上与党组织保持一致。参加学校的党员发展对象培训班，于 2017 年 5 月成为一名中共预备党员。在加强自身素养的同时，起好模范带头作用。

学习上，始终坚信天道酬勤，勤能补拙。每天都执行一个满满的日程，比别人更抓紧时间，付出更多的辛勤。在图书馆、自习室里，能看到我专心学习、早出晚归的身影；课间讲台上，能看到我虚心请教老师的场景；每天早操过后，我会雷打不动地在宿舍楼道里朗读英文、背诵单词。同时，我也清醒地认识到，课上所学知识是远远不够的，因此我充分利用图书馆里的资源，拓展知识的广度和深度，努力把理论知识提升到更高的层次。

通过努力，我顺利完成了《航空维修工程管理》的自考本科学业。

对待实训，绝不以完成任务、得到高分为目的，而是更加注意理论与实践的结合，时刻以一名厦航机务的标准来严格要求自己。苦练基本功，勤于思考，敢于挑战，认真做好每一件事。此外，我还主动学习金相显微镜的装配与调试，义务帮助老师制作金相试件以及完成一百多件低碳钢拉伸试件的标距绘制任务，更进一步培养自己的学习、实践能力。

工作上，我担任学校教务处学生团队队长、班长、学生公寓楼长等职务。在我看来，变的是职务的角色，不变的是肩上的责任与担当。我积极配合老师，认真处理同学们在学习、生活中遇到的问题，全心全意为同学服务。

课余时间，我积极投身于志愿者活动、实践活动。教务处单独招生、等级考试、创新创业的筹备工作、学生公寓的卫生清洁我总是第一个到达现场，提前安排好任务后和大家一起完成相关工作。校内的无偿献血活动我会献出自己的一份爱心。

日复一日的坚持与努力，也让我收获了许多：学习成绩单科最低分 83 分、平均分 89 分，综合素质测评成绩 99.98 分，分别名列学院第一；通过英语四级、普通话一级乙等、计算机一级考试，考取了中级电工证、钳工证；荣获国家奖学金、国家励志奖学金、学校学习标兵、三好学生、优秀学生干部、优秀志愿者、社会实践优秀个人、主题活动一等奖、优秀教学管理信息员、优秀安全员等荣誉。

成绩和荣誉的背后，得益于学校的培养、老师的指导、同学的支持，还有我踏实的付出与永不言败的执着。在勤学奋进的路上，我学会了坚持与积累，战胜了孤独与挑战，坚定了奋斗的目标与信心。我会以此为契机，在榜样力量的感召下，不忘初心，继续前行。

谢谢大家！

3.3.4.2 “助人为乐”类好人获得者

1. 张天强心语

尊敬的各位领导、老师，亲爱的同学们：

大家下午好！

我是来自汽车工程学院 515312 班的张天强。

第一次看到成航好人榜上学长学姐们的光荣事迹，每一篇都深深打动着我，他们不仅优秀，更有善良的心灵。我从没想过自己会有参与竞选的一天，但我始终以“勿以善小而不为”作为自己的行动准则，尽自己的所能帮助需要帮助的人，带给他人温暖，让我内心快乐而充实。

我是一个非常平凡的人，要说生命中有什么值得骄傲的事，那就是十八岁以后，我一直在坚持献血。从 2015 年 8 月 23 日至今，总共无偿献血 8 次，其中全血 900 ml，单采血小板 8 个治疗量，每捐献一个治疗量的血小板按照 800 ml 全血计算，总量为 7300 ml，相当于两个 50 kg 成年人的全身血量。

记得第一次献血是在高中毕业以后，我和好朋友决定用献血这件具有特殊意义的事作为自己的成人礼，于是我们走进了泸州市血液中心。坦白讲，第一次见到献血那个 16 号的针头，心里的确有点恐惧，但当我看着鲜红的血液从身体里缓缓地流出，想到它们不久之后便会在需要它的人身上继续流淌下去，这种感觉非常奇特，心里会觉得无比自豪。

也就是在这次献血中我了解到我们献的血能挽救他人的生命，可血库却经常库存不足。献血既有利于自己的身体健康又能够去造福他人，是一件两全其美的事，更是一件功德无量的事。当时我就在心里决定，我要将献血坚持下去。

2016 年 11 月 1 日，在天府广场献血屋，工作人员告诉我因为距离我上次献血还不足 6 个月，不可以献全血，但可以献血小板。献血小板对于临床医疗来说非常重要，单采血小板不仅有极大的止血功能，还大大减小病人的应激反应。那些反复依靠大量血小板来维持生命的患者更需要输注血小板。我听了以后立即决定捐献血小板。

从那以后只要有机会路过天府广场或者血液中心，我都会安排出时间去献血，有几次也是专程坐车去献血。同时我关注了血液中心的微信公众号，可以随时看到临床患者对血液和血小板的需求量，时刻准备着去应援。我还想申请加入中华骨髓库，但一直没有机会去申请，这也是我的下一个目标。

我也在积极地向身边的朋友宣传无偿献血的好处和重要性，帮助想了解无偿献血的朋友们解答问题。希望有更多的人参与到无偿献血中来。

通过献血，我获得了宝贵的精神财富，对自己有了更高的要求。谁有困难，只要我能帮得了的绝不推脱，在工作中也努力做到一丝不苟，勤勤恳恳。

感谢献血，让我在平凡生活中发现了微小的伟大，发现了善的力量，让我找到了自己要坚持的方向。做好事并不难，难的是一辈子做好事，我要始终不渝地坚持终生做好事！

2. 邓世轩心语

老师们，同学们：

大家好！我是邓世轩，来自建筑工程学院315321班，很高兴参加助人为乐“成航好人”的评选。

在我们因为成长而烦恼、懵懂、迷茫的青少年时代，我们不懂得甚至不了解何为志愿，何为无私奉献。然而，在走过生命几度春秋之后的今天，我们发现：从我们拥有生命的那一刻起，就被他人、被社会，以这样一颗珍贵的心无私地呵护着、守护着。

在同学眼里，我是一个热情的人，现担任学校成航电视台台长，在校期间参加“三下乡”等志愿活动，获得了“社会实践优秀个人”及“勤工助学优秀个人”等称号。

出于对地理的热爱和四处旅行的经历，我对道路十分熟悉，朋友们戏称我为活地图。因此，我报名成为成都轨道交通集团和成都公交集团的志愿者，出没于各大地铁站和公交站。我充分利用自己熟悉成都交通的优势，在成都东客站、火车北站等外来人口较多的站点为找路的外地乘客提供帮助。

信息化时代的今天，我们的出行离不开网络。相信老师和同学们和我一样，出门会用地图查查导航或是公交线路。像这样，查一查学校外的856怎么走。享受方便的同时，我也很好奇这些线路都是怎么呈现在软件中的，我能不能也做一些事情为像我这样的百度地图用户做一点贡献。一个偶然的机会，我知道了百度地图公交志愿者，经过层层选拔，在2015年我正式成为了他们其中一员，得到后台权限，外出采集公交线路数据。

采集数据需要专用设备，起点站和终点站都要拍照确认，因此无论是市区，还是乡间，都需要实地去乘坐该线路，利用设备采集站点的GPS位置和线路的轨迹数据，再上传至后台整理，包括首末班时间、票价等，最终呈现出软件中查询的线路。

从2015年至今，我采集的线路有上千条，后台处理的报错数据数不胜数。而这一切的一切都是志愿行为，为了帮助生活中数以亿计的地图用户。

除了百度地图，我也爱用百度知道。百度知道作为一个比较全面的网络问答平台，已经深入很多人的生活。凭借百度地图公交志愿者良好的记录，去年我被选入百度知道顾问团，开始回答平台中的提问。仅仅是一年多的时间，我几乎每天坚持上提问中心，到我了解的“四川地区”“成都地区”“交通”等领域回答相关问题。据百度知道统计，近一年来我的回答采纳率达90%，已经直接或间接帮助的人，现在已经超过了15万。

在社会带给我们方便的同时，我们是否曾想过要回馈社会。志愿与奉献，不仅仅是一个口号，我是一个平凡人，但也是当代青年，在社会的每一个关键时刻，在党和人民最需要我们的时候，我们应该挺身而出。未来，无论网络还是现实生活，我都将继续用我的所见所闻和那颗乐于助人的心，去帮助这个社会更多需要帮助的人，为构筑和谐社会贡献自己的力量。

善用网络，服务社会。我，就是邓世轩。

3.3.4.3 “孝老爱亲”类好人获得者

1. 薛国庆心语

做有用之人，必当行有用之事

尊敬的各位领导、各位老师，亲爱的同学们：

大家好！

我是来自信息工程学院通信技术专业的薛国庆。很荣幸能够站在这里！

我将会从以下三个方面展开我的演讲：

首先，我先介绍一下我自己。我乐观开朗，懂担当，有责任心，在班里担任班长，在学生会担任副主席一职，同时是一名光荣的共青团员，并且在大一入校后成为一名入党积极分子。

付出终有回报。通过自己的努力，我获得了很多属于自己的荣誉。例如：团学会“优秀个人”、演讲比赛二等奖、国家励志奖学金、中共成都航院党校“优秀学员”等。那么，认识了我之后，我再带大家认识一下我的家庭情况吧。

我出生在一个很普通的家庭，家住山东省菏泽市东明县黄河滩区，家里有四口人，父母都是农民，靠务农为生。由于地处黄河滩区，庄稼常年因为涝灾颗粒无收。父母年纪过大，身体常年多病，每天只能靠吃药来维持。

接下来我讲一下我的主要经历。从记事起，如果父母有不舒服，我就及时请医生、买药、煎药等。因为在农村，医生住得都比较远，经常这样往返跑倒也锻炼了我的身体。原本平静的生活在 2014 年的夏天被打破了，父亲为了供我读高中外出务工，却在务工期间因高血糖突然晕倒，经医院检查确诊为糖尿病。当时姐姐已经出嫁，而我正值高二，姐姐把孩子交给她的婆婆，日夜在医院照顾爸爸，那段时间里，星期六、星期天我去医院换班，和姐姐轮流照顾爸爸。爸爸的病情慢慢有所好转。但是就在我们都感到欣慰的时候，让人意想不到的情况发生了：母亲于 2016 年也被查出患上了糖尿病。那段时间母亲因为病情比较严重，需要住院观察治疗，情况也时好时坏。那时我正在成都求学，在母亲住院期间，我请假回家，与家人寸步不离地守护在母亲的床边，打针换药，擦洗身体。父亲在去年因为糖尿病引起并发症，尽管家里竭尽所能治疗，最终却导致一只眼睛失明，家里的半边天倒下了。俗话说，儿行千里，父母担忧；但对于我来说，却是儿行千里，担忧父母。近一年来，父母的病多次反复。常言道：久病床前无孝子。但是，父母生病那么多年来，我都无怨无悔地守护在两位老人的身边。只求能让父母多在我身边待几年，能够以后享享儿子的福。

在学校的生活中，我积极参与学校和学院组织的各项活动，积极培养自己的实践能力。每周定时参加学院志愿者分队组织的机房打扫志愿活动，每个月定期去社区看望孤寡老人。在 2017 年 7 月，我还参加了学校组织的“三下乡”暑期社会实践活动，为山区里的孩子们带去了很多关怀还有知识，教他们学会了很多东西。

在思想上我积极要求进步，刚入学的时候就郑重地向党组织递交了入党申请书，积极参加党课培训并取得党课结业证书，获得“优秀学员”的称号。

尽管大一一年，我因为要照顾生病的父母有一些时间不能全部花在学习上，但是有限的时间里我比别人都更努力，我以班级综合测评成绩第一名，学习成绩第三名获得了国家励志奖学金。

深怀爱老之心，恪守敬老之德，力行孝老之举，以行动去体现孝道。

在孝老爱亲方面，我也只是做了一些自己应该做的事，今后还要更加努力，争取做得更好，努力发扬中华民族尊老爱老的美德。

我是薛国庆，谢谢大家！

2. 杨天华心语

尊敬的老师、亲爱的同学们：

大家上午好！

我是士官管理学院 716322 班的海军士官——杨天华。相信所有能站在这个舞台的同学和我一样，真心地感谢学校设立“好人榜”，通过评选，我们能感受身边榜样的力量。也感谢我的学院和战友们的推荐，他们让我增添了更多继续前行的勇气。今天我演讲的题目是“慈孝之心，人皆有之”。

七年前，有这么一个小孩，平时总向爸爸撒娇要这要那的，他爸爸基本上都会迁就他，满足他。有一次深夜，他突然发高烧，他爸爸为了送他去医院，背着他跑了十里山路。然而，在这个孩子小学毕业时他爸爸因患脑溢血去世了。在他爸爸走的那天，天空下着大雨，这孩子脸上早已分不清是泪水还是雨水了，哭得个稀里哗啦。

相信大家应该知道这孩子就是我了吧。当时，长辈们都纷纷对我说，你爸爸走了，要听妈妈的话，懂事一点！是啊，爸爸走了，以后叫声爸爸都成了一种奢望，能靠的也只有自己了。在别的孩子玩耍时，我要开始向姨娘们学习洗衣，做饭以及帮妈妈做生意。

在我初二放寒假时，一个意外的机会，我去了熟人的餐馆打工。一开始妈妈不让我去，连着闹了几天，妈妈无奈之下才让我去试试。直到干了几天才知道，这个钱并不是那么好挣的，天天都抱怨好累，但我从没说过不去的话。晚上下班，我知道妈妈为了多做一笔生意要守到很晚，我就故意和妈妈一起守着，冬夜的风特别凉，迫于我的“耍无赖”，妈妈就早些收摊回家了！就这样我坚持了 28 天。拿着工资给妈妈和外婆各买了件 200 多元的衣服，妈妈说没必要买那么贵，我说，妈妈平时就没有吃好穿好，这算什么啊。那一刻，我看见妈妈眼眶红了一下。随即笑着对哥哥说：“打了这么多年的工都没给我买件衣服，还不如你弟弟。”我开心地哈哈大笑，一家人其乐融融！

我的哥哥对我特别好，但和妈妈不太亲近，在外养成了许多坏习惯，酗酒抽烟。妈妈时常就会说他，他却每次都给妈妈顶回去，然后就出去几天不回家，不能承担起他应承担的责任，让我感到很是无奈！

我的外婆，86 岁了，牙都掉光了，每次我都要把饭菜切成小颗粒给她吃。就在上周六我回家，妈妈说外婆在医院输液，我想到我走时外婆都好好的，怎么一下就生病了。那天晚上我守着外婆，一晚上外婆因病痛醒了三次，而我却无能为力，只能给她吃止痛药来减轻她的痛苦。众人都说学到老活到老，我想这一辈子都学不完的是“孝顺”两个字。

在学校我积极参加到敬老院慰问老人的活动，给他们做些力所能及的事。为了更好地服务大家，我选择当一名士官生。最后，我也希望大家能多花时间陪伴老人，用心守护老人，让老人能在晚年的生活中笑容满面！

3.3.4.4　“诚实守信”类好人获得者

1. 魏来心语

诚信，让平凡之花绽放

各位老师们，同学们：

大家下午好！

今天我给大家演讲的题目是：诚信，让平凡之花绽放。

在演讲开始之前我先做一个简单的自我介绍。我是来自民航运输学院 816318 班的魏来。目前是精英班的成员，也是一名入党积极分子。现已通过金鹏航空终审。

孔子曾经说过：“人而无信，不知其可也。”可想而知，诚信作为中华民族的传统美德，早就扎根于每一个人的心中。诚信仿佛就是浇灌的水，谁用它灌溉种子，就能生根发芽，开出诚信之花。

平凡的诚信不需要你做得多伟大，不需要你多难为自己，也不需要你付出多少，它可能很简单，仅仅是你的举手之劳。古今中外诚实守信的例子有很多，那么今天我就讲讲我的诚实守信。2017 年，我在成都环球中心洲际天堂大饭店实习，6 月 5 日那天晚上，我像平时一样收拾餐具的时候，意外发现餐桌旁边地上有许多现金。我毫不犹豫地拾起了那一大把现金，并且立即交给了值班经理。我想客人刚用餐不久可能还没有走远，所以我立即跑向大厅，果然在人群中找到那位客人并且确认他是否掉了东西。为了稳妥起见，在经理的协助下通过餐厅的监控对失主进行二次确认，并如数归还了所有现金，现金确认清点之后才知道有七千多元。这件事情让我获得了酒店领导的认可和表扬，以下几张图分别是：当时酒店为我做的海报，为的是让酒店全体员工也要坚持诚实守信；我和酒店经理的合影；酒店为我颁发的拾金不昧的荣誉证书。

现在回想起来，我依然认为这是我理所应当做的平凡小事。让我感到

高兴的不仅仅是公司领导们对我这种行为的认可，还有我能在那种情况下做出正确的行为。可能有人会笑我是傻瓜，因为家境贫困的我需要靠父亲微薄的收入来供我上学。这 7000 多块钱是我一个在校大学生一个月生活费的好多倍，但是父母从小到大的教育告诉我：不是自己的东西绝对不能要，捡到东西了一定要还给别人。金钱贵且好，诚信价更高。这张图是在上刘书记的课时写下对未来工作觉得最重要的五个点。每当我做了一件好人好事之后，心里都会有满满的开心、成就感和被认可的感受，同时也实现了我的自身价值。

我坚信，诚者天之道也，思诚者人之道也。作为当代青年，我将带动身边的朋友和我一起将诚实守信进行到底。

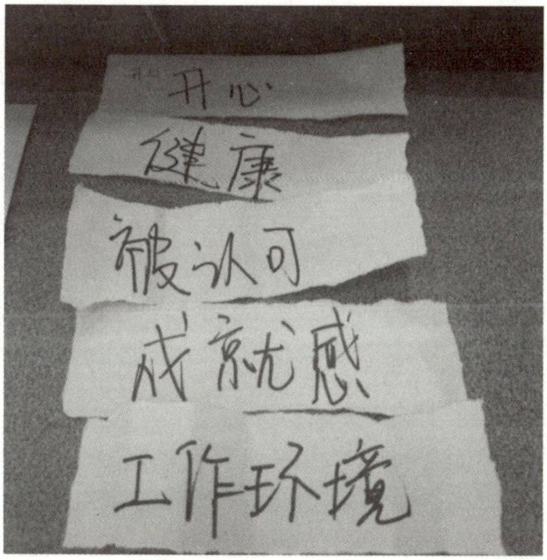

最后请大家记住我，我是那个坚持诚实守信的魏来！

2. 赵浩文心语

树人之基，建国之魂

尊敬的各位评委、老师、同学：

大家下午好！

我是士官管理学院 616311 班的一名武警士官生，赵浩文。我今天演讲的内容是“树人之基，建国之魂”，主题为“诚实守信”。

诚实守信作为中华文明数千年来的美德，一直就是各朝各代必不可少的文化传承。对诚实守信的理解可分为两个部分：诚实，即忠诚老实，就是忠于事物的本来面貌，不隐瞒自己的真实思想，不掩饰自己的真实感情，不说谎、不作假，不为不可告人的目的而欺骗他人；守信，就是讲信用，讲信誉，信守承诺，忠实于自己承担的义务，答应了别人的事一定要去做。对人以诚信，人不欺我；对事以诚信，事无不成。

在《论语·为政》中有这样一句话，相信大家都听过："人而无信，不知其可也。"意思是："人要是失去了信用或不讲信用，不知道他还可以做什么。"可见，诚信对于一个人的重要性。

诚信，汉文帝的廷尉张释之最有发言权。

汉文帝车队出行，途经长安中渭桥，碰上一个乱穿道路的违章者，把汉文帝的车马都惊着了，差点把汉文帝撅下车。惊了一头冷汗的汉文帝大怒，非要重办违章者，却被廷尉张释之一通硬顶。他说道："依法应罚款，如果重办了这事，那法律还有威信吗？"结果就真依法处理，罚了点钱。

"说出去的话，泼出去的水。""诚信"的价值无法估量。人们常用"一诺千金"来赞扬一个人。其实，当一个人做到诚实守信后，何止千金。

说话做事"诚信"，换来的是人们之间的信任。它是人际关系的纽带，没有了"诚信"，就没有人与人之间的相处，也完成不了任何事，人切不可失去诚信这一"底线"。

"诚信的中国前程似锦"，这是中国青年歌唱家丁晓红原创歌曲《诚信中国》的开头句。这首歌向人们传达了为人应该诚实守信，实事求是，不弄虚作假的精神态度。

自21世纪以来，随着生产方式和生活方式的巨大变化，人们的道德价值观念也在不断进行着调整和适应。这其中出现了一些背离诚信的现象，涌现了许多诸如制假造假等有害于人民与社会的事件。

党的十九大报告特别指出："推进诚信建设和志愿服务制度化，强化社会责任意识、规则意识、奉献意识。"这些重要的决定需要我们年轻一代身体力行，用自己的一点一滴去实践它。其实诚信真正难的是我们内心的突破。"人之初，性本善"出自《三字经》，源于孟子的"人性本善"思想。人性没有不善良的，就像水没有不向低处流的。当然，如果水受压迫使它逆流，这难道是水的本性吗？人的本性亦是如此：当人受到外界形势与压力的迫使，使自己不能保持自己的本性。但我们可以用自己的意志使自己变成一块磐石，做一个坚强，有尊严的人，外化于行，内化于心。

去年12月，我和同学一起去游乐园游玩，当时在一条小亭子里的凳子上发现一个手提包，里面有3000多元现金和一些贵重的物品。在那种没有其他人发现的情况下，我可以带走，将财物占为己有，但我没有那么做。我只是想到这种做法是不道德的，会给别人造成损失。换位思考下，如果这事发生在我身上，我希望我能遇到一个诚信的人帮我取回包。在金钱巨大的诱惑下，我毫不犹豫地选择做一块“磐石”，让自己意志坚定，做出了正确的决定。

世界那么大，问题那么多，我们要牢记当代的中国正处于又一个辉煌发展的时代，社会需要我们年轻一代发出新的声音，为国家带来更多的活力与朝气！

不忘初心，我会始终前行在诚实守信的道路上。谢谢大家！

3.3.4.5 “见义勇为”类好人获得者

（1）刘际帅心语

尊敬的各位领导、老师，亲爱的同学们：

大家下午好！

我是来自信息工程学院616312班的刘际帅，我是一个性格开朗、活泼，喜欢锻炼，热爱旅行的小伙子，也是一个退伍老兵。我在2014年参军入伍，新兵连在德阳某地。同年12月，我以体能测试全排第一的成绩被分到原成都军区某单位，在之后的两年担任一名自动步枪手。2016年退伍复学就读于本校。在新兵连时，我因体能测试全排第一获得嘉奖一次，下连后在一次救火救人的行动中获得嘉奖一次，并在全能指标赛中获得“优秀士兵”称号。退伍后在校期间我深知自己与同学们之间的差距，所以我竭尽全力，努力学习，积极参加各种活动。担任过士官管理学院的教官、社团联合会干事，现任信息工程学院自律社社长，也获得“三好学生”荣誉称号和校级奖学金等其他奖项。当然，这些都是通过自己的奋斗努力得到的结果，我也不会拿这些来当作骄傲的资本。

今天我来参加的好人榜评选的是“见义勇为”类好人。我见义勇为的次数不多，仅有一次，但我想这一次已经足以让我骄傲一辈子。在2015年的夏天，我们营区外面的商铺发生了火灾，熊熊大火，滚滚黑烟。我看到之后迅速报告给排长，排长立马下达命令，率先带着我和两个老兵拿着三个灭火器和四个湿毛巾义无反顾地冲进了火海，救出了一位受困的老年人。随后，我们的消防车开来迅速将火扑灭，老人的家属也及时赶到，非要送给我们东西表达谢意。排长对他们敬了军礼，说道：“这是军人的天职，你们不必这样。”当时身为军人的我，自豪感油然而生。为什么没有像路人那样感到害怕？因为我穿的是军装，穿着军装就是要保卫国家和人民！军人就是要有一夫当关，万夫莫开的勇气；要有忠诚于党，热爱人民的决心；要有英勇无畏，牺牲奉献的气魄和不畏艰险，勇于挑战的胆量。这是我第一次主动面对死亡的威胁。说真的，现在回想一下其实我是有“抱怨”的，我想我现在这么黑的原因多半就是因为那次火灾吧！

最后，我想说，虽然我早已脱下了军装，但是“一日从军，终身为兵”！军人是块砖，哪里需要哪里搬！

我是刘际帅，一名退伍老兵，谢谢大家！

2. 李金峪心语

尊敬的领导，亲爱的战友们、同学们：

大家好！

我很荣幸能够站在这个光荣的讲台上，同大家一起分享我们的荣誉。

首先，我要感谢各位领导，感谢战友们，感谢学院能给予我这次演讲的机会，也感谢所有曾经帮助过我的人，感谢所有为了学院发展事业而默默奉献的人！

我是一名普通的空军士官生，我在2016年踏入了这所学校，进入了716321班这个优秀的团体，在那一刻起我便下定决心好好学习，认真训练，将来作为一名优秀的空军战士，去为祖国增光添彩。在士官学院这个大团体里，我只能算是最普通的一员。不管是在平常的训练，还是学习生活中，都算不上是特别优秀，一心只想着将来到部队建功立业，并没有想过在大学生活中会获得多大的成就，但我所经历的一件事却彻底地改变了我。

记得在 2017 年 6 月 28 日下午五点四十分左右，我和一名同学走在放学的路上。在经过原十五栋学生公寓的时候，我们发现六楼一间寝室正在往外冒着滚滚浓烟。来不及过多地思考，我以自己最快的速度冲到了宿管大厅，第一时间向正在值班的宿管阿姨讲明情况，请阿姨带上钥匙立即跟上。在上楼的过程中，我时刻提醒自己要保持冷静。在赶到事发寝室过后，我一边进行灾情分析，一边让随后赶来的同学帮忙疏散围观的人群；紧接着取出距我最近的灭火器准备灭火。浓烟充斥着寝室的各个角落，走廊也是雾蒙蒙的，让人无法顺畅地呼吸。我和另一名不知名的同学一起，三进三出，仅我一人就用光了三瓶灭火器，终于将大火控制住。在灭火过程中，四号床的衣柜门板突然倒了下来，险些将我们砸中，所幸没有人员受伤。但四号床位的衣柜以及桌面上的电脑已经被烧得面目全非。而我也在保安人员赶到后离开了现场。

事后，有人问我：当时你怕不怕？我的回答是：怕。但为什么我觉得怕还会义无反顾地冲进那片火场？因为我是一名战士，即使现在还只是一名预备军人，但是为人民服务的宗旨已牢牢地刻印在我心中。我也曾想过逃避，想过有其他人会去救火，但是在那种严峻的情形下，容不下半点迟疑，每延误一分一秒，都会让在火场里的人增添万倍的危险，所以我没有犹豫。

这一次经历对我而言是一种历练，它使我变得更加勇敢，让我懂得了再次面临这种情况时该如何更好地去处理。作为一名准军人，我只是做了我该做的事，只是做了一件让我大学生活更有意义的事。我相信，即使那大我没有出现在那里，也一定会有其他成航学子去扑灭那场大火，我只是碰巧跑得更快了些。

军人生来就是保家卫国的。普通百姓是国家的重要组成部分，我们军人就更应该尽全力去保护他们。我们不断加强我们的力量，就是为了去守卫老百姓的幸福，保护人民群众的安全，保护国家财产的安全，我们义不容辞。因为这是我们作为军人的职责。

对于我，这次经历也是一种鞭策，我将坚持把这次经历作为一次纯洁思想、戒骄戒躁、坚定信念、提高素质、扎实作风的契机，在今后的军旅生涯中依照首长和领导的安排，搞好学习，并通过认真学习，实践创新，为学院各方面建设献计献策。为学院、为中队树立良好榜样形象。

在此，我非常感谢大家对我的支持和鼓励。虽然我还有许多不足的地方，但是我会努力学习，不忘初心，继续前行，以更好的姿态，更佳的状态，对待本职工作，成为一名合格的爱岗敬业的军人。

敬礼！

4 国奖获得者·好人榜学生风采

4.1 成航国家奖学金获得者风采

4.1.1 2014 年国家奖学金获得者

陈　程：管理工程系，会计专业，412322 班

主要事迹：共青团员；曾担任助教，为人诚恳；热爱学习，2012—2013 和 2013—2014 学年综合素质测评连续全班第一，已通过大学英语四级考试，曾获得四川省高职院校会计手工与信息化处理大赛三等奖、院一等奖学金、实用英语写作大赛二等奖、百科知识竞赛二等奖、三好学生、学习标兵等。

座右铭：爱学出勤奋，勤奋出天才。

李孝军：汽车工程系，汽车检测与维修专业，512313 捷豹路虎班

主要事迹：中共预备党员；担任系捷豹路虎班班长；与同学间和睦相处，积极锻炼自身能力，综合素质较好；每学期学习成绩均名列班级前茅；在 2014 年全省汽车检测与维修技能大赛中荣获团体一等奖，并代表四川省参加了该项全国比赛；曾获学院优秀学生干部称号、三等奖学金等。

座右铭：天行健，君子当以自强不息！

胡星夜：民用航空服务系，物流管理专业，812321班

主要事迹：中共预备党员；曾任系学生会组织部部长；一直以学习为重心，大一通过大学英语四级考试，两学年综合素质测评连续全班第一；曾获国家励志奖学金、全国发明杯创新创业大赛二等奖、院英语经典电影对白模仿大赛二等奖、系物流管理技能大赛三等奖、系工作积极分子、系优秀学生干部、院“三下乡”优秀个人、院优秀团干部等。

座右铭：梦想是一定要有的，万一实现了呢？

叶　开：航空电子工程系，应用电子技术专业，212342班

主要事迹：中共预备党员；曾任系学生会学习部部长、班级助教、心理委员、青年志愿者；2012—2013和2013—2014学年必修课成绩、综合素质测评连续全班第一，已通过大学英语六级、全国计算机等级一级考试；曾获院特等奖学金，院三好学生称号、院学习标兵称号、院听力大赛一等奖，英语经典电影对白模仿大赛一等奖、实用英语口语大赛二等奖、系班级文化与寝室文化先进个人等。

座右铭：人生就是不断地奋斗，天道酬勤。

何　朋：建筑工程系，建筑工程技术专业，312313班

主要事迹：中共预备党员；担任班宣传委员，积极为同学服务；学习刻苦努力，成绩在专业内排名第一；积极参加各项活动和比赛，曾获国家励志奖学金、省高职院校测绘技能大赛四等水准测量二等奖、全国“鲁班杯”建筑工程识图大赛二等奖、院优秀团干部、“三下乡”优秀个人等。

座右铭：多学点，不吃亏。

李梵音：计算机工程系，通信技术专业，612341 班

主要事迹：中共预备党员；曾任系团总支组织部干事，班级心理委员；学习刻苦努力，已通过大学英语四级、六级和全国计算机二级考试，综合素质测评排名班级第一；曾获海克斯康二等奖学金、三好学生、优秀学生干部、学习标兵、军训优秀学员等称号；曾作为一名国际志愿者赴印度尼西亚进行支教等活动。

座右铭：每天务必做一点你不愿意的事情，它可以使你养成认真尽职而不以为苦的习惯。

张　强：航空制造工程系，数控设备应用与维护专业，112331 班

主要事迹：中共预备党员；担任班长、学院国旗班长、辅导员助理；始终把学习放在首位，成绩名列前茅；曾获国家励志奖学金、海克斯康一等奖学金、学习标兵称号、社联汇报表演二等奖、优秀青年志愿者称号、省数控机床装调、维修与改造二等奖、省第六届数控技能大赛数控装调维修工赛项第二名等。

座右铭：做好自己现在的事，那就是你的未来

陈俊卓：计算机工程系，计算机网络技术专业，612312 班

主要事迹：中共预备党员；担任班长、辅导员助理、系自律社学生干部、院学生公寓管理中心助理；学习勤苦，专业突出，开展多个形式新颖而富有意义的活动；奉献精神强，任系剧艺队导师、“1 + 3 ”前进加油站课程导师，多次授课并获得好评。荣获院特等奖学金、三好学生、优秀团员、学习标兵、“三下乡”优秀个人等称号。

座右铭：用青春书写激情，用奉献诠释自我。

陈　琪：民用航空服务系，航空服务专业，812312 班

主要事迹：中共预备党员；担任班学习委员、系学生会主席；学习勤奋刻苦，成绩优异，专业成绩保持年级第一；曾获省大学生综合素质 A 级证书、国家励志奖学金、院三好学生称号、学习标兵称号、“三下乡”优秀个人称号、全国“发明杯”创新创业大赛三等奖、院舞蹈大赛一等奖、系优秀学生干部及优秀党员等。

座右铭：只要路是对的，就不怕路远。

林　洋：电子工程系，电子测量技术与仪器专业，212321 班

主要事迹：共青团员；担任班卫生委员、院学生会综治部干事、书画协会外联部干事、YUKI 动漫社会员、梦想 DIY 社团会员等；学习上严于律己，注重自学；曾获院优秀团员称号、优秀学生干部称号、学习标兵称号、最美学长称号、一等奖学金、禁烟征文三等奖、英语经典电影对白模仿大赛优胜奖、系汉语听写大赛二等奖、心理手抄报三等奖、书法优秀奖等。

座右铭：我不希望你成为一名懦夫。

李帅东：航空维修工程系，机电设备维修专业，712316 国航班

主要事迹：中共预备党员；担任班长；认真落实“做对第一件事情，优秀是一种习惯”的要求，积极进取，一直名列班级第一，大一时通过大学英语四级考试；曾获全国大学生机械创新设计大赛二等奖、大学生数学建模大赛四川赛区二等奖、优秀学生干部称号、学习标兵称号、国家励志奖学金、省大学生综合素质 A 级证书等。

座右铭：一分耕耘，一分收获。

4.1.2 2015 年国家奖学金获得者

文　诗：航空电子工程系，应用电子技术专业，213342 班

主要事迹：中共预备党员；2013—2014 学年、2014—2015 学年学习成绩均名列本系年级第一，已通过英语四级、六级考试；积极参加学院英语口语、写作、听力等比赛，获两次一等奖、四次三等奖；曾获国家励志奖学金、学院三好学生、学习标兵等称号。

座右铭：立身以立学为先，立学以读书为本。尽力做好自己该做的事，时间会予以馈赠。

张　雷：航空制造工程系，数控设备应用与维护专业，113331 班

主要事迹：共青团员；担任团支部书记、辅导员助理；2013—2014、2014—2015 学年学习成绩均名列全系前茅，已通过英语四级考试、普通话一级乙等；曾获国家励志奖学金、学院辩论赛第三名、英语口语竞赛三等奖；曾获学院三好学生、优秀团干部、优秀青年志愿者、首届“感动成航”学雷锋优秀志愿者等称号，获四川省大学生综合素质 A 级证书等。

座右铭：机会永远留给有准备的人。

陈路桥：建筑工程系，楼宇智能化工程技术专业，313351 班

主要事迹：中共党员；担任班长；2013—2014 学年、2014—2015 学年专业成绩和综合素质测评均名列班级第一；曾获国家励志奖学金、学院优秀学生干部称号、三好学生称号、学习标兵称号、社会实践优秀奖、第五届科技文化周先进工作者、2015 年“成航学生好人榜”诚实守信类提名奖等。

座右铭：你必须万分努力，才能看起来毫不费力。

王逸飞：汽车工程系，机电一体化技术专业，514321班

主要事迹：共青团员；担任班长；2014—2015学年学习成绩名列本系年级第一，综合素质测评名列本系年级第一，已通过国家计算机二级C语言考试等；曾获学院三好学生、学习标兵、优秀军训学员等称号，以及2015年“成航学生好人榜”勤奋上进类提名奖等。

座右铭：成大事不在于力量的大小，而在于能坚持多久。

段佐礼：管理工程系，会计专业，413324班

主要事迹：中共党员；曾担任班级学习委员、学院无偿献血队队长；学习成绩优异，2014—2015学年综合素质测评名列班级第一；曾获学院“5·25”心理情景剧一等奖、企业沙盘竞赛二等奖、百科知识竞赛三等奖，全国高职高专“发明杯”二等奖，全国无偿献血志愿者服务一星级奖，曾获学院三好学生、优秀学生干部、“三下乡”优秀个人等称号。

座右铭：今天不走，明天跑也不一定跟得上。

蔡清州：计算机工程系，计算机应用技术专业，13331班

主要事迹：中共党员；曾担任班长、系信息技术志愿服务队队长、系自律社思政部部长、系学生会学习部干事；2014—2015学年名列年级第一，通过红帽RHCSA认证；曾获学院英语经典对白模仿竞赛二等奖；曾获三好学生、学习标兵、优秀学生干部、优秀团员、首届“感动成航”学雷锋优秀志愿者、优秀青年志愿者、最美学长等称号。

座右铭：业精于勤，荒于嬉；行成于思，毁于随。

袁 林：航空维修工程，航空机电设备维修专业，713319 班

主要事迹：共青团员；曾担任班级生活委员、院团委社会实践部干事；2013—2014 学年、2014—2015 学年学习成绩分别名列全班第一、全系第一；曾获 2014 年国家励志奖学金、全国飞机发动机拆装调试与维修大赛三等奖；曾获学院三好学生、学习标兵、优秀学生干部、优秀团员、优秀青年志愿者等称号，曾获“舞所不致”校园舞蹈大赛一等奖等。

座右铭：循序渐进，不求立竿见影；因人而异，不可千篇一律。

陈 欢：民用航空服务系，航空服务专业，814314 班

主要事迹：中共预备党员；担任班长、系学习会学习部干事和海乘班辅导员助理；2014—2015 学年名列专业第一名；曾获学院第一届寝室才艺大比拼三等奖，系“飞扬青春舞步”啦啦操一等奖、“5·25”心理情景剧比赛一等奖；曾获学院三好学生、学习标兵、党校优秀学员，系先进志愿者、假期企业实践积极分子等称号。

座右铭：天道酬勤，持之以恒。

黄 兵：航空维修工程系，材料成型与控制技术专业，713331 班

主要事迹：中共党员；曾任班级心理委员；2013—2014 学年、2014—2015 学年均名列班级前茅，曾获学院三好学生、学习标兵等称号；曾获国家励志奖学金、学院英语电影对白模仿大赛二等奖、全国高职高专“发明杯”二等奖；曾获 2014 年全国碳纤维机翼竞赛一等奖、2015 年世界 SAMPE 巴尔的摩学生桥梁竞赛工字梁冠军等。

座右铭：物竞天择，适者生存。

4.1.3　2016 年国家奖学金获得者

雷雅涵：民航运输学院，航空服务专业，814312 班

主要事迹：中共预备党员；担任民航运输学院文艺部部长；在校期间专业成绩名列前茅，2015 学年至 2016 学年排名第一，曾获国家奖学金、一等奖学金；先后获得“三好学生”“学习标兵”“先进工作者”“优秀团员”“社会实践优秀个人”称号，“发明杯”全国高职高专创业创新大赛二等奖、四川省大学生综合素质 A 级证书、2015 年参加第九届残奥会暨第六届特奥会开幕式表演获荣誉证书等。

座右铭：勿忘初心，方得始终。

汪思灼：信息工程学院，电子工艺与管理专业，214362 班

主要事迹：中共预备党员；担任班级班长、系学生会外联部部长；在校期间两年综测成绩均排名第一，成绩名列班级前茅；荣获国家奖学金、一等奖学金；连续两年荣获“三好学生”称号；取得英语四级证书。

座右铭：生活从不因为你是女生就怜香惜玉。

龙　文：信息工程学院，计算机网络技术专业，614312 班

主要事迹：中共预备党员；担任班级团支书、系团总支副书记；在校期间专业成绩多次名列年级第一，曾获国家奖学金、校二等奖学金；先后获得“优秀团干”“学习标兵”“优秀学生干部”称号；曾获全国高职院校技能大赛计算机网络应用大赛四川省一等奖，全国三等奖，思科网院杯 CCNA 西南赛区三等奖，全国赛区三奖，获得计算机网络技术与软件技术初级网络管理员中级网络工程师证书。

座右铭：千里之行，始于足下，脚踏实地，才能登上人生巅峰。

黄丹丹：信息工程学院，电子信息工程专业，214311 班

主要事迹：中共预备党员；担任班级学习委员、助教；在校期间综合成绩多次名列第一，曾获国家奖学金、国家励志奖学金；先后获得“三好学生”“学习标兵”“优秀学生干部”称号；曾获 2016“IT”杯四川省大学生电子竞赛一等奖、校英语经典电影对白模仿比赛一等奖等。

座右铭：言必信，行必果。

李　婷：机电工程学院，电气自动化专业，214332 班

主要事迹：中共预备党员；担任团支书、15 级助教；在校期间专业成绩名列班级第一，曾获国家励志奖学金；先后获得“三好学生”“学习标兵”“优秀团干部”“优秀志愿者”称号；曾获第十届全国高职高专“发明杯”大学生创新创业大赛二等奖。

座右铭：这一刻努力做，下一刻容易做。

杜　坤：汽车工程学院，汽车检测与维修技术专业，514312 班

主要事迹：共青团员；担任班级体育委员；在校期间每学年专业成绩名列年级第一；曾获得国家励志奖学金；先后获得“三好学生”“学习标兵”“优秀团员”“社会实践优秀个人”称号；曾获成都航院首届实用英语阅读比赛一等奖；通过汽车中级维修工考核认证。

座右铭：没有实力的愤怒毫无意义。

赵　婷：管理学院，物业管理专业，414312 班

主要事迹：中共预备党员；担任院社团联合会纪检部部长、415332 班助教；一直秉承“诚信做人，踏实做事”的原则，严以律己、学习刻苦，综合素质测评成绩全系第一、学习成绩名列前茅；曾获四川省大学生综合

素质 A 级证书、国家励志奖学金、校“三好学生”“学习标兵”“社会实践优秀个人”“优秀团干部”、2016 年“党员发展对象培训优秀学员”等称号；曾获成都航院学习经验交流会三等奖、管理学院手工艺大赛二等奖等。

座右铭：自己不努力，就不要抱怨世界对你不公。

邓德川：航空工程学院，航空机电设备维修专业，714318 班

主要事迹：中共预备党员；大一担任团支书、系学生会宣传部干事、大二担任学习委员；大一大二专业成绩及综测成绩均为班级第一，以全系综测排名第一的成绩入选国航班，已通过大学英语四级并取得普通话二级甲等证书、SYB 证书、维修电工证、装配钳工证；获得国家励志奖学金，获得“省优秀毕业生”、2014—2015 年度及 2015—2016 年度“三好学生”“学习标兵”称号；曾获“思源致远，扬我航院”校史知识竞赛一等奖、校舞蹈大赛二等奖、军训优秀学员、系民航法规知识竞赛一等奖、书法大赛一等奖等。

座右铭：师长技，持之以恒，为己豪。

青　波：航空工程学院，材料成型与控制技术专业，714331 班

主要事迹：中共预备党员；担任班长、辅导员助理；2015 至 2016 学年综合素质测评成绩名列全系第一；曾获 2015 年国家励志奖学金、四川省大学生综合素质 A 级证书、校“优秀学生干部”称号、2017 届省级优秀毕业生称号；曾获 2016 年第八届 SAMPE 超轻复合材料天然纤维桥梁全国冠军、2015 年省级创新创业实践项目《树脂基复合材料维修技术》项目负责人、校运动会三级跳远第二名等。

座右铭：追求完美的程度决定成就的高度。

熊　成：建筑工程学院，建筑工程技术专业，314313 班

主要事迹：共青团员；担任班长，学院 BIM 技术工作室成员；在校期间专业成绩多次名列专业第一，综合素质测评年级第一；曾获国家奖学金、国家励志奖学金；学年获得“三好学生”“学习标兵”等称号；曾获建筑工程学院男子学生 1500 米第四名、“长辈青年时的理想调查报告”三等奖、获英语三级证书。

座右铭：不勤于始，将悔于终。

李　宁：民航运输学院，物流管理专业，814321 班

主要事迹：入党积极分子；担任体育委员；在校期间学习、综测成绩都排名第一，获得国家奖学金；先后获得“优秀团员”“社会实践优秀个人”“优秀学生干部”称号；曾获得全国高职高专创业创新大赛“发明杯”三等奖、大学英语四级证书、物流技能大赛三等奖、民航运输学院“借阅之星”二等奖、百科知识竞赛一等奖、“助学铸人筑梦”征文一等奖等。

座右铭：业精于勤、荒于嬉，行成于思、毁于随。

4.1.4　2017 年国家奖学金获得者

凌荣巧：信息工程学院，电子信息工程技术专业，215314 班

主要事迹：共青团员；担任班长；在校期间专业成绩名列前茅；曾获校级奖学金；获得“三好学生”称号；大一通过大学英语四级考试，大二获得电工证、无线电调试工证、分别获得两个计算机二级证书、全国大学生数学建模二等奖、全国高职高专创业创新大赛“发明杯”二等奖、全国百度百科知识竞赛一等奖、校绘画比赛一等奖等。

座右铭：没有伞的孩子要学会奔跑。

张鹭瑶：管理学院，会计专业，415321 班

主要事迹：中共预备党员；担任班长，管理学院第2 3 届团总支副书记；2016—2017 学年综合素质测评成绩全院第一，曾获国家奖学金、校一等奖学金等；先后获得第四届成航好人榜“勤学上进”类好人称号、四川省大学生综合素质 A 级证书、全国高等职业院校“发明杯”大学生创新创业大赛二等奖、三好学生等荣誉；积极参加三下乡、逐梦计划等社会实践活动；以第一作者身份在《中学生导报》上发表论文。

座右铭：路漫漫其修远兮，吾将上下而求索。

陈克礼：航空工程学院，航空机电设备维修专业，715313 班

主要事迹：中共预备党员；担任班长、教务处学生团队队长、学生公寓楼长；在校期间专业成绩多次名列年级第一，2016—2017 学年学习成绩、综合素质测评成绩学院第一；获国家励志奖学金；先后获得“三好学生”“学习标兵”“优秀学生干部”“优秀志愿者”“社会实践优秀个人”“优秀教学管理信息员”“优秀安全员”称号；获学校主题活动一等奖、学院心理知识竞赛二等奖；通过大学英语四级考试、获普通话一级乙等、中级钳工、中级电工等证书。

座右铭：天道酬勤，勤能补拙。

姚婷婷：民航运输学院，物流管理专业，815322 班

主要事迹：中共预备党员，担任精英班团支书，英语课代表，获国家奖学金、国家励志奖学金，通过了大学英语四级、计算机二级考试，综测成绩排名学院第一，连续两届获得校级“三好学生”，先后获得“勤学上进”类好人、“学习标兵”、党支部先进个人、社会实践优秀个人、优秀志愿者、优秀部员等称号，获得第一届成都航院“发明杯”大赛二等奖、书法比赛二等奖、参与发现创意成长作品三

等奖等。

座右铭：志存高远，勤能补拙。

熊 芯：汽车工程学院，汽车电子技术专业，215351 班

主要事迹：共青团员；担任班级宣传委员；在校期间专业成绩连续两年名列专业第一，获国家奖学金、校一等奖学金；连续两年获得“三好学生”称号；曾获四川省智能汽车竞赛三等奖，全国大学生“恩智浦”杯智能汽车竞赛西部赛区一等奖，全国大学生电子竞赛“TI”杯四川赛区一等奖、国家二等奖，第一届成航发明杯 2 项二等奖，提名成航好人榜“勤学上进”类好人。

座右铭：以责人之心责己，以恕己之心恕人。

4.2 成航学生好人榜上榜者风采

4.2.1 2014 年成航学生好人榜

4.2.1.1 “勤学上进”好人榜

李帅东：航空维修工程系，712316 班

主要事迹：国家奖学金、国家励志奖学金获得者。在校期间先后获得“学习标兵”称号、全国大学生数学建模竞赛四川赛区二等奖、第六届全国大学生机械创新设计大赛二等奖、四川省大学生“综合素质 A 级证书”等。

勉励语：海阔凭鱼跃，天高任鸟飞。只要有实力，有信心，有胆量，就没有到达不了的顶峰。

陈　琪：民用航空服务系，812312 班

主要事迹：国家奖学金、国家励志奖学金获得者。在校期间专业成绩多次名列年级第一，先后获得“三好学生”“学习标兵”“优秀学生干部”称号，“发明杯”全国高职高专创业创新大赛三等奖、校舞蹈大赛一等奖、四川省大学生综合素质 A 级证书等。

勉励语：博学之，审问之，慎思之，明辨之，笃行之。

何　朋：建筑工程系，312313 班

主要事迹：中共预备党员，2013 年国家励志奖学金、2014 年国家奖学金获得者。在校期间先后获得“三好学生”“学习标兵”“优秀团干部”等称号，取得全国计算机二级证书，2014 年四川省测绘技能大赛中荣获二等奖，全国第二届“鲁班杯”建筑工程识图技能竞赛中荣获个人赛二等奖等。

座右铭：多学点，不吃亏。

林　洋：航空电子工程系，212321 班

主要事迹：国家奖学金、省级优秀毕业生获得者。在校期间先后获得“三好学生”“学习标兵”“优秀学生干部”称号；通过大学英语六级考试、获得普通话二级甲等、计算机二级证书以及各类校级以上竞赛奖证数个。

勉励语：我不希望成为一名懦夫！

4.2.1.2　“助人为乐”好人榜

陈　钰：管理工程系，414323 班

主要事迹：2014 年 6 月高考结束后参加蓬溪县“青年志愿者三下乡”、四川省残疾人运动会志愿者服务；2014 年 9 月入校以来又参加中航工业专场招聘志愿者服务、到敬老院慰问孤寡老人等各类义工服务活动。

勉励语：爱，让一个人由内而外美丽。

唐一丹：管理工程系，413332 班

主要事迹：2013 年 6 月，将募集的近四千个本子及废书变卖所得捐赠给山区小学；与同学成立“薄荷水助学商社”，将义卖所得购买体育用品捐赠给“麦田计划”；参加省运会志愿者服务，获得“优秀志愿者”称号；2014 年 9 月，将兼职所得工资和省运会志愿者补贴捐给新浪微公益用于助养抗战老兵和弃婴。

勉励语：授人玫瑰，手有余香。

周　杨：航空电子工程系，213345 班

主要事迹：在 2013 年高考结束后，自发组建成立“一缕阳光志愿队”，其志愿者团队专项帮扶、资助我校学生、留守儿童、孤寡老人、工伤病人达十余人次，其团队已累计捐款 3604 元，物品数十件。

勉励语：少埋怨环境，多改变自己；少说闲话，多干事实。

4.2.1.3　“孝老爱亲”好人榜

代艳红：建筑工程系，313322 班

主要事迹：2014 年 4 月，代艳红的父亲在建筑工地做工发生高空坠落

事故，造成肺部压缩 30%，6~12 根肋骨粉碎件骨折，病情危急。家中 88 岁高龄奶奶多病，母亲在家务农，弟弟正上初中，此时家庭重担一下压到了代艳红的身上，她既要承担起照顾住院的父亲，又要兼职为自己和弟弟赚取生活花销，还要想办法为父亲筹措医疗费用，并对推脱责任的工地老板展开法律维权。没钱聘律师，她就自学相关法律、自己撰写证明材料、取证录像、申请司法鉴定、办理劳动仲裁。代艳红的坚持和付出终于有了回报，父亲的病情已得到控制并好转，父亲的工伤也得到了赔偿。

勉励语：千万经典，孝义为先。

刘海川：航空电子工程系，213344 班

主要事迹：2014 年 4 月，刘海川的母亲被检查出患先天恶性泥沙结石，在经历三次手术失败后被迫更换肝脏，住院治疗长达一年，花费约 90 万元。刘海川面对困境，一方面在医院悉心照料母亲，一方面暑假在光雾山旅游公司做兼职导游赚钱，并在此期间考取职业资格证 3 项，获各类比赛一等奖 4 次、受学院表彰 3 次等殊荣。

勉励语：人的强大不是内心的隐忍，而是在经历苦难时，不消极，不堕落，依然坚定地努力向前。

4.2.1.4 “诚实守信”好人榜

陈　智：计算机工程系，613332 班

主要事迹：2013 年 9 月至今，陈智每周五下午总是按时到实训楼清扫机房，周末准时出现在龙泉汽车总站义务疏导工作的现场，定期去敬老院看望老人，并为老人们如约做好每一件事，践行着诚之真、信之美。

勉励语：量己而行，量力而行，量时而行。

4.2.2 2015 年成航学生好人榜

4.2.2.1 “勤学上进”好人榜

杜定钟：航空制造工程系，数控技术专业，113312 班

主要事迹：2015 年学院特等奖学金获得者。在校期间取得实用新型专利 2 项，申请发明专利 1 项，先后获得全国高职高专“发明杯”一等奖、三等奖，首届中国“互联网+”大学生创新创业大赛银奖，2015 成都创意设计周金奖，学院三好学生等.

勉励语：不相信奇迹，只相信努力。越努力、越幸运。

文　诗：航空电子工程系，应用电子技术专业，213342 班

主要事迹：2014 年国家励志奖学金、2015 年国家奖学金获得者。在校期间先后在各类英语竞赛中获两次一等奖、四次三等奖，获得学院三好学生、学习标兵等称号；两学年学习成绩均名列本系年级第一，已通过大学英语四级、六级考试。

勉励语：Stay hungry，stay foolish.（求知若饥，虚心若愚。）

曹雄：建筑工程系，工程造价专业，313331 班

主要事迹：2014 年国家励志奖学金、2015 年海克斯康一等奖学金获得者。在校期间先后获得 2015 年全国 BIM 技能应用网络大赛高职组二等奖、学院英语电影对白模仿比赛一等奖等；获得学院三好学生、学习标兵等称号，已通过大学英语四级考试。

勉励语：我可以承认自己笨，但绝对不承认自己懒惰；因为拼搏，所以精彩。

陈　欢：民用航空服务系，航空服务专业，814314 班

主要事迹：2015 年国家奖学金获得者。2014—2015 学年名列专业第一名。在校期间先后获得学院三好学生、学习标兵、党校优秀学员，系先进志愿者、假期企业实践积极分子等称号；已通过英语三级，取得普通话二甲证书，在校内的各项比赛中多次获奖。

勉励语：天道酬勤，持之以恒。

4.2.2.2　“助人为乐”好人榜

蔡清州：计算机工程系，计算机应用技术专业，613331 班

主要事迹：2015 年学院优秀青年志愿者、志愿服务标兵、首届“感动

成航”学雷锋优秀志愿者。2014 年以来，带领信息技术志愿者服务队的同学们义务为全校师生提供电脑检修、打印设备安装等技术支持；到社区参加一系列志愿服务活动；还积极参加学院机房卫生打扫、无偿献血等志愿者活动。

勉励语：有一份热，发一份光。

旷心怡：计算机工程系，计算机应用技术专业，613331 班

主要事迹：2015 年学院优秀青年志愿者。在校期间加入学院青年志愿者队伍，参与龙泉驿区“国际桃花节”志愿者服务，清理景点垃圾；在东山国际社区参加义务家教、陪护儿童等一系列社区志愿者服务，还积极参加暑期“三下乡”志愿者活动、无偿献血等。

勉励语：成长的速度必须超过父母老去的速度。

赵梦瑶：民用航空服务系，航空服务专业，814314 班

主要事迹：成都市血液中心“2015 年无偿献血形象大使”，获得青年志愿者证书。在校期间积极组织并参加院、系举行的各项志愿服务活动，包括社区服务、敬老院慰问、绿色回收活动、过马路文明劝导、义务献血等，从点点滴滴做起，并带动身边更多人为公益奉献爱心。

勉励语：用爱心做事，用感恩之心做人。

4.2.2.3　“孝老爱亲”好人榜

许红群：计算机工程系，通信技术专业，615342 班

主要事迹：从小父母离异，父亲外出务工，她担起照顾家中老人的责任。2015 年，年迈的奶奶在家因干重活摔伤腿，她独自送奶奶去医院，四处借钱做手术，照顾病床上的奶奶，包揽一切无怨无悔。其叔叔因患直肠癌离世，婶婶改嫁，她又担起照顾堂妹的担子，在平凡的生活中演绎着点点滴滴的亲情故事。

勉励语：爱家人、爱身边人、爱整个社会和国家。

4.2.2.4 “诚实守信”好人榜

蒲旭鸿：计算机工程系，计算机网络技术专业，614311 武警士官班

主要事迹：2014 年 12 月，他在常规巡逻执勤中，拾到有大笔现金的钱包，随即原地等候失主几小时，终将钱包归还给失主。2015 年 1 月，他在重庆建筑工地体验生活时，发现有建筑材料存在严重质量问题，于是向重庆市质量监督局电话举报。一年来，他坚持每周五下午按时到实训楼清扫机房，把诚实守信融于点滴之间。

勉励语：生活就像一面镜子，你对它微笑，它便对你微笑。

4.2.3 2016 年成航学生好人榜

4.2.3.1 “勤学上进”好人榜

青　波：航空工程学院，材料成型与控制技术专业，714331 班

主要事迹：国家奖学金、国家励志奖学金获得者；2015—2016 学年综合素质测评成绩全系第一；先后获得校“优秀学生干部”称号、四川省大学生综合素质 A 级证书、省级优秀毕业生称号；作为项目负责人，成功申报省级创新创业实践项目《树脂基复合材料维修技术》并顺利通过答辩结题、曾获 2016 年第八届 SAMPE 超轻复合材料天然纤维桥梁全国冠军、校级运动会三级跳远比赛第二名等。

勉励语：追求完美的程度决定成就的高度。

龙　文：信息工程学院，计算机网络技术专业，614312 班

主要事迹：中共预备党员；担任团支书、系团总支副书记；在校期间

专业成绩多次名列年级第一，曾获国家奖学金、校二等奖学金；先后获得“优秀团干”“学习标兵”“优秀学生干部”称号；曾获全国高职院校技能大赛计算机网络应用大赛四川省一等奖，全国三等奖，思科网院杯 CCNA 西南赛区三等奖，全国赛区三等奖，并获得计算机网络技术与软件技术初级网络管理员中级网络工程师证书。

勉励语：千里之行，始于足下，脚踏实地，才能登上人生巅峰。

胡再兴：机电工程学院，模具设计与制造专业，114323 班

主要事迹：连续两学年获得国家励志奖学金；两学年成绩分别位于班级一二名、综测学院前五；先后获得“优秀团员”“三好学生”“学习标兵”“优秀信息员”称号，全国机械创新二等奖、巴中市科技创新一等奖、数学建模二等奖等校级奖二十余项，四级/中级加工中心证等职业资格证书十余项，两次获得学院体能测试一二等奖；曾几度让出“优秀学生干部”“优秀个人”称号及三等助学金；寒暑假开办中学辅导班。

勉励语：生命犹在，奋斗常随！

岳志威：士官管理学院，航空电子设备维修专业，714321 班

主要事迹：连续两年国家励志奖学金获得者；学习成绩和综合素质成绩均排名全班第一名，连续两年获校“优秀学生干部”“学习标兵”“第五期党校优秀学员”、“党章党规条例学习优秀学员”等荣誉称号，获校级实用英语阅读比赛二等奖、演讲比赛二等奖、田径运动会男子 4×100 米第二名、辩论赛二等奖、主持人大赛优秀奖，航空维修工程系征文比赛二等奖。

勉励语：心有多大，舞台就有多大。

4.2.3.2 “助人为乐”好人榜

杨　航：管理学院，会计专业，414321 班

主要事迹：“中华人民共和国第九届残疾人运动会暨第六届特殊奥林匹克运动会”开幕式表演志愿服务者，管理学院残奥会工作学生总负责人，协助老师开展关于残奥会的各项工作，带领学院 203 名女生克服困难，积极完成开幕式表演任务；“志愿四川”青年志愿者，到广安协兴生态文化旅游园区深入实践一个月，参加系列志愿服务活动；在校担任学院团总支副书记期间，参与包括成都航院 2016 年暑期“三下乡”、社区服务、义务家教等社会公益活动。

勉励语：Smiling always helps.（微笑总是有用的。）

熊梓延：民航运输学院，空中乘务专业，812314 班

主要事迹：成绩名列前茅，总成绩 907.85，操行双优，担任 816319 助教，招生队队长。曾获二等奖学金、凉山州国际火把节“优秀志愿者”、班级管理二等奖、党校优秀学员、五星寝室、优秀会员、招生队先进个人、军训优秀学员等。在生活中资助了四川某贫困地区的两名小女孩，在各种社交平台为她们筹集爱心衣物、文具等，取得了她们的信任。

勉励语：唯宽可以容人，唯厚可以载物。

鲁登国：航空工程学院，航空机电设备维修专业，715314 班

主要事迹：周末空闲时间，组织志愿者到龙泉敬老养老中心看望老人；为帮助阿坝州的一所孤儿学校的孩子抵御寒冬，组织“两元基金”志愿活动；为了将不能再次使用的物资进行回收再造，组织“绿色离校”活动。在“2016 全国飞行器设计夏令营暨科研类飞行器设计挑战赛”中作为一名志愿者进行了志愿服务；是义务献血

队伍中的一员，也是日常清扫教学楼同学身影中的一个。

勉励语： 得之坦然，失之淡然，顺其自然，争其必然。

钱春池：士官管理学院，计算机网络专业，615311 班

主要事迹： 获得校一等奖学金，在校期间班级排名前五名，2015—2016 年度新生军训获得“优秀学员”称号，2016 年第二学期荣获“优秀学生干部”称号，2016 年 10 月被任命为士官管理学院学员大队四中队副中队长，帮助同学，积极参与各项活动，拾金不昧，乐于助人。

勉励语： 做优秀准军人，创士官新风采。

4.2.3.3　“孝老爱亲”好人榜

朱作为：士官管理学院，计算机网络技术专业，614311 班

主要事迹： 第一届武警士官班班长，四中队中队长，一等奖学金、四川省高等院校建设学生先进个人；先后获得校“优秀学生干部”、党员发展对象培训“优秀学员”称号；他关爱亲人、同学，他主动要求照顾生病的爷爷，主动把孤僻的表弟接到家中；在班级与全中队里，他照顾帮助同学，备受好评。他号召身边的人去敬老院做义工，他自导自演孝老爱亲主题情景剧《追梦赤子心》，给身边的人以启迪。

勉励语： 太阳每天都是新的。

李小强：信息工程学院，电子工艺与管理专业，215362 班

主要事迹： 5 岁父母离异，自小由父亲养大，父亲今年 73 岁，患有帕金森综合征、脑梗塞等病，肢体四级残疾。17 岁时，开始持家并照顾父亲的起居。补习的时候，每日奔波在医院和学校间照顾重病的父亲。考入大

学后，带着父亲在学校外面租 10 平方米的小房，照顾父亲起居。为了生活费和给父亲筹集医药费，一有空就去做兼职补贴家用。和班上同学友好相处，尊敬老师，学习成绩在班上及专业均名列前茅。

勉励语：生活充满了选择，而生活的态度就是一切。

4.2.3.4 “诚实守信”好人榜

顾杰：士官管理学院，计算机网络技术，614311 班

主要事迹：第一届武警士官班组织委员，“人无信不立”是他的指路灯，他在生活每一件小事中实践这样的信仰。他无意中损坏他人财产时，勇于主动承认错误并承担责任；购物意外发现超市检测系统发生故障时，不贪图小便宜，并主动告知工作人员；在游泳馆做救生员兼职，尽本分、守信用，工作期间从未发生一起事故；参与逐梦计划，坚守原则，拒绝诱惑，重视承诺，从始至终，完美地完成实践。

勉励语：命运负责洗牌，但是玩牌的是我们自己！

4.2.4 2017 年成航学生好人榜

4.2.4.1 “勤学上进”好人榜

张鹭瑶：管理学院，会计专业，415321 班

主要事迹：中共预备党员；担任班长、管理学院第 23 届团总支副书记；2016—2017 学年综合素质测评全院第一，曾获国家奖学金、校一等奖学金；先后获得校“三好学生”“优秀团干部”等荣誉称号、四川省大学生综合素质 A 级证书、省级优秀毕业生。曾获第十二届高等职业院校“发明杯”大学生创业创新大赛二等奖，成都航院第一届发明杯比赛 2 个一等奖；作为第一作者在《中学生导报》上发表论文。通过大学英语四级考试、获得会计从业资格证等证书。

勉励语：君子可欺之以方，难罔以非其道。

姚婷婷：民航运输学院，物流管理专业，815322班

主要事迹：担任精英班团支书，获国家奖学金、国家励志奖学金，通过了大学英语四级、计算机二级考试，综测成绩排名学院第一，连续两届获得校级“三好学生”，先后获得“学习标兵”、党支部先进个人、社会实践优秀个人、优秀志愿者、优秀部员等称号，第一届成都航院“发明杯”大赛二等奖、书法比赛二等奖、参与发现创意成长作品三等奖等。

勉励语：志存高远，勤能补拙。

陈克礼，航空工程学院，航空机电设备维修专业，715313班

主要事迹：国家奖学金、国家励志奖学金获得者；在校期间专业成绩多次名列年级第一，2016—2017学年学习成绩、综合素质测评成绩学院第一，先后获得校“三好学生”“学习标兵”“优秀学生干部”“社会实践优秀个人”“优秀志愿者”“优秀教学管理信息员”“优秀安全员”称号；学校主题活动一等奖，学院心理知识竞赛二等奖，取得英语四级、普通话一级乙等、中级钳工、中级电工等证书。

勉励语：对人诚恳、做事负责、多结善缘。

4.2.4.2　“助人为乐”好人榜

张天强：汽车工程学院，汽车检测与维修专业，515312班

主要事迹：他从2015年08月至2017年12月，总共无偿献血8针次，其中全血900 ml，单采血小板8个治疗量，每捐献一次血小板治疗量按照800 ml全血计算，总量为7300 ml，相当于两个50 kg成年人的全身血量。他担任捷豹路虎班体育委员、获得2015级新生军训优秀学员荣誉称号、汽车工程学院田径运动会男子3000米项

目第四名、获得班级优秀学生干部称号、获得 SYB 培训合格证书等。

勉励语： 勿以善小而不为，勿以恶小而为之！

邓世轩：建筑工程学院，建筑装饰工程技术专业，315321 班

主要事迹： 学校成航电视台台长，获得“社会实践优秀个人”“易班网络活雷锋”等称号。校内外多次参加志愿活动，利用特长在现实和网络中帮助他人。2015 年成为百度地图公交志愿者，使用设备实地采集公交站点位置及线路轨迹数据，整理上传至百度地图服务亿万查询公交线路的用户。同时在百度知道平台解答网友提问，被选入“百度知道顾问团”，仅一年时间回答采纳率达 90%，直接或间接帮助超过 15 万人。

勉励语： 穷则独善其身，达则兼济天下。

4.2.4.3　“孝老爱亲”好人榜

薛国庆：信息工程学院，通信技术专业，616341 班学生

主要事迹： 他关爱老人，主动帮助同学，主动担起家庭重担。父母是地道的农民，靠务农维持生计。父母年纪过大，且都患有重度糖尿病，为了减轻家里的经济负担，他在学校参加多个勤工俭学岗位，不会主动向家里多要一分钱，尽量让父母对他少操心。他在班里担任班长，院学生会副主席，国家励志奖学金获得者；专业成绩第三，综测排名第一；先后获得学生会“优秀个人”“优秀学生干部”、党员发展对象培训班“优秀学员”称号。

勉励语： 做有用之人，必当行有用之事。

杨天华：士官管理学院，飞机电子设备维修专业，716322 班

主要事迹： 爸爸在小学因病去世，他告诉自己以后要靠自己担起家里的担子。利用假期打工，帮妈妈做生意；包揽家务，照顾年迈的外婆；积

极参加到敬老院慰问老人的活动，给他们带去关怀和问候！他荣获校级三等奖学金；专业成绩稳定在班级前五名内；先后获得“自律社优秀干事”“易班先进个人”“大学生环保知识竞赛优秀奖”并取得英语三级证书等。现是党员发展对象，担任 717321 班区队长，曾担任院第二批军训教官。

勉励语：不管现实如何，我相信自己，我也相信未来！

4.2.4.4　“诚实守信”好人榜

魏来：民航运输学院，空中乘务专业，816318 班

主要事迹：她在环球洲际酒店实习期间拾到 7000 多元主动寻找失主并归还，获得了酒店颁发的拾金不昧荣誉证书。她是入党积极分子，精英班成员，学院办公室学生助理，获得过“成航杯”羽毛球赛女子组团队赛一等奖、五星级寝室、志愿者证书等。

勉励语：宁愿做过了后悔，也不要错过了后悔。

赵浩文：士官管理学院，计算机网络技术专业，616311 班

主要事迹：曾在“国色天乡”发现一个手提包，内含现金等财物共约一万元，但他依然坚守诚实守信，等待失主并归还，他坚信“对人以诚信，人不欺我；对事以诚信，事无不成”。他曾获校级三等奖学金、“优秀学生干部”称号、士官管理学院四会教员“优秀教员”、校“第一届发明杯大赛创意类一等奖”，曾任士官管理学院学院大队五中队副指导员。

勉励语：做自己，诚待人，不违心。

4.2.4.5　“见义勇为”好人榜

刘际帅：信息工程学院，计算机网络技术专业，616312 班

主要事迹： 他是退伍军人，曾担任士官管理学院教官。获得“两次嘉奖”和“优秀士兵”荣誉称号，在入伍期间曾参加一次救火救人行动，不顾生命危险冲进正在冒着滚滚黑烟的商铺救出一位受困的老年人，得到了连队的表彰。他还是信息工程学院自律社社长，自律社优秀个人。他曾获二等奖学金，“三好学生”称号，获计算机一级、英语三级、普通话等证书，两次获党校培训优秀学员称号。

勉励语： 撞到南墙别人选择让开，而我选择推倒。

李金峪：士官管理学院，飞机电子设备维修专业，716321 班

主要事迹： 在 2017 年 6 月 28 日发现原十五栋学生公寓六楼一间宿舍失火后，他第一时间赶到宿管大厅通知宿管阿姨，并立刻赶往火灾现场，在疏散围观人群后三进三出，将大火扑灭。他曾获校级三等奖学金，连续两学期专业成绩位于班级前十；于 2016 年获得英语三级证书、2016 年军训优秀学员、士官管理学院业余党校培训优秀学员；在 2016—2017 届校团委学生办公室下半年工作中被评为优秀干事。

勉励语： 勇敢坚毅真正之才智乃刚毅之志向。

5　2011—2018 优秀学生名录

5.1　成都航院四川省优秀大学毕业生名录

5.1.1　成航 2011 届四川省优秀大学毕业生（16 人）

10833 班：力士娟	10833 班：栾晓雨
10838 班：牛　耘	10839 班：齐　彬
108312 班：杨志伟	108311 班：梁宝萍
20832 班：易治印	20836 班：张晶晶
38034 班：郑统俊	30836 班：陈意水
40831 班：于晓龙	40832 班：姜小双
40834 班：黄吉吉	40837 班：李元媛
60831 班：邓　宇	60831 班；刘　博

5.1.2　成航 2012 届四川省优秀大学毕业生（14 人）

10933 班：蓝　欣	10931 班：刘美龄
20934 班：贝为国	20937 班：廖家源
30932 班：冯　伟	30933 班：辛　振
40931 班：王晓轩	109312 班：陈科良
60931 班：吕　鹏	60933 班：李玉义
109314 班：张　冲	109316 班：王伟安
40932 班：磨珊珊	40934 班：胡　婵

5.1.3 成航 2013 届四川省优秀大学毕业生（28 人）

110311 班：赵　吕　　110331 班：程　梅
110341 班：杨　帆　　110321 班：周兴鸿
210312 班：邓　奇　　210331 班：申书浩
210342 班：马天冀　　310311 班：廖　昕
310321 班：史小纪　　310323 班：汪　萍
310331 班：蒋淑蓉　　310332 班：魏　霜
310344 班：鲍占坡　　310351 班：陈金凤
410312 班：甘　帆　　410322 班：段金媛
410324 班：李丽萍　　410331 班：何青霞
510312 班：郑　伟　　510322 班：牛腾飞
610311 班：周　凡　　610342 班：张　玉
710315 班：李　博　　710316 班：张　路
710321 班：奉宇扬　　810311 班：娄香冰
810314 班：宋　佳　　810322 班：陈泽亚

5.1.4 成航 2014 届四川省优秀大学毕业生（36 人）

111322 班：吕玉伟　　111311 班：易　鹏
111331 班：常新朋　　111341 班：杨　熠
111343 班：杨卢山　　211321 班：冯爱婷
211341 班：敬　东　　211344 班：王涵澍
211345 班：杨　阳　　211361 班：李　博
311322 班：刘　琴　　311324 班：唐　荣
311325 班：王茂林　　311325 班：刘　欢
311326 班：李海锐　　311332 班：谈馨瑶
311334 班：刘　宇　　311342 班：王丽秋
311351 班：林建琴　　411312 班：刘季鑫
411321 班：孙　乐　　411323 班：康琼文

411333 班：邓　丹　　511311 班：刘　通
511341 班：范根荣　　511321 班：罗永坤
611311 班：王志文　　611312 班：邓　越
611342 班：王　松　　711311 班：严　寒
711316 班：杨剑洪　　711331 班：雷　涛
811317 班：张迎霞　　811317 班：汪　妍
811322 班：方　欢　　811323 班：静凯奇

5.1.5　成航 2015 届四川省优秀大学毕业生（37 人）

212342 班：叶　开　　212363 班：张　珊
212312 班：梁　易　　212321 班：林　洋
212332 班：邱　林　　412312 班：陈秋吉
412323 班：邱映婷　　412331 班：帅佳慧
412332 班：赵正玉　　412322 班：陈　程
712331 班：周　萍　　712316 班：白　航
712311 班：银　进　　112321 班：叶　茜
112312 班：杨　蹇　　112331 班：张　强
112341 班：周　杰　　112311 班：熊高杰
312351 班：蔡明月　　312331 班：王　梅
312341 班：赵　鸽　　312332 班：邱　荷
312321 班：黄　喻　　312314 班：李俊柯
812312 班：陈　琪　　812315 班：郑　纯
812323 班：朱玉利　　812322 班：刘虹利
812323 班：付文利　　612341 班：朱洪嫣
612332 班：柴殷子　　612311 班：杜　肖
612352 班：王　旭　　512322 班：于亚飞
512314 班：杨乾坤　　512345 班：陈伟力
512313 班：李孝军

5.1.6 成航 2016 届四川省优秀大学毕业生（38 人）

113344 班：陈　刚　　113342 班：陈芝清
113323 班：何玉兰　　113311 班：黄　昆
113331 班：张　雷　　213344 班：李　佳
213362 班：杨　畅　　213351 班：文玉仙
213342 班：文　诗　　213312 班：张　庆
313313 班：李　成　　313314 班：郑华瑞
313322 班：黄诗韵　　313331 班：曹　雄
313351 班：陈路桥　　313352 班：何　坤
413324 班：刘　学　　413322 班：骆香来
413333 班：朱　爽　　413332 班：唐一丹
413311 班：张梦婷　　513343 班：姚宇航
513342 班：蒲坤宁　　513322 班：李　宁
513314 班：陈旭斌　　613312 班：陈　瑞
613352 班：陶　林　　613331 班：旷心怡
713311 班：余海洋　　713314 班：周　秦
713315 班：唐孟强　　713331 班：胡美云
713322 班：吴　超　　813311 班：叶　艳
813312 班：余佩遥　　813313 班：叶　贝
813321 班：王　翠　　813314 班：刘祥云

5.1.7 成航 2017 届四川省优秀大学毕业生（30 人）

114313 班：蒋婉玥　　514322 班：唐琪军
214343 班：游　亮　　214361 班：王爱琴
614312 班：罗　欣　　614342 班：高　峰
614352 班：李卓遥　　314331 班：刘志辉
314331 班：向晓军　　314332 班：杜　杰
314332 班：刘裕萍　　414311 班：严健珲

414321 班：何　欢
414321 班：杨　航
414323 班：黄鸿梅
214352 班：李　浩
514313 班：方景镭
514313 班：吴　松
514341 班：袁　帅
514343 班：杨　勇
714315 班：刘兆鑫
714317 班：李万年
714318 班：邓德川
714322 班：田志豪
714331 班：青　波
814312 班：雷雅涵
814317 班：何佳莹
814321 班：郭乔维
814321 班：梅佳敏
614311 班：蒲旭鸿

5.1.8　成航 2018 届四川省优秀大学毕业生（31 人）

115314 班：陈友媛
115346 班：但汶松
215312 班：闫智征
215332 班：明静瑜
215352 班：申鹏杰
215362 班：朱存举
315311 班：张馨予
315331 班：何金翼
315332 班：于　周
415311 班：张　宇
415312 班：包冰雨
415321 班：张鹭瑶
415322 班：卓春梅
415324 班：陈晗璐
515343 班：沈　锐
515351 班：张诺宸
615321 班：陈奕铠
615341 班：蒋　阳
615361 班：范　翔
715318 班：王家旭
715317 班：胡　舰
715323 班：胡　伟
715331 班：贾瑞宣
715322 班：王春轩
815317 班：李莘杭
815322 班：陈垚锦
8153110 班：刘　婕
8153111 班：李晨阳
8153111 班：罗文池
115342 班：沈　潇
715311 班：杨　戬

5.2 获得国家级及以上级别荣誉部分成航学生名录

序号	学生姓名	奖项名称	奖励级别	奖项等级	颁奖单位	颁奖时间
1	王雪娇、刘季鑫、蒋晓红、张静	第八届全国高职高专“发明杯”大学生创新创业大赛	全国	三等奖	中国发明协会	2013.10
2	陈春燕、肖钦丹、蒋朱霞、赵鲜	第八届全国高职高专“发明杯”大学生创新创业大赛	全国	三等奖	中国发明协会	2013.10
3	王彤羽、邱映婷、彭斌、曾琴	第八届全国高职高专“发明杯”大学生创新创业大赛	全国	三等奖	中国发明协会	2013.10
4	王志博、薛梦正	第八届全国高职高专“发明杯”大学生创新创业大赛-发明制作类	全国	一等奖	中国发明协会	2013.10
5	万刚、刘安东、曾川	第八届全国高职高专“发明杯”大学生创新创业大赛-发明制作类	全国	一等奖	中国发明协会	2013.10
6	冯亦龙、包攀	第八届全国高职高专“发明杯”大学生创新创业大赛-发明制作类	全国	一等奖	中国发明协会	2013.10
7	包攀、冯亦龙	第八届全国高职高专“发明杯”大学生创新创业大赛-发明制作类	全国	二等奖	中国发明协会	2013.10
8	何大元	第八届全国高职高专“发明杯”大学生创新创业大赛-发明制作类	全国	二等奖	中国发明协会	2013.10
9	毛铭堃	第八届全国高职高专“发明杯”大学生创新创业大赛-创意类	全国	三等奖	中国发明协会	2013.10
10	秦玉忠、钟文芳	第八届全国高职高专“发明杯”大学生创新创业大赛-制作类	全国	一等奖	中国发明协会	2013.10

续表

序号	学生姓名	奖项名称	奖励级别	奖项等级	颁奖单位	颁奖时间
11	钟文芳、秦玉忠	第八届全国高职高专“发明杯”大学生创新创业大赛-制作类	全国	三等奖	中国发明协会	2013.10
12	崔阔	第八届全国高职高专“发明杯”大学生创新创业大赛-制作类	全国	三等奖	中国发明协会	2013.10
13	罗永坤	第八届全国高职高专“发明杯”大学生创新创业大赛-创意类	全国	三等奖	中国发明协会	2013.10
14	王宇鹏、张伟	第八届全国高职高专“发明杯”大学生创新创业大赛-创意类	全国	三等奖	中国发明协会	2013.10
15	陈科颖	第八届全国高职高专“发明杯”大学生创新创业大赛-创意类	全国	二等奖	中国发明协会	2013.10
16	陈飞	第八届全国高职高专“发明杯”大学生创新创业大赛	全国	一等奖	中国发明协会	2013.10
17	谭敏	第八届全国高职高专“发明杯”大学生创新创业大赛	全国	二等奖	中国发明协会	2013.10
18	李昂	第八届全国高职高专“发明杯”大学生创新创业大赛	全国	二等奖	中国发明协会	2013.10
19	李文琦	第八届全国高职高专“发明杯”大学生创新创业大赛	全国	三等奖	中国发明协会	2013.10
20	陈飞	第八届全国高职高专“发明杯”大学生创新创业大赛	全国	三等奖	中国发明协会	2013.10
21	张潇 等	第八届全国高职高专“发明杯”大学生创新创业大赛	全国	三等奖	中国发明协会	2013.10

续表

序号	学生姓名	奖项名称	奖励级别	奖项等级	颁奖单位	颁奖时间
22	刘文秀 等	第八届全国高职高专“发明杯”大学生创新创业大赛	全国	二等奖	中国发明协会	2013.10
23	柳莲 等	第八届全国高职高专“发明杯”大学生创新创业大赛	全国	三等奖	中国发明协会	2013.10
24	陈琪 等	第八届全国高职高专“发明杯”大学生创新创业大赛	全国	三等奖	中国发明协会	2013.10
25	郭瑞 等	第八届全国高职高专“发明杯”大学生创新创业大赛	全国	三等奖	中国发明协会	2013.10
26	宁燕 等	第八届全国高职高专“发明杯”大学生创新创业大赛	全国	二等奖	中国发明协会	2013.10
27	王思妙 等	第八届全国高职高专“发明杯”大学生创新创业大赛	全国	三等奖	中国发明协会	2013.10
28	王宇 等	第八届全国高职高专“发明杯”大学生创新创业大赛	全国	三等奖	中国发明协会	2013.10
29	吴俊伟 等	第八届全国高职高专“发明杯”大学生创新创业大赛	全国	二等奖	中国发明协会	2013.10
30	张鹏杰 等	第八届全国高职高专“发明杯”大学生创新创业大赛	全国	三等奖	中国发明协会	2013.10
31	袁静	第八届全国高职高专“发明杯”大学生创新创业大赛	全国	三等奖	中国发明协会	2013.10
32	杨依琳	第八届全国高职高专“发明杯”大学生创新创业大赛	全国	一等奖	中国发明协会	2013.10

续表

序号	学生姓名	奖项名称	奖励级别	奖项等级	颁奖单位	颁奖时间
33	王思皓 等	第八届全国高职高专“发明杯”大学生创新创业大赛	全国	二等奖	中国发明协会	2013.10
34	温倩 等	第八届全国高职高专“发明杯”大学生创新创业大赛	全国	三等奖	中国发明协会	2013.10
35	赵航 等	第八届全国高职高专“发明杯”大学生创新创业大赛	全国	三等奖	中国发明协会	2013.10
36	符蓉 等	第八届全国高职高专“发明杯”大学生创新创业大赛	全国	一等奖	中国发明协会	2013.10
37	李兰 等	第八届全国高职高专“发明杯”大学生创新创业大赛	全国	二等奖	中国发明协会	2013.10
38	李强 等	第八届全国高职高专“发明杯”大学生创新创业大赛	全国	三等奖	中国发明协会	2013.10
39	廖美 等	第八届全国高职高专“发明杯”大学生创新创业大赛	全国	三等奖	中国发明协会	2013.10
40	刘茜茜 等	第八届全国高职高专“发明杯”大学生创新创业大赛	全国	二等奖	中国发明协会	2013.10
41	朱锐 等	第八届全国高职高专“发明杯”大学生创新创业大赛	全国	三等奖	中国发明协会	2013.10
42	刘光照 等	第八届全国高职高专“发明杯”大学生创新创业大赛	全国	三等奖	中国发明协会	2013.10
43	杨媛媛	第八届全国高职高专“发明杯”大学生创新创业大赛	全国	三等奖	中国发明协会	2013.10

续表

序号	学生姓名	奖项名称	奖励级别	奖项等级	颁奖单位	颁奖时间
44	林丹 等	第八届全国高职高专“发明杯”大学生创新创业大赛	全国	二等奖	中国发明协会	2013.10
45	凌欣瑞 等	第八届全国高职高专“发明杯”大学生创新创业大赛	全国	三等奖	中国发明协会	2013.10
46	何小璇 等	第八届全国高职高专“发明杯”大学生创新创业大赛	全国	二等奖	中国发明协会	2013.10
47	廖瑞琪 等	第八届全国高职高专“发明杯”大学生创新创业大赛	全国	三等奖	中国发明协会	2013.10
48	郑桦 等	第八届全国高职高专“发明杯”大学生创新创业大赛	全国	三等奖	中国发明协会	2013.10
49	李婷婷 等	第八届全国高职高专“发明杯”大学生创新创业大赛	全国	二等奖	中国发明协会	2013.10
50	刘艳 等	第八届全国高职高专“发明杯”大学生创新创业大赛	全国	二等奖	中国发明协会	2013.10
51	罗晶雪 等	第八届全国高职高专“发明杯”大学生创新创业大赛	全国	二等奖	中国发明协会	2013.10
52	姜三洪 等	第八届全国高职高专“发明杯”大学生创新创业大赛	全国	三等奖	中国发明协会	2013.10
53	栗智勇 等	第八届全国高职高专“发明杯”大学生创新创业大赛	全国	三等奖	中国发明协会	2013.10
54	王菊华 等	第八届全国高职高专“发明杯”大学生创新创业大赛	全国	三等奖	中国发明协会	2013.10

续表

序号	学生姓名	奖项名称	奖励级别	奖项等级	颁奖单位	颁奖时间
55	向洪勇 等	第八届全国高职高专“发明杯”大学生创新创业大赛	全国	二等奖	中国发明协会	2013.10
56	徐志强 等	第八届全国高职高专“发明杯”大学生创新创业大赛	全国	三等奖	中国发明协会	2013.10
57	张蕾	第八届全国高职高专“发明杯”大学生创新创业大赛	全国	二等奖	中国发明协会	2013.10
58	闫沛泽	第八届全国高职高专“发明杯”大学生创新创业大赛	全国	二等奖	中国发明协会	2013.10
59	马诗玥 等	第八届全国高职高专“发明杯”大学生创新创业大赛	全国	一等奖	中国发明协会	2013.10
60	何江艳 等	第八届全国高职高专“发明杯”大学生创新创业大赛	全国	三等奖	中国发明协会	2013.10
61	秦玉忠、钟文芳	第八届全国高职高专“发明杯”大学生创新创业大赛-发明制作类	全国	一等奖	中国发明协会	2013.10
62	钟文芳、秦玉忠	第八届全国高职高专“发明杯”大学生创新创业大赛-发明制作类	全国	三等奖	中国发明协会	2013.10
63	崔阔	第八届全国高职高专“发明杯”大学生创新创业大赛-发明制作类	全国	三等奖	中国发明协会	2013.10
64	罗永坤	第八届全国高职高专“发明杯”大学生创新创业大赛-创意类	全国	三等奖	中国发明协会	2013.10
65	王宇鹏、张伟	第八届全国高职高专“发明杯”大学生创新创业大赛-创意类	全国	三等奖	中国发明协会	2013.10

续表

序号	学生姓名	奖项名称	奖励级别	奖项等级	颁奖单位	颁奖时间
66	陈科颖	第八届全国高职高专“发明杯”大学生创新创业大赛-创意类	全国	二等奖	中国发明协会	2013.10
67	陈亮、李帅东、黄深奥、邱林、刘伟	第六届全国大学生机械创新设计大赛慧鱼组竞赛	全国	二等奖	全国大学生机械创新设计大赛	2014.4
68	王一鹏	第二届“鲁班杯”建筑工程识图技能竞赛	全国	一等奖	全国住房和城乡建设职业教育教学指导委员会	2014.5
69	孙炜、何朋	第二届“鲁班杯”建筑工程识图技能竞赛	全国	二等奖	全国住房和城乡建设职业教育教学指导委员会	2014.5
70	曾颖、杜净、梁小凤、吴浩、周柳	第五届全国高等院校斯维尔 BIM 软件建模大赛（《安装算量与清单计价》）	全国	二等奖	全国住房和城乡建设职业教育教学指导委员会	2014.5
71	曾颖、杜净、梁小凤、吴浩、周柳	第五届全国高等院校斯维尔 BIM 软件建模大赛(《建设工程 VR 仿真系统》)	全国	二等奖	全国住房和城乡建设职业教育教学指导委员会	2014.5
72	曾颖、杜净、梁小凤、吴浩、周柳	第五届全国高等院校斯维尔 BIM 软件建模大赛（《建筑设计》）	全国	二等奖	全国住房和城乡建设职业教育教学指导委员会	2014.5
73	曾颖、杜净、梁小凤、吴浩、周柳	第五届全国高等院校斯维尔 BIM 软件建模大赛（《节能设计与日照分析》）	全国	二等奖	全国住房和城乡建设职业教育教学指导委员会	2014.5

续表

序号	学生姓名	奖项名称	奖励级别	奖项等级	颁奖单位	颁奖时间
74	曾颖、杜净、梁小凤、吴浩、周柳	第五届全国高等院校斯维尔 BIM 软件建模大赛（《结构设计与结构分析》）	全国	二等奖	全国住房和城乡建设职业教育教学指导委员会	2014.5
75	曾颖、杜净、梁小凤、吴浩、周柳	第五届全国高等院校斯维尔 BIM 软件建模大赛（《三维算量与清单计价》）	全国	二等奖	全国住房和城乡建设职业教育教学指导委员会	2014.5
76	曾颖、杜净、梁小凤、吴浩、周柳	第五届全国高等院校斯维尔 BIM 软件建模大赛（《设备设计与暖通负荷》）	全国	三等奖	全国住房和城乡建设职业教育教学指导委员会	2014.5
77	曾颖、杜净、梁小凤、吴浩、周柳	第五届全国高等院校斯维尔 BIM 软件建模大赛(《项目管理与投标工具箱》)	全国	三等奖	全国住房和城乡建设职业教育教学指导委员会	2014.5
78	贺嘉、杨茜茹、李享	第二届“鲁班杯”建筑工程识图技能竞赛	全国	一等奖	全国住房和城乡建设职业教育教学指导委员会	2014.5
79	贺嘉、杨茜茹、李享	第二届“鲁班杯”建筑工程识图技能竞赛	全国	二等奖	全国住房和城乡建设职业教育教学指导委员会	2014.5
80	孙炜	第七届全国大学生先进成图技术与产品信息建模创新大赛-建筑类个人全能	全国	一等奖	教育部高等学校工程图学教育指导委员会 中国工程图学学会制图技术专业委员会	2014.8

续表

序号	学生姓名	奖项名称	奖励级别	奖项等级	颁奖单位	颁奖时间
81	程新	第七届全国大学生先进成图技术与产品信息建模创新大赛-建筑类建模	全国	一等奖	教育部高等学校工程图学教育指导委员会 中国工程图学学会制图技术专业委员会	2014.8
82	黄喻	第七届全国大学生先进成图技术与产品信息建模创新大赛-建筑类尺规绘图	全国	一等奖	教育部高等学校工程图学教育指导委员会 中国工程图学学会制图技术专业委员会	2014.8
83	刘星悦	第七届全国大学生先进成图技术与产品信息建模创新大赛-建筑类尺规绘图	全国	一等奖	教育部高等学校工程图学教育指导委员会 中国工程图学学会制图技术专业委员会	2014.8
84	李果鲜	第七届全国大学生先进成图技术与产品信息建模创新大赛-建筑类尺规绘图	全国	一等奖	教育部高等学校工程图学教育指导委员会 中国工程图学学会制图技术专业委员会	2014.8
85	程新	第七届全国大学生先进成图技术与产品信息建模创新大赛-建筑类个人全能	全国	二等奖	教育部高等学校工程图学教育指导委员会 中国工程图学学会制图技术专业委员会	2014.8
86	黄喻	第七届全国大学生先进成图技术与产品信息建模创新大赛-建筑类个人全能	全国	二等奖	教育部高等学校工程图学教育指导委员会 中国工程图学学会制图技术专业委员会	2014.8

续表

序号	学生姓名	奖项名称	奖励级别	奖项等级	颁奖单位	颁奖时间
87	刘星悦	第七届全国大学生先进成图技术与产品信息建模创新大赛-建筑类个人全能	全国	二等奖	教育部高等学校工程图学教育指导委员会 中国工程图学学会制图技术专业委员会	2014.8
88	陈荣	第七届全国大学生先进成图技术与产品信息建模创新大赛-建筑类尺规绘图	全国	二等奖	教育部高等学校工程图学教育指导委员会 中国工程图学学会制图技术专业委员会	2014.8
89	黄友福	第七届全国大学生先进成图技术与产品信息建模创新大赛-建筑类尺规绘图	全国	二等奖	教育部高等学校工程图学教育指导委员会 中国工程图学学会制图技术专业委员会	2014.8
90	徐玉倩	第七届全国大学生先进成图技术与产品信息建模创新大赛-建筑类尺规绘图	全国	二等奖	教育部高等学校工程图学教育指导委员会 中国工程图学学会制图技术专业委员会	2014.8
91	徐鑫胤、王彪、卢诗梦	第七届中国大学生计算机设计大赛-高职高专组	全国	二等奖	中国大学生计算机设计大赛组织委员会	2014.8
92	鲁旭	第二届全国高校数字艺术作品大赛	全国	三等奖	工信部	2014.8
93	黎明彦	第二届全国高校数字艺术作品大赛	全国	三等奖	工信部	2014.8
94	徐鑫胤、王彪、卢诗梦	第七届中国大学生计算机设计大赛-高职高专组	全国	二等奖	中国大学生计算机设计大赛组织委员会	2014.8

续表

序号	学生姓名	奖项名称	奖励级别	奖项等级	颁奖单位	颁奖时间
95	鲁旭	第二届全国高校数字艺术作品大赛	全国	三等奖	工信部	2014.8
96	黎明彦	第二届全国高校数字艺术作品大赛	全国	三等奖	工信部	2014.8
97	姚昆宏	第二届全国高校数字艺术作品大赛	全国	优秀奖	工信部	2014.8
98	郑博文	第二届全国高校数字艺术作品大赛	全国	一等奖	工信部	2014.8
99	谢圆	第二届全国高校数字艺术作品大赛	全国	三等奖	工信部	2014.8
100	谢玉江、淡俊杰、杨兴、钟诚	第六届 SAMPE 超轻复合材料桥梁/机翼学生竞赛（碳纤维桥梁）	全国	一等奖	国际先进材料与制造工程学会（SAMPE）中国大陆总会	2014.10
101	刘鑫、刘沛鑫、黄兵、高成	第六届 SAMPE 超轻复合材料桥梁/机翼学生竞赛（碳纤维桥梁）	全国	二等奖	国际先进材料与制造工程学会（SAMPE）中国大陆总会	2014.10
102	周萍、马超、向培熹、王伟光	第六届 SAMPE 超轻复合材料桥梁/机翼学生竞赛（碳纤维桥梁）	全国	三等奖	国际先进材料与制造工程学会（SAMPE）中国大陆总会	2014.10
103	刘鑫、刘沛鑫、黄兵、高成	第六届 SAMPE 超轻复合材料桥梁/机翼学生竞赛（碳纤维预浸料机翼）	全国	一等奖	国际先进材料与制造工程学会（SAMPE）中国大陆总会	2014.10
104	胡美云、蒋倩云、高成、张如意、易书舟	第七届 SAMPE 超轻复合材料竞赛-碳纤维桥梁组	全国	一等奖	国际先进材料与制造工程学会（SAMPE 北京分会）	2015.5
105	张如意、易书舟、胡美云、高成、蒋倩云	第七届 SAMPE 超轻复合材料碳纤维桥梁优秀海报	全国	二等奖	国际先进材料与制造工程学会（SAMPE 北京分会）	2015.5

续表

序号	学生姓名	奖项名称	奖励级别	奖项等级	颁奖单位	颁奖时间
106	陈思昕南、杨汝立、曹子威、杜雨恒	第七届 SAMPE 超轻复合材料机翼学生竞赛	全国	三等奖	国际先进材料与制造工程学会（SAMPE 北京分会）	2015.5
107	林家维、史继达、董富琪、马超、任宇川	第七届 SAMPE 超轻复合材料竞赛碳纤维桥学生竞赛	全国	三等奖	国际先进材料与制造工程学会（SAMPE 北京分会）	2015.5
108	林家维、马超、史继达、董富琪、任宇川	第七届 SAMPE 超轻复合材料天然纤维桥梁学生竞赛	全国	三等奖	国际先进材料与制造工程学会（SAMPE 北京分会）	2015.5
109	刘沛鑫、黄兵、周萍、刘鑫、向培熹	2015 年 SAMPE 美国巴尔的摩学生桥梁竞赛	国际	一等奖	国际先进材料与制造工程学会	2015.5
110	刘鑫、刘沛鑫、黄兵、周萍、向培熹	2015 年 SAMPE 国际大学生超轻复合材料桥梁竞赛（碳纤维工字梁）	国际	一等奖	国际先进材料与制造工程学会（SAMPE）	2015.5
111	刘鑫、刘沛鑫、黄兵、周萍、向培熹	2015 年 SAMPE 国际大学生超轻复合材料桥梁竞赛（玻璃纤维工字梁）	国际	一等奖	国际先进材料与制造工程学会（SAMPE）	2015.5
112	刘鑫、刘沛鑫、黄兵、周萍、向培熹	2015 年 SAMPE 国际大学生超轻复合材料桥梁竞赛（天然纤维工字梁）	国际	二等奖	国际先进材料与制造工程学会（SAMPE）	2015.5
113	刘鑫、刘沛鑫、黄兵、周萍、向培熹	2015 年 SAMPE 国际大学生超轻复合材料桥梁竞赛（天然纤维箱型梁）	国际	二等奖	国际先进材料与制造工程学会（SAMPE）	2015.5
114	刘鑫、刘沛鑫、黄兵、周萍、向培熹	2015 年 SAMPE 国际大学生超轻复合材料桥梁竞赛（玻璃纤维箱型梁）	国际	三等奖	国际先进材料与制造工程学会（SAMPE）	2015.5
115	刘鑫、刘沛鑫、黄兵、周萍、向培熹	2015 年 SAMPE 国际大学生超轻复合材料桥梁竞赛（开放设计）	国际	三等奖	国际先进材料与制造工程学会（SAMPE）	2015.5

续表

序号	学生姓名	奖项名称	奖励级别	奖项等级	颁奖单位	颁奖时间
116	刘鑫、刘沛鑫、黄兵、周萍、向培熹	2015 年 SAMPE 国际大学生超轻复合材料桥梁竞赛（海报/视频）	国际	三等奖	国际先进材料与制造工程学会（SAMPE）	2015.5
117	张如意、胡美云、蒋倩云	第七届 SAMPE 超轻复合材料桥梁/机翼学生竞赛（碳纤维桥梁）	全国	一等奖	国际先进材料与制造工程学会（SAMPE）中国大陆总会	2015.6
118	林家维、董富琪、史继达、马超	第七届 SAMPE 超轻复合材料桥梁/机翼学生竞赛（碳纤维桥梁）	全国	三等奖	国际先进材料与制造工程学会（SAMPE）中国大陆总会	2015.6
119	林家维、董富琪、史继达、马超	第七届 SAMPE 超轻复合材料桥梁/机翼学生竞赛（天然纤维桥梁）	全国	三等奖	国际先进材料与制造工程学会（SAMPE）中国大陆总会	2015.6
120	陈思昕南、杜雨恒、杨汝立、曹子威	第七届 SAMPE 超轻复合材料桥梁/机翼学生竞赛（碳纤维预浸料机翼）	全国	三等奖	国际先进材料与制造工程学会（SAMPE）中国大陆总会	2015.6
121	张如意、胡美云、蒋倩云	第七届 SAMPE 超轻复合材料桥梁/机翼学生竞赛（碳纤维预浸料机翼）-海报奖	全国	二等奖	国际先进材料与制造工程学会（SAMPE）中国大陆总会	2015.6
122	贾长勇、杨钦	科研类全国航空航天模型公开赛（绵阳《对地侦查》）	全国	第一名	中国航空运动协会	2015.7
123	曾绍泽、薛嘉、袁林	全国飞机发动机拆装调试与维修大赛	全国	三等奖	全国职业院校技能大赛组织委员会	2015.7
124	余海、洋刘涛、刘宇	高教社杯全国大学生数学建模	全国	一等奖	中国图学协会	2015.7

续表

序号	学生姓名	奖项名称	奖励级别	奖项等级	颁奖单位	颁奖时间
125	鲁春文	全国航空航天模型公开赛(《遥控双机空战》)	全国	第一名	中国航空运动协会	2015.7
126	陈爱珠、刘沛鑫、曹沛	中国国际飞行器设计挑战赛暨科研类全国航空航天模型锦标赛(《嫦娥奔月》)	全国	一等奖	中国航空运动协会	2015.9
127	王德林、杨奇霖	中国国际飞行器设计挑战赛暨科研类全国航空航天模型锦标赛(《对地侦查》)	全国	一等奖	中国航空运动协会	2015.9
128	何杰、黄昆、郭梦飞、周龙江	第十届全国高职高专“发明杯”大学生创新创业大赛-创意类	全国	二等奖	中国发明协会	2015.10
129	曾双友、彭智川、刘良存、杜定钟	第十届全国高职高专“发明杯”大学生创新创业大赛(《4+1轴多功能飞行器》)	全国	一等奖	中国发明协会	2015.10
130	曾双友、彭智川、刘良存、杜定钟	第十届全国高职高专“发明杯”大学生创新创业大赛(《一种无动力纸飞机》)	全国	三等奖	中国发明协会	2015.10
131	姚宇航、田真源、严加清、刘良存、杨力	第十届全国高职高专“发明杯”大学生创新创业大赛(《云道路自动停车平台》)	全国	一等奖	中国发明协会	2015.10
132	沈伟、姚宇航、蔡晓宇、雒会龙、高家斌	第十届全国高职高专“发明杯”大学生创新创业大赛(《便携式快速制冷器》)	全国	二等奖	中国发明协会	2015.10

续表

序号	学生姓名	奖项名称	奖励级别	奖项等级	颁奖单位	颁奖时间
133	田真源、拓高锋、李庭	第十届全国高职高专“发明杯”大学生创新创业大赛(《新型火车硬座睡眠装置》)	全国	一等奖	中国发明协会	2015.10
134	王涛、严加清、易永良、田真源	第十届全国高职高专“发明杯”大学生创新创业大赛(《无人驾驶智能制动系统》)	全国	一等奖	中国发明协会	2015.10
135	孙煜恩、但智勇、徐鹏、严加清	第十届全国高职高专“发明杯”大学生刨新创业大赛(《自动驾驶电动车智能驱动系统》)	全国	一等奖	中国发明协会	2015.10
136	孙煜恩、易永良、刘津齐、但智勇	第十届全国高职高专“发明杯”大学生创新创业大赛(《电动车智能转向系统》)	全国	一等奖	中国发明协会	2015.10
137	向政、黄海浪、文相颖、胡大海、刘东东	第十届全国高职高专“发明杯”大学生创新创业大赛（《智能防撞三脚架》)	全国	三等奖	中国发明协会	2015.10
138	乐宸峰、赵偎宇、胡大海	第十届全国高职高专“发明杯”大学生创新创业大赛(《冰箱食品安全管家》)	全国	二等奖	中国发明协会	2015.10
139	张天铭、樊亮、郭子豪、王晶晶、胡皓	第十届全国高职高专“发明杯”大学生创新创业大赛(《多场合智能情景灯》)	全国	二等奖	中国发明协会	2015.10

续表

序号	学生姓名	奖项名称	奖励级别	奖项等级	颁奖单位	颁奖时间
140	张天铭、樊亮、郭子豪、李婷、廖伊莎	第十届全国高职高专“发明杯”大学生创新创业大赛(《小型多功能风洞测试仪》)	全国	二等奖	中国发明协会	2015.10
141	张天铭、樊亮、郭子豪、钟芸、杨慧林	第十届全国高职高专“发明杯”大学生创新创业大赛(《校园卡的安全方便防盗开门》)	全国	一等奖	中国发明协会	2015.10
142	胡三政、任飞宇、武杨、阳欣、代琪	第十届全国高职高专“发明杯”大学生创新创业大赛(《车内外环境检测及防盗预警系统》)	全国	三等奖	中国发明协会	2015.10
143	代琪、杨林、陈秋润、穆林、任飞宇	第十届全国高职高专“发明杯”大学生创新创业大赛(《校园单车防盗管理系统》)	全国	二等奖	中国发明协会	2015.10
144	陈秋润、刘余、王德林、代琪、杨奇霖	第十届全国高职高专“发明杯”大学生创新创业大赛(《智能小车回传搜救系统》)	全国	三等奖	中国发明协会	2015.10
145	钟芸、杨慧林	第十届全国高职高专“发明杯”大学生创新创业大赛(《冰箱食品安全管家》)	全国	二等奖	中国发明协会	2015.10
146	张广川、唐杰、肖雪峰、何小波、陈科仲	第十届全国高职高专“发明杯”大学生创新创业大赛(《高速公路路产管理系统》)	全国	一等奖	中国发明协会	2015.10

续表

序号	学生姓名	奖项名称	奖励级别	奖项等级	颁奖单位	颁奖时间
147	王淦、王德林、杨奇霖、陈科仲、杨宇辰	第十届全国高职高专“发明杯”大学生创新创业大赛（《无人机搜救系统》）	全国	三等奖	中国发明协会	2015.10
148	陈超、谢德华、赵文彪	第十届全国高职高专“发明杯”大学生创新创业大赛(《一种车载蓄电池的恒温自控装置》)	全国	二等奖	中国发明协会	2015.10
149	余欢、杨可	第十届全国高职高专“发明杯”大学生创新创业大赛-创意类	全国	二等奖	中国发明协会	2015.10
150	蒋莉佳、杨金樾、顾吉鹏、胡顺莲、方倍特	第十届全国高职高专“发明杯”大学生创新创业大赛(《水果忍者项目》)	全国	二等奖	中国发明协会	2015.10
151	蒋莉佳、杨金樾、顾吉鹏、方倍特、胡顺莲	第十届全国高职高专“发明杯”大学生创新创业大赛（《健康农家乐项目》）	全国	二等奖	中国发明协会	2015.10
152	李兵、廖俊龙、张亮	第十届全国高职高专“发明杯”大学生创新创业大赛(《趣味DIY厨房》)	全国	一等奖	中国发明协会	2015.10
153	陈璐、谭信豪、陈伟、杨航、李尚伟	第十届全国高职高专“发明杯”大学生创新创业大赛（《跟着红色去旅行》）	全国	二等奖	中国发明协会	2015.10
154	何欢、聂畅、陈欢、印姣	第十届全国高职高专“发明杯”大学生创新创业大赛(《童桌的你与偶》)	全国	二等奖	中国发明协会	2015.10
155	肖心竹、牛欢、段佐礼	第十届全国高职高专“发明杯”大学生创新创业大赛（《膳药堂》）	全国	二等奖	中国发明协会	2015.10
156	付强、陈小敏	第十届全国高职高专“发明杯”大学生创新创业大赛（《“皆大欢洗”洗衣店》）	全国	一等奖	中国发明协会	2015.10

续表

序号	学生姓名	奖项名称	奖励级别	奖项等级	颁奖单位	颁奖时间
157	王建、赖梦竹、刘丹、朱爽、任艳红	第十届全国高职高专“发明杯”大学生创新创业大赛（《成航摄影工作室》）	全国	二等奖	中国发明协会	2015.10
158	高勇、江超、熊涵玉、陆智慧	第十届全国高职高专发明杯大学生创新创业大赛(《学习天堂—龙泉小天使助学中心管理创意》)	全国	三等奖	中国发明协会	2015.10
159	王相伍、谢星黎	第十届全国高职高专“发明杯”大学生创新创业大赛(《缤纷水果派有限公司》)	全国	二等奖	中国发明协会	2015.10
160	刘树阳、林龙、魏超、袁李	第十届全国高职高专“发明杯”大学生创新创业大赛（《多功能智能电灯》）	全国	三等奖	中国发明协会	2015.10
161	李宁、刘林、王菲、施跃芬、吴国平	第十届全国高职高专“发明杯”大学生创新创业大赛（《乐极生杯》）	全国	三等奖	中国发明协会	2015.10
162	张鹏、周述银、李宁、龚厚旺、张荣洁	第十届全国高职高专“发明杯”大学生创新创业大赛(《全自动蜂巢式书籍租借机》)	全国	三等奖	中国发明协会	2015.10
163	范广军、杨洪伟、祖羚、孙煜恩	第十届全国高职高专“发明杯”大学生创新创业大赛(《显温变色智能水杯》)	全国	二等奖	中国发明协会	2015.10
164	谢迺迪、陈光敏	第十届全国高职高专“发明杯”大学生创新创业大赛(《宠物洗澡手套》)	全国	二等奖	中国发明协会	2015.10
165	张如意、易书舟、叶兴全、杨明宇	第十届全国高职高专“发明杯”大学生创新创业大赛(《超轻复合材料扬声器》)	全国	一等奖	中国发明协会	2015.10

续表

序号	学生姓名	奖项名称	奖励级别	奖项等级	颁奖单位	颁奖时间
166	秦寒、廖志强、蔡晓宇、沈伟	第十届全国高职高专“发明杯”大学生创新创业大赛-发明制作类	全国	三等奖	中国发明协会	2015.10
167	郭乔维、曹滨铄、钮俊洁、陈勇、王璐	第十届全国高职高专“发明杯”大学生创新创业大赛(《成都航院校园快递的升级改造》)	全国	二等奖	中国发明协会	2015.10
168	胥哲珩、王耀萌、赵文睿	第十届全国高职高专“发明杯”大学生创新创业大赛（《Porker Aircraft 航空主题餐厅》)	全国	二等奖	中国发明协会	2015.10
169	陈佳妮、邓莎	第十届全国高职高专“发明杯”大学生创新创业大赛(《校园蚂蚱市场》)	全国	二等奖	中国发明协会	2015.10
170	崔宝钗、何佳莹、雷雅涵、黄诗逸	第十届全国高职高专“发明杯”大学生创新创业大赛(《成都航院校园车调查及初步运营方案的策划》)	全国	二等奖	中国发明协会	2015.10
171	黄翰韬、夏怡梅、梁玉珍、陈垚	第十届全国高职高专“发明杯”大学生创新创业大赛(《成都航院饮料瓶智能回收机项目策划书》)	全国	二等奖	中国发明协会	2015.10
172	李茂蝶、王惠、陈伊、龚雪玲、张宇	第十届全国高职高专“发明杯”大学生创新创业大赛（《魔法扫把》)	全国	二等奖	中国发明协会	2015.10
173	梅佳敏、王晴、刘洋洋	第十届全国高职高专“发明杯”大学生创新创业大赛（《航院托运》)	全国	二等奖	中国发明协会	2015.10
174	何烨朵、黄翰韬、陈垚、袁思思、文雪瑾	第十届全国高职高专“发明杯”大学生创新创业大赛(《成都航院手工家庭影院投影仪》)	全国	三等奖	中国发明协会	2015.10

续表

序号	学生姓名	奖项名称	奖励级别	奖项等级	颁奖单位	颁奖时间
175	代秋阳、李佶瑞、肖瑶、周利鑫、胡喆	第十届全国高职高专“发明杯”大学生创新创业大赛(《便携式遮阳雨伞风扇》)	全国	三等奖	中国发明协会	2015.10
176	罗宇昊、梅梦秋	第十届全国高职高专“发明杯”大学生创新创业大赛(《浮城动漫产品创业企划书》)	全国	三等奖	中国发明协会	2015.10
177	王雪薇、杨琳	第十届全国高职高专“发明杯”大学生创新创业大赛(《成都航空职业学院校内活动演出服装道具整合及租赁管理方案》)	全国	三等奖	中国发明协会	2015.10
178	邓智丹、邱娜、胡登、徐民、李维武	第十届全国高职高专“发明杯”大学生创新创业大赛(《成都航院大学生校内伞租项目设计方案》)	全国	三等奖	中国发明协会	2015.10
179	郝琦、张番、曾真、李世锦、罗雯	第十届全国高职高专“发明杯”大学生创新创业大赛(《成都航院校内爱换闲置物活动策划书》)	全国	三等奖	中国发明协会	2015.10
180	陈宁、刘凤、汪晓慧、王罗云、黄佳丽	第十届全国高职高专“发明杯”大学生创新创业大赛 (《送温暖，献爱心活动策划》)	全国	三等奖	中国发明协会	2015.10
181	杨钊佩、邹小鹏、高峰、田庚、杨航	第十届全国高职高专“发明杯”大学生创新创业大赛(《食品质量安全追溯系统设计与实现》)	全国	三等奖	中国发明协会	2015.10

续表

序号	学生姓名	奖项名称	奖励级别	奖项等级	颁奖单位	颁奖时间
182	孙维、刁丹	第十届全国高职高专“发明杯”大学生创新创业大赛(《成都航空职业技术学院单独招生系统》)	全国	一等奖	中国发明协会	2015.10
183	弓赛、王龙、任佳、贾海涛、陈建华	第十届全国高职高专“发明杯”大学生创新创业大赛(《成航印象工作室方案》)	全国	三等奖	中国发明协会	2015.10
184	蒋凤、黄鸿梅	第十届全国高职高专“发明杯”大学生创新创业大赛（《“iLike”校园二手交易平台创意计划书》)	全国	二等奖	中国发明协会	2015.10
185	骆香来、贺妍璘	第十届全国高职高专“发明杯”大学生创新创业大赛（《“吥味”餐厅》)	全国	二等奖	中国发明协会	2015.10
186	钟贞凤、刘阳	第十届全国高职高专“发明杯”大学生刭新创业大赛(《再回首闲置物品交易平台》)	全国	二等奖	中国发明协会	2015.10
187	胡座铭、周玲、魏礼雪	第十届全国高职高专“发明杯”大学生创新创业大赛（《随便》)	全国	三等奖	中国发明协会	2015.10
188	熊治祥、钱正旸	第十届全国高职高专“发明杯”大学生创新创业大赛(《微信讨论平台创意营销策划》)	全国	三等奖	中国发明协会	2015.10
189	熊治祥	第十届全国高职高专“发明杯”大学生创新创业大赛（《优住》)	全国	二等奖	中国发明协会	2015.10
190	吴天保、叶晓倩	第十届全国高职高专“发明杯”大学生创新创业大赛(《稀奇古怪创意饰品店策划书》)	全国	二等奖	中国发明协会	2015.10

续表

序号	学生姓名	奖项名称	奖励级别	奖项等级	颁奖单位	颁奖时间
191	杨倩、叶晓倩	第十届全国高职高专“发明杯”大学生创新创业大赛（《“三方联动”俱乐部》）	全国	二等奖	中国发明协会	2015.10
192	秦寒、蔡晓宇、肖鹏	中国国际飞行器设计挑战赛暨科研类全国航空航天模型锦标赛(《嫦娥奔月》)	全国	一等奖	中国航空运动协会	2015.10
193	廖志强、蒋莉佳、沈伟	中国国际飞行器设计挑战赛暨科研类全国航空航天模型锦标赛(《嫦娥奔月》)	全国	二等奖	中国航空运动协会	2015.10
194	秦寒、肖鹏、杨奇霖、王德林	中国国际飞行器设计挑战赛暨科研类全国航空航天模型锦标赛(《对地侦查》)	全国	一等奖	中国航空运动协会	2015.10
195	刘沛鑫、秦寒、沈伟	中国国际飞行器设计挑战赛暨科研类全国航空航天模型锦标赛(《科技创新评比轻型PIM夹心承压结构箭体》)	全国	一等奖	中国航空运动协会	2015.10
196	鲁春文、沈伟	中国国际飞行器设计挑战赛暨科研类全国航空航天模型锦标赛(《电动滑翔机》)	全国	二等奖	中国航空运动协会	2015.10
197	贾长勇、向超龙	第十届全国高职高专“发明杯”大学生创新创业大赛(《厨房安全报警与处置系统》)	全国	二等奖	中国发明协会	2015.11
198	董富琪、史继达、王春、王彦茹、柴瑞德	第八届SAMPE超轻复合材料碳纤维机翼学生竞赛	国际	一等奖	国际先进材料与制造工程学会（SAMPE）	2016.5

续表

序号	学生姓名	奖项名称	奖励级别	奖项等级	颁奖单位	颁奖时间
199	张涵、龙文、万蔚	2016 年全国职业院校技能大赛高职组“华三·企想杯”计算机网络应用比赛	全国	三等奖	全国职业院校技能大赛组委会	2016.5
200	龚斌、王子逊、贾瑞萱、余中涵、冯桂诞	第八届 SAMPE 超轻复合材料碳纤维机翼学生竞赛	国际	一等奖	国际先进材料与制造工程学会（SAMPE）	2016.5
201	青波、李盼、廖桐、谢轲皓、孙明远	第八届 SAMPE 超轻复合材料天然纤维桥梁学生竞赛	国际	一等奖	国际先进材料与制造工程学会（SAMPE）	2016.5
202	龚斌、王子逊、贾瑞萱、余中涵、冯桂诞	第八届 SAMPE 超轻复合材料碳纤维机翼学生竞赛	国际	三等奖	国际先进材料与制造工程学会（SAMPE）	2016.5
203	董富琪、史继达、王春、王彦茹、柴瑞德	第八届 SAMPE 超轻复合材料碳纤维桥梁学生竞赛	国际	二等奖	国际先进材料与制造工程学会（SAMPE）	2016.5
204	董富琪、史继达、王春、王彦茹、柴瑞德	第八届 SAMPE 超轻复合材料天然纤维桥梁学生竞赛	国际	三等奖	国际先进材料与制造工程学会（SAMPE）	2016.5
205	李卓遥、尧银海	2016 年全国职业院校技能大赛高职组工业产品造型设计与快速成型比赛	全国	三等奖	全国职业院校技能大赛组织委员会	2016.5
206	魏士程、彭洪伟、吴永辉	2016 年全国职业院校技能大赛-高职组信息安全管理与评估赛项	全国	三等奖	全国职业院校技能大赛组织委员会	2016.5
207	周倩宇、何成华、曹倩芸	第四届“多迪杯”全国大学生 IT 专业技能竞赛网站设计开发大赛	全国	三等奖	多迪杯全国网站设计开发大赛组委会	2016.5
208	蒋宝慧、易书舟、叶兴全、张如意、蒋倩云	第十九届国际先进材料与制造工程学会超轻复合材料碳纤维/芳纶纤维箱型梁竞赛	国际	二等奖	国际先进材料与制造工程学会（SAMPE）	2016.5

续表

序号	学生姓名	奖项名称	奖励级别	奖项等级	颁奖单位	颁奖时间
209	黄少炜、李林、胡再兴、宋子元、唐礼旺	第七届全国大学生机械创新设计大赛	全国	二等奖	第七届全国大学生机械创新设计大赛四川赛区组委会	2016.5
210	何明玉、黄兵、高成、马超	第十九届国际先进材料与制造工程学会超轻复合材料桥梁学生竞赛玻璃纤维工字梁竞赛	国际	一等奖	国际先进材料与制造工程学会（SAMPE）	2016.5
211	王子逊、冯桂诞、龚斌、余中涵、贾瑞萱	第八届SAMPE超轻复合材料桥梁/机翼学生竞赛（碳纤维桥梁）	全国	一等奖	国际先进材料与制造工程学会（SAMPE）中国大陆总会	2016.5
212	史继达、董富琪、王春、王彦茹、柴瑞德	第八届SAMPE超轻复合材料桥梁/机翼学生竞赛（碳纤维桥梁）	全国	二等奖	国际先进材料与制造工程学会（SAMPE）中国大陆总会	2016.5
213	青波、李盼、孙明远、谢轲浩、廖桐	第八届SAMPE超轻复合材料桥梁/机翼学生竞赛（天然纤维桥梁）	全国	一等奖	国际先进材料与制造工程学会（SAMPE）中国大陆总会	2016.5
214	史继达、董富琪、王春、王彦茹、柴瑞德	第八届SAMPE超轻复合材料桥梁/机翼学生竞赛（天然纤维桥梁）	全国	三等奖	国际先进材料与制造工程学会（SAMPE）中国大陆总会	2016.5
215	史继达、董富琪、王春、王彦茹、柴瑞德	第八届SAMPE超轻复合材料桥梁/机翼学生竞赛（碳纤维预浸料机翼）	全国	一等奖	国际先进材料与制造工程学会（SAMPE）中国大陆总会	2016.5
216	王子逊、冯桂诞、龚斌、余中涵、贾瑞萱	第八届SAMPE超轻复合材料桥梁/机翼学生竞赛（碳纤维预浸料机翼）	全国	三等奖	国际先进材料与制造工程学会（SAMPE）中国大陆总会	2016.5

续表

序号	学生姓名	奖项名称	奖励级别	奖项等级	颁奖单位	颁奖时间
217	刘沛鑫、钟佩芸	2016 年 SAMPE 国际大学生超轻复合材料桥梁竞赛（碳纤维工字梁）	国际	一等奖	国际先进材料与制造工程学会（SAMPE）	2016.5
218	马超、高成、何明玉、黄兵	2016 年 SAMPE 国际大学生超轻复合材料桥梁竞赛（玻璃纤维工字梁）	国际	一等奖	国际先进材料与制造工程学会（SAMPE）	2016.5
219	胡美云、马耿隆、蒋源、蒋倩云	2016 年 SAMPE 国际大学生超轻复合材料桥梁竞赛（玻璃纤维箱型梁）	国际	一等奖	国际先进材料与制造工程学会（SAMPE）	2016.5
220	高成、马超、黄兵	2016 年 SAMPE 国际大学生超轻复合材料桥梁竞赛（回收碳纤维梁）	国际	二等奖	国际先进材料与制造工程学会（SAMPE）	2016.5
221	张如意、叶兴全、蒋宝慧、易书舟、蒋倩云	2016 年 SAMPE 国际大学生超轻复合材料桥梁竞赛（碳纤维箱型梁）	国际	二等奖	国际先进材料与制造工程学会（SAMPE）	2016.5
222	文明、唐恒、程章	第十一届全国大学生“恩智浦”杯智能汽车竞赛	全国	一等奖	教育部高等学校自动化类专业教学指导委员会	2016.7
223	黄由喜、刘志辉、向晓军、曹雄、黄静文	第二届全国高等院校学生 BIM 应用技能网络大赛（“基于 BIM 的协同应用”模块）	全国	三等奖	中国建设教育协会	2016.7
224	刘津齐、侯杰、何锦波	第十一届全国大学生“恩智浦”杯智能汽车竞赛（电磁直立组）	全国	二等奖	第十一届全国大学生“恩智浦”杯智能汽车竞赛组织委员会	2016.8
225	张涵	“思科网院杯”2016 年度大学生网络技术大赛 CCNA 赛项	全国	三等奖	思科网络技术学院董事会	2016.8
226	万蔚	“思科网院杯”2016 年度大学生网络技术大赛 CCNA 赛项	全国	二等奖	思科网络技术学院董事会	2016.8

续表

序号	学生姓名	奖项名称	奖励级别	奖项等级	颁奖单位	颁奖时间
227	龙文	“思科网院杯”2016 年度大学生网络技术大赛 CCNA 赛项	全国	三等奖	思科网络技术学院董事会	2016.8
228	魏士程	“思科网院杯”2016 年度大学生网络技术大赛 CCNA 赛项	全国	三等奖	思科网络技术学院董事会	2016.9
229	吴楠	中国大学生广告艺术节学院奖第十四届春季赛	全国	优秀奖	中国广告协会	2016.9
230	杜黄龙	中国国际飞行器设计挑战赛-二对二遥控空战（P3Z-4）	全国	第五名	中国航空运动协会	2016.9
231	杜黄龙	中国国际飞行器设计挑战赛-遥控电动滑翔（P58）	全国	一等奖	中国航空运动协会	2016.9
232	杜黄龙	中国国际飞行器设计挑战赛-遥控电动滑翔机（P58）团体	全国	第二名	中国航空运动协会	2016.9
233	杜黄龙	中国国际飞行器设计挑战赛-遥控电动滑翔机（P58）	全国	第五名	中国航空运动协会	2016.9
234	杜黄龙	中国国际飞行器设计挑战赛-二对二空战（P3Z-4）	全国	一等奖	中国航空运动协会	2016.9
235	肖辉	中国国际飞行器设计挑战赛-遥控纸飞机编队飞行（P5M-3Z）	全国	一等奖	中国航空运动协会	2016.9
236	肖辉	中国国际飞行器设计挑战赛-遥控纸飞机编队飞行（P5M-3Z）	全国	第二名	中国航空运动协会	2016.9
237	谢轲皓	二对二遥控空战（P3Z-4）	全国	一等奖	中国航空运动协会	2016.9
238	周行烽	中国国际飞行器设计挑战赛暨科研类航空航天模型公开赛-嫦娥奔月（CEBY）	全国	二等奖	中国航空运动协会	2016.9

续表

序号	学生姓名	奖项名称	奖励级别	奖项等级	颁奖单位	颁奖时间
239	鲁春文	中国国际飞行器设计挑战赛暨全国航空航天模型公开赛-二对二遥控空战（P3Z-4）	全国	一等奖	中国航空运动协会	2016.9
240	李万年	中国国际飞行器设计挑战赛暨全国航空航天模型公开赛-固定翼对地侦查（DDZC）	全国	一等奖	中国航空运动协会	2016.9
241	李万年	中国国际飞行器设计挑战赛暨全国航空航天模型公开赛-遥控电动滑翔机（P58）	全国	一等奖	中国航空运动协会	2016.9
242	李万年	中国国际飞行器设计挑战赛暨全国航空航天模型公开赛-遥控电动滑翔机（P58）	全国	一等奖	中国航空运动协会	2016.9
243	秦寒	中国国际飞行器设计挑战赛暨全国航空航天模型公开赛-固定翼对地侦查（DDZC）	全国	一等奖	中国航空运动协会	2016.9
244	廖志强	中国国际飞行器设计挑战赛暨全国航空航天模型公开赛-遥控纸飞机编队飞行	全国	一等奖	中国航空运动协会	2016.9
245	万蔚	思科网院杯 2016 年度大学生网络技术大赛全国-职校组	全国	二等奖	思科网络技术学院理事会	2016.9
246	龙文	思科网院杯 2017 年度大学生网络技术大赛全国-职校组	全国	三等奖	思科网络技术学院理事会	2016.9

续表

序号	学生姓名	奖项名称	奖励级别	奖项等级	颁奖单位	颁奖时间
247	张涵	思科网院杯 2018 年度大学生网络技术大赛-全国-职校组	全国	三等奖	思科网络技术学院理事会	2016.9
248	张家炜、杨皓	第十一届全国高职高专“发明杯”大学生创新创业大赛-创意类	全国	二等奖	中国发明协会	2016.10
249	杨浩晖	第十一届全国高职高专“发明杯”大学生创新创业大赛-创意类	全国	二等奖	中国发明协会 江苏省科学技术协会 中国高等职业技术教育研究会 中国高等学校知识产权研究会	2016.10
250	肖辉、廖志强	中国国际飞行器设计挑战赛-嫦娥奔月（《固体火箭》）	全国	二等奖	国家体育总局办公厅 教育部办公厅 中国航空运动协会	2016.10
251	刘龙亚、谢轲皓、廖志强、李万年	中国国际飞行器设计挑战赛暨全国航空航天模型锦标赛（《限距载重空投》）	全国	三等奖	国家体育总局办公厅、教育部办公厅、中国航空运动协会	2016.10
252	杜黄龙、谢轲皓、秦寒	中国国际飞行器设计挑战赛-嫦娥奔月（《固体火箭》）	全国	三等奖	国家体育总局，教育部办公厅，中国航空运动协会	2016.10
253	杜黄龙、刘龙亚、廖志强、秦寒	中国国际飞行器设计挑战赛暨全国航空航天模型锦标赛（《对地侦察》）	全国	三等奖	国家体育总局办公厅、教育部办公厅、中国航空运动协会	2016.10

续表

序号	学生姓名	奖项名称	奖励级别	奖项等级	颁奖单位	颁奖时间
254	杜黄龙	中国国际飞行器设计挑战赛(《电动滑翔机》)	全国	二等奖	国家体育总局，教育部办公厅，中国航空运动协会	2016.10
255	蒋忠桁、江杨、彭焕程、刘野、陈鑫	第十一届全国高职高专“发明杯”大学生创新创业大赛	全国	一等奖	中国发明协会	2016.10
256	陈奕铠、段翔宇、钟磊、杨皓麟	第十一届全国高职高专“发明杯”大学生创新创业大赛-发明制作类	全国	一等奖	中国发明协会	2016.10
257	王绍伟、张根强、易洪路、宋玉龙、应建平	第十一届全国高职高专“发明杯”大学生创新创业大赛	全国	一等奖	中国发明协会	2016.10
258	汪琳斌、吴京津	第十一届全国高职高专“发明杯”大学生创新创业大赛	全国	三等奖	中国发明协会	2016.10
259	周鹏、杨妍、刘涛、王绍伟、张根强	第十一届全国高职高专“发明杯”大学生创新创业大赛	全国	三等奖	中国发明协会	2016.10
260	孙亮、李星、肖雪峰、胡小杰、吴浩	第十一届全国高职高专“发明杯”大学生创新创业大赛	全国	一等奖	中国发明协会	2016.10
261	胡正阳、胡小杰、李星、郭强、肖雪峰	第十一届全国高职高专“发明杯”大学生创新创业大赛	全国	一等奖	中国发明协会	2016.10
262	李星、肖雪峰、胡小杰、胡正阳、孙亮	第十一届全国高职高专“发明杯”大学生创新创业大赛	全国	二等奖	中国发明协会	2016.10
263	杨航、杨月、李尚伟、宋雪梅、李成東	第十一届全国高职高专“发明杯”大学生创新创业大赛	全国	三等奖	中国发明协会	2016.10
264	杨航、师坤、万杰、罗庆、郭乔维	第十一届全国高职高专“发明杯”大学生创新创业大赛	全国	二等奖	中国发明协会	2016.10

续表

序号	学生姓名	奖项名称	奖励级别	奖项等级	颁奖单位	颁奖时间
265	吴艳、江徐柳、李若雪	第十一届全国高职高专“发明杯”大学生创新创业大赛	全国	三等奖	中国发明协会	2016.10
266	陈钰、蒋莉佳、侯秀容	第十一届全国高职高专“发明杯”大学生创新创业大赛	全国	三等奖	中国发明协会	2016.10
267	高静、陈永贤、宗从峥、陈坤、吴嘉琪	第十一届全国高职高专“发明杯”大学生创新创业大赛	全国	三等奖	中国发明协会	2016.10
268	叶明沅、尹继梅、杜晓倩、刘俊慧、康宁	第十一届全国高职高专“发明杯”大学生创新创业大赛	全国	三等奖	中国发明协会	2016.10
269	蒋忠桁、张峥妮、陈鑫、陈运东、张宇	第十一届全国高职高专“发明杯”大学生创新创业大赛	全国	三等奖	中国发明协会	2016.10
270	陈运辉、周月莹、吴秋婷、毛龙灵、黄兴梅	第十一届全国高职高专“发明杯”大学生创新创业大赛	全国	三等奖	中国发明协会	2016.10
271	王伟、张仁辉、张志扬、许杰轲、严芃	第十一届全国高职高专“发明杯”大学生创新创业大赛	全国	三等奖	中国发明协会	2016.10
272	陈晗璐、孙艺峰、吴锡巧	第十一届全国高职高专“发明杯”大学生创新创业大赛	全国	二等奖	中国发明协会	2016.10
273	李昀灿、李登波、王惠、陈首财	2016年“中诺思杯”物流储存与配送作业优化设计和实施赛	全国	二等奖	全国交通运输职业教育教学指导委员会	2016.10
274	方景镭	全国高校节能环保汽车知识竞赛	全国	第二名	中国电工技术协会	2015.10
275	方景镭、王丁、刘兴杰、郭仕南	第十一届全国高职高专“发明杯”大学生创新创业大赛	全国	二等奖	中国发明协会	2016.10
276	兰运宏、纪旭、赵洪强、付杰、何孟儒	第十一届全国高职高专“发明杯”大学生创新创业大赛	全国	三等奖	中国发明协会	2016.10

续表

序号	学生姓名	奖项名称	奖励级别	奖项等级	颁奖单位	颁奖时间
277	李维、王森、熊高宏、罗财华	第十一届全国高职高专“发明杯”大学生创新创业大赛	全国	三等奖	中国发明协会	2016.10
278	侯杰、何锦波、周佳华、杨萌、蒋佳佳	第十一届全国高职高专“发明杯”大学生创新创业大赛	全国	二等奖	中国发明协会	2016.10
279	陈海波、罗财华、凡陈、侯杰、蒋佳佳	第十一届全国高职高专“发明杯”大学生创新创业大赛	全国	一等奖	中国发明协会	2016.10
280	刘津齐、张俊、赵凡、胡家龙、纪旭	第十一届全国高职高专“发明杯”大学生创新创业大赛	全国	二等奖	中国发明协会	2016.10
281	熊高宏、李维、宋建雄、拓高锋	第十一届全国高职高专“发明杯”大学生创新创业大赛	全国	三等奖	中国发明协会	2016.10
282	拓高锋、熊高宏、李维	第十一届全国高职高专“发明杯”大学生创新创业大赛	全国	三等奖	中国发明协会	2016.10
283	袁帅、曾寒戈、周俊辰	第十一届全国高职高专“发明杯”大学生创新创业大赛	全国	二等奖	中国发明协会	2016.10
284	胡骞、何锦波、侯杰、杨萌、李中顺	第十一届全国高职高专“发明杯”大学生创新创业大赛	全国	二等奖	中国发明协会	2016.10
285	李青锋、魏鑫、李中顺、朱金枭	第十一届全国高职高专“发明杯”大学生创新创业大赛	全国	一等奖	中国发明协会	2016.10
286	张景玮、张波、饶舜禹、唐正、郑小林	第十一届全国高职高专“发明杯”大学生创新创业大赛	全国	二等奖	中国发明协会	2016.10
287	魏鑫、拓高锋、凡陈、纪旭、任章鑫	第十一届全国高职高专“发明杯”大学生创新创业大赛	全国	三等奖	中国发明协会	2016.10

续表

序号	学生姓名	奖项名称	奖励级别	奖项等级	颁奖单位	颁奖时间
288	戴沛东、胡骞、程兆锦、魏鑫、刘津齐	第十一届全国高职高专“发明杯”大学生创新创业大赛	全国	一等奖	中国发明协会	2016.10
289	程兆锦、侯杰、何锦波、叶鹏、刘津齐	第十一届全国高职高专“发明杯”大学生创新创业大赛	全国	二等奖	中国发明协会	2016.10
290	余伦祥、范霄、李奇、卢德宇、李星	第十一届全国高职高专“发明杯”大学生创新创业大赛	全国	二等奖	中国发明协会	2016.10
291	但汶松、周鑫、林辉、李全鹏、刘志建	第十一届全国高职高专“发明杯”大学生创新创业大赛-创业类	全国	一等奖	中国发明协会 江苏省科学技术协会 中国高等职业技术教育研究会 中国高等学校知识产权研究会	2016.10
292	但汶松、林辉、周鑫、李全鹏、刘志建	第十一届全国高职高专“发明杯”大学生创新创业大赛	全国	一等奖	中国发明协会	2016.10
293	王绍伟、张根强、易洪路、应建平、宋玉龙	第十一届全国高职高专“发明杯”大学生创新创业大赛	全国	一等奖	中国发明协会 江苏省科学技术协会 中国高等职业技术教育研究会 中国高等学校知识产权研究会	2016.10
294	袁彬、赵元春、肖辉、廖志强	中国国际飞行器设计挑战赛	全国	二等奖	中国航空运动协会	2016.10
295	王子珏	“思科网院杯”2016 年度大学生网络技术大赛	全国	三等奖	思科网络技术学院理事会	2016.10

续表

序号	学生姓名	奖项名称	奖励级别	奖项等级	颁奖单位	颁奖时间
296	蒲烽	“思科网院杯”2016年度大学生网络技术大赛	全国	三等奖	思科网络技术学院理事会	2016.10
297	陈奕铠、杨皓麟、段翔宇、钟磊	第十一届全国高职高专“发明杯”大学生创新创业大赛-创意类	全国	一等奖	中国发明协会 江苏省科学技术协会 中国高等职业技术教育研究会 中国高等学校知识产权研究会	2016.10
298	潘林杰	第十一届全国高职高专“发明杯”大学生创新创业大赛-创意类	全国	二等奖	中国发明协会 江苏省科学技术协会 中国高等职业技术教育研究会 中国高等学校知识产权研究会	2016.10
299	潘林杰、黄林、牟胜杰	2016年“锐捷杯”全国高等职业院校大数据技术应用技能竞赛	全国	三等奖	全国高等院校计算机基础教育研究会	2016.11
300	陈奕铠、项雨、杨皓麟	2016年“联合信息杯”全国高等职业院校Web应用软件开发技能竞赛	全国	一等奖	全国高等院校计算机基础教育研究会	2016.11
301	赵浚铭	2017年第三届全国青年摄影大赛	全国	优秀奖	青年时尚家青年摄影评审组委会	2016.11
302	余伦祥、范霄、李奇、李星、卢德宇	第十一届全国高职高专“发明杯”大学生创新创业大赛	全国	二等奖	中国发明协会等四部门	2016.12

续表

序号	学生姓名	奖项名称	奖励级别	奖项等级	颁奖单位	颁奖时间
303	凌荣巧、李治港、张强	2016年全国大学生数学建模竞赛	全国	二等奖	全国大学生数学建模竞赛组织委员会	2016.12
304	李治港、凌荣巧、张强	2016年高教社杯全国大学生数学建模竞赛-专科组	全国	二等奖	全国大学生数学建模竞赛组织委员会	2016.12
305	穆旭旭、周鑫、林辉、温梦玲、胡运杰	第十五届CaTICs网络赛-团队优胜（3D）高职组	全国	三等奖	CaTICs组织委员会	2016.12
306	穆旭旭	第十五届CaTICs网络赛-个人成绩（3D）高职组	全国	一等奖	CaTICs组织委员会	2016.12
307	张诺宸	2016年度“哈工海渡杯”工业机器人虚拟仿真大赛	全国	二等奖	苏州哈工海渡工业机器人有限公司	2016.12
308	郑宇轩	2016年度“哈工海渡杯”工业机器人虚拟仿真大赛	全国	二等奖	苏州哈工海渡工业机器人有限公司	2016.12
309	郑英英	2017年大学生环保知识竞赛	全国	三等奖	大学生环保知识竞赛组委会	2017.4
310	蒲烽、钟原	全国大学生环保知识竞赛	全国	优秀奖	大学生环保知识竞赛组委会等三部门	2017.4
311	杨戬、王铭阳、唐凌飞	2017年飞机发动机拆装与维修技能比赛	全国	三等奖	全国职业院校技能大赛组织委员会	2017.5
312	蒲烽、马茂晖、彭洪伟	全国信息安全管理	全国	三等奖	全国职业院校技能大赛组织委员会	2017.5
313	唐凌飞、王铭阳	2017年全国职业院校技能大赛高职组《飞机发动机拆装调试与维修》	全国	三等奖	全国职业院校技能大赛组织委员会	2017.5

续表

序号	学生姓名	奖项名称	奖励级别	奖项等级	颁奖单位	颁奖时间
314	李豪	第九届 SAMPE 超轻复合材料机翼学生竞赛	全国	三等奖	国际先进材料与制造工程学会（SAMPE）中国大陆总会	2017.5
315	李豪	第九届 SAMPE 超轻复合材料机翼优秀视频	全国	三等奖	国际先进材料与制造工程学会（SAMPE）中国大陆总会	2017.5
316	李豪	第九届 SAMPE 超轻复合材料机翼（LCM）优秀海报	全国	三等奖	国际先进材料与制造工程学会（SAMPE）中国大陆总会	2017.5
317	贾瑞萱	第九届 SAMPE 超轻复合材料天然纤维桥梁学生竞赛	全国	一等奖	国际先进材料与制造工程学会（SAMPE）中国大陆总会	2017.5
318	贾瑞萱	第九届 SAMPE 超轻复合材料碳纤维桥梁学生竞赛	全国	二等奖	国际先进材料与制造工程学会（SAMPE）中国大陆总会	2017.5
319	贾瑞萱	第九届 SAMPE 超轻复合材料天然纤维桥梁优秀视频	全国	三等奖	国际先进材料与制造工程学会（SAMPE）中国大陆总会	2017.5
320	何明玉	第九届 SAMPE 超轻复合材料碳纤维桥梁学生竞赛	全国	一等奖	国际先进材料与制造工程学会（SAMPE）中国大陆总会	2017.5
321	何明玉	第九届 SAMPE 超轻复合材料天然纤维桥梁学生竞赛	全国	二等奖	国际先进材料与制造工程学会（SAMPE）中国大陆总会	2017.5

续表

序号	学生姓名	奖项名称	奖励级别	奖项等级	颁奖单位	颁奖时间
322	何明玉	第九届 SAMPE 超轻复合材料天然纤维桥梁优秀视频	全国	三等奖	国际先进材料与制造工程学会（SAMPE）中国大陆总会	2017.5
323	吕文杰	第九届 SAMPE 超轻复合材料碳纤维桥梁学生竞赛	全国	二等奖	国际先进材料与制造工程学会（SAMPE）中国大陆总会	2017.5
324	吕文杰	第九届 SAMPE 超轻复合材料机翼学生竞赛	全国	二等奖	国际先进材料与制造工程学会（SAMPE）中国大陆总会	2017.5
325	刘小伍	第九届 SAMPE 超轻复合材料机翼（LCM）优秀海报	全国	三等奖	国际先进材料与制造工程学会（SAMPE）中国大陆总会	2017.5
326	刘小伍	第九届 SAMPE 超轻复合材料机翼优秀视频	全国	三等奖	国际先进材料与制造工程学会（SAMPE）中国大陆总会	2017.5
327	刘小伍	第九届 SAMPE 超轻复合材料机翼学生竞赛	全国	三等奖	国际先进材料与制造工程学会（SAMPE）中国大陆总会	2017.5
328	陈冲	第九届 SAMPE 超轻复合材料天然纤维桥梁学生竞赛	全国	二等奖	国际先进材料与制造工程学会（SAMPE）中国大陆总会	2017.5

续表

序号	学生姓名	奖项名称	奖励级别	奖项等级	颁奖单位	颁奖时间
329	陈冲	第九届 SAMPE 超轻复合材料碳纤维桥梁学生竞赛	全国	一等奖	国际先进材料与制造工程学会（SAMPE）中国大陆总会	2017.5
330	底素文	第九届 SAMPE 超轻复合材料天然纤维桥梁学生竞赛	全国	二等奖	国际先进材料与制造工程学会（SAMPE）中国大陆总会	2017.5
331	底素文	第九届 SAMPE 超轻复合材料碳纤维桥梁学生竞赛	全国	一等奖	国际先进材料与制造工程学会（SAMPE）中国大陆总会	2017.5
332	徐伟	第九届 SAMPE 超轻复合材料碳纤维桥梁学生竞赛	全国	二等奖	国际先进材料与制造工程学会（SAMPE）中国大陆总会	2017.5
333	徐伟	第九届 SAMPE 超轻复合材料机翼学生竞赛	全国	二等奖	国际先进材料与制造工程学会（SAMPE）中国大陆总会	2017.5
334	徐光辉	第九届 SAMPE 超轻复合材料天然纤维桥梁优秀视频	全国	二等奖	国际先进材料与制造工程学会（SAMPE）中国大陆总会	2017.5
335	徐光辉	第九届 SAMPE 超轻复合材料天然纤维桥梁学生竞赛	全国	三等奖	国际先进材料与制造工程学会（SAMPE）中国大陆总会	2017.5

续表

序号	学生姓名	奖项名称	奖励级别	奖项等级	颁奖单位	颁奖时间
336	徐光辉	第九届 SAMPE 超轻复合材料机翼（LCM）学生竞赛	全国	三等奖	国际先进材料与制造工程学会（SAMPE）中国大陆总会	2017.5
337	柴瑞德	第九届 SAMPE 大学生超轻桥梁/机翼竞赛碳纤维机翼组	全国	二等奖	国际先进材料与制造工程学会（SAMPE）中国大陆总会	2017.5
338	柴瑞德	第九届 SAMPE 大学生超轻桥梁/机翼竞赛碳纤维桥梁	全国	二等奖	国际先进材料与制造工程学会（SAMPE）中国大陆总会	2017.5
339	张灏	第九届 SAMPE 大学生超轻桥梁/机翼竞赛碳纤维机翼组	全国	二等奖	国际先进材料与制造工程学会（SAMPE）中国大陆总会	2017.5
340	张灏	第九届 SAMPE 大学生超轻桥梁/机翼竞赛（碳纤维桥梁）	全国	二等奖	国际先进材料与制造工程学会（SAMPE）中国大陆总会	2017.5
341	高渤格	第九届 SAMPE 大学生超轻桥梁/机翼竞赛（天然纤维桥梁）	全国	一等奖	国际先进材料与制造工程学会（SAMPE）中国大陆总会	2017.5
342	高渤格	第九届 SAMPE 大学生超轻桥梁/机翼竞赛（碳纤维桥梁）	全国	二等奖	国际先进材料与制造工程学会（SAMPE）中国大陆总会	2017.5

续表

序号	学生姓名	奖项名称	奖励级别	奖项等级	颁奖单位	颁奖时间
343	高渤格	第九届 SAMPE 大学生超轻桥梁/机翼竞赛（天然纤维桥梁视频）	全国	三等奖	国际先进材料与制造工程学会（SAMPE）中国大陆总会	2017.5
344	冯桂诞	第九届 SAMPE 大学生超轻桥梁/机翼竞赛（碳纤维桥梁）	全国	一等奖	国际先进材料与制造工程学会（SAMPE）中国大陆总会	2017.5
345	冯桂诞	第九届 SAMPE 大学生超轻桥梁/机翼竞赛（天然纤维桥梁）	全国	二等奖	国际先进材料与制造工程学会（SAMPE）中国大陆总会	2017.5
346	何晓琴	第九届 SAMPE 超轻复合材料碳纤维桥梁学生竞赛	全国	二等奖	国际先进材料与制造工程学会（SAMPE）中国大陆总会	2017.5
347	何晓琴	第九届 SAMPE 超轻复合材料机翼学生竞赛	全国	二等奖	国际先进材料与制造工程学会（SAMPE）中国大陆总会	2017.5
348	廖桐	第九届 SAMPE 超轻复合材料天然纤维桥梁优秀视频	全国	二等奖	国际先进材料与制造工程学会（SAMPE）中国大陆总会	2017.5
349	廖桐	第九届 SAMPE 超轻复合材料天然纤维桥梁学生竞赛	全国	三等奖	国际先进材料与制造工程学会（SAMPE）中国大陆总会	2017.5

续表

序号	学生姓名	奖项名称	奖励级别	奖项等级	颁奖单位	颁奖时间
350	廖桐	第九届 SAMPE 超轻复合材料机翼（LCM）学生竞赛	全国	三等奖	国际先进材料与制造工程学会（SAMPE）中国大陆总会	2017.5
351	钟鑫	第九届 SAMPE 超轻复合材料天然纤维桥梁优秀视频	全国	三等奖	国际先进材料与制造工程学会（SAMPE）中国大陆总会	2017.5
352	钟鑫	第九届 SAMPE 超轻复合材料碳纤维桥梁学生竞赛	全国	二等奖	国际先进材料与制造工程学会（SAMPE）中国大陆总会	2017.5
353	钟鑫	第九届 SAMPE 超轻复合材料天然纤维桥梁学生竞赛	全国	一等奖	国际先进材料与制造工程学会（SAMPE）中国大陆总会	2017.5
354	邱科霖	第九届 SAMPE 超轻复合材料机翼优秀视频	全国	三等奖	国际先进材料与制造工程学会（SAMPE）中国大陆总会	2017.5
355	邱科霖	第九届 SAMPE 超轻复合材料机翼（LCM）优秀海报	全国	三等奖	国际先进材料与制造工程学会（SAMPE）中国大陆总会	2017.5
356	邱科霖	第九届 SAMPE 超轻复合材料机翼学生竞赛	全国	三等奖	国际先进材料与制造工程学会（SAMPE）中国大陆总会	2017.5

续表

序号	学生姓名	奖项名称	奖励级别	奖项等级	颁奖单位	颁奖时间
357	王彦茹	第九届 SAMPE 超轻复合材料机翼优秀视频	全国	三等奖	国际先进材料与制造工程学会（SAMPE）中国大陆总会	2017.5
358	王彦茹	第九届 SAMPE 超轻复合材料机翼（LCM）优秀海报	全国	三等奖	国际先进材料与制造工程学会（SAMPE）中国大陆总会	2017.5
359	王彦茹	第九届 SAMPE 超轻复合材料机翼学生竞赛	全国	三等奖	国际先进材料与制造工程学会（SAMPE）中国大陆总会	2017.5
360	冯茹霜	第九届 SAMPE 超轻复合材料天然纤维桥梁优秀视频	全国	二等奖	国际先进材料与制造工程学会（SAMPE）中国大陆总会	2017.5
361	冯茹霜	第九届 SAMPE 超轻复合材料天然纤维桥梁学生竞赛	全国	三等奖	国际先进材料与制造工程学会（SAMPE）中国大陆总会	2017.5
362	冯茹霜	第九届 SAMPE 超轻复合材料机翼（LCM）学生竞赛	全国	三等奖	国际先进材料与制造工程学会（SAMPE）中国大陆总会	2017.5
363	张媛	第九届 SAMPE 超轻复合材料天然纤维桥梁学生竞赛	全国	一等奖	国际先进材料与制造工程学会（SAMPE）中国大陆总会	2017.5

续表

序号	学生姓名	奖项名称	奖励级别	奖项等级	颁奖单位	颁奖时间
364	张媛	第九届 SAMPE 超轻复合材料碳纤维桥梁学生竞赛	全国	二等奖	国际先进材料与制造工程学会（SAMPE）中国大陆总会	2017.5
365	张媛	第九届 SAMPE 超轻复合材料天然纤维桥梁优秀视频	全国	三等奖	国际先进材料与制造工程学会（SAMPE）中国大陆总会	2017.5
366	严伟桐	第九届 SAMPE 超轻复合材料机翼学生竞赛	全国	三等奖	国际先进材料与制造工程学会（SAMPE）中国大陆总会	2017.5
367	严伟桐	第九届 SAMPE 超轻复合材料机翼优秀视频	全国	三等奖	国际先进材料与制造工程学会（SAMPE）中国大陆总会	2017.5
368	严伟桐	第九届 SAMPE 超轻复合材料机翼（LCM）优秀海报	全国	三等奖	国际先进材料与制造工程学会（SAMPE）中国大陆总会	2017.5
369	赵李林	第九届 SAMPE 超轻复合材料天然纤维桥梁学生竞赛	全国	二等奖	国际先进材料与制造工程学会（SAMPE）中国大陆总会	2017.5
370	赵李林	第九届 SAMPE 超轻复合材料碳纤维桥梁学生竞赛	全国	一等奖	国际先进材料与制造工程学会（SAMPE）中国大陆总会	2017.5

续表

序号	学生姓名	奖项名称	奖励级别	奖项等级	颁奖单位	颁奖时间
371	蔡强航	第九届 SAMPE 超轻复合材料天然纤维桥梁优秀视频	全国	二等奖	国际先进材料与制造工程学会（SAMPE）中国大陆总会	2017.5
372	蔡强航	第九届 SAMPE 超轻复合材料天然纤维桥梁学生竞赛	全国	三等奖	国际先进材料与制造工程学会（SAMPE）中国大陆总会	2017.5
373	蔡强航	第九届 SAMPE 超轻复合材料机翼（LCM）学生竞赛	全国	三等奖	国际先进材料与制造工程学会（SAMPE）中国大陆总会	2017.5
374	廖莎莎	第九届 SAMPE 超轻复合材料天然纤维桥梁优秀视频	全国	二等奖	国际先进材料与制造工程学会（SAMPE）中国大陆总会	2017.5
375	廖莎莎	第九届 SAMPE 超轻复合材料天然纤维桥梁学生竞赛	全国	三等奖	国际先进材料与制造工程学会（SAMPE）中国大陆总会	2017.5
376	廖莎莎	第九届 SAMPE 超轻复合材料机翼（LCM）学生竞赛	全国	三等奖	国际先进材料与制造工程学会（SAMPE）中国大陆总会	2017.5
377	孙明远	第九届 SAMPE 大学生超轻桥梁/机翼竞赛（碳纤维桥梁）	全国	一等奖	国际先进材料与制造工程学会（SAMPE）中国大陆总会	2017.5

续表

序号	学生姓名	奖项名称	奖励级别	奖项等级	颁奖单位	颁奖时间
378	孙明远	第九届 SAMPE 大学生超轻桥梁/机翼竞赛（天然纤维桥梁）	全国	二等奖	国际先进材料与制造工程学会（SAMPE）中国大陆总会	2017.5
379	冯桂诞、李明	2017 年 SAMPE 国际大学生超轻复合材料桥梁竞赛（开放设计）	国际	一等奖	国际先进材料与制造工程学会（SAMPE）	2017.5
380	冯桂诞、王子逊、张如意、冯勇、董富琪、王春、廖桐	2017 年 SAMPE 国际大学生超轻复合材料桥梁竞赛-团体	国际	一等奖	国际先进材料与制造工程学会（SAMPE）	2017.5
381	唐煜翔、廖桐、熊倩、苟明	2017 年 SAMPE 国际大学生超轻复合材料桥梁竞赛（天然纤维工字梁）	国际	三等奖	国际先进材料与制造工程学会（SAMPE）	2017.5
382	李金城、王子逊、李雯婷、杨明宇、骆涛	2017 年 SAMPE 国际大学生超轻复合材料桥梁竞赛（碳纤维工字梁）	国际	一等奖	国际先进材料与制造工程学会（SAMPE）	2017.5
383	张如意、冯勇、易书舟	2017 年 SAMPE 国际大学生超轻复合材料桥梁竞赛（碳纤维箱型梁）	国际	一等奖	国际先进材料与制造工程学会（SAMPE）	2017.5
384	张如意、张明欢	2017 年 SAMPE 国际大学生超轻复合材料桥梁竞赛（玻璃纤维箱型梁）	国际	二等奖	国际先进材料与制造工程学会（SAMPE）	2017.5
385	王春、董富琪、李沐涛、叶兴全	2017 年 SAMPE 国际大学生超轻复合材料桥梁竞赛（玻璃纤维工字梁设计）	国际	二等奖	国际先进材料与制造工程学会（SAMPE）	2017.5
386	王子逊、李雯婷、杨明宇、骆焘、李金城	2017 年 SAMPE 国际大学生超轻复合材料桥梁竞赛（海报/视频）	国际	一等奖	国际先进材料与制造工程学会（SAMPE）	2017.5
387	王春、董富琪、李沐涛、叶兴全	2017 年 SAMPE 国际大学生超轻复合材料桥梁竞赛（回收纤维工字梁设计）	国际	一等奖	国际先进材料与制造工程学会（SAMPE）	2017.5

续表

序号	学生姓名	奖项名称	奖励级别	奖项等级	颁奖单位	颁奖时间
388	卢鹏	第三届全国青年摄影大赛	全国	优秀奖	青年时尚家青年摄影大赛评审组委会	2017.5
389	彭洪伟、马茂晖	2017 年全国职业技能大赛（“信息安全管理与评估”）	全国	三等奖	全国职业技能大赛组织委员会	2017.5
390	蔡乾、张安祥、代兵	2017 年全国职业院校技能大赛高职组“数控机床装调与技术改造”比赛	全国	三等奖	全国职业院校技能大赛组织委员会	2017.5
391	肖云飞、杨韬、黄浩轩	2017 年中国工程机器人大赛暨国际公开赛	全国	二等奖	教育部高等学校创新方法教学指导委员会 国际工程机器人联盟	2017.5
392	谭力中、何佳昱、康浩	2017 年中国工程机器人大赛暨国际公开赛	全国	三等奖	教育部高等学校创新方法教学指导委员会 国际工程机器人联盟	2017.5
393	胡桃、王子勋、李尧	2017 年中国工程机器人大赛暨国际公开赛	全国	二等奖	教育部高等学校创新方法教学指导委员会 国际工程机器人联盟	2017.5
394	应建平、周俊宇、徐文野	2017 年中国工程机器人大赛暨国际公开赛	全国	一等奖	教育部高等学校创新方法教学指导委员会 国际工程机器人联盟	2017.5
395	万蔚、李梦煜、刘涛	2017 年全国高职高专“计算机网络应用”比赛	全国	三等奖	全国职业院校技能大赛组织委员会	2017.5

续表

序号	学生姓名	奖项名称	奖励级别	奖项等级	颁奖单位	颁奖时间
396	罗昶、唐铭、黄程	2017 年全国职业院校技能大赛高职组“四合天地杯”软件测试比赛	全国	三等奖	全国职业院校技能大赛组织委员会	2017.5
397	张丹	第三届全国高校 BIM 毕业设计作品大赛“施工专项 BIM 应用”比赛	全国	二等奖	上海鲁班软件股份有限公司	2017.6
398	付历阅	第三届全国高校 BIM 毕业设计作品大赛“施工专项 BIM 应用”比赛	全国	二等奖	上海鲁班软件股份有限公司	2017.6
399	罗奥	第三届全国高校 BIM 毕业设计作品大赛“施工专项 BIM 应用”比赛	全国	优秀奖	上海鲁班软件股份有限公司	2017.6
400	余堃	第三届全国高校 BIM 毕业设计作品大赛“施工专项 BIM 应用”比赛	全国	优秀奖	上海鲁班软件股份有限公司	2017.6
401	赵元伟	壹大学第三届三行情书大赛	全国	三等奖	壹大学传媒 三行情书评审委员会	2017.6
402	唐宏华	第三届全国高校 BIM 毕业设计作品大赛“施工专项 BIM 应用”比赛	全国	二等奖	上海鲁班软件股份有限公司	2017.6
403	唐梓豪	第三届全国高校 BIM 毕业设计作品大赛“施工专项 BIM 应用”比赛	全国	二等奖	上海鲁班软件股份有限公司	2017.6
404	潘林杰、黄林、陈奕铠	2017 年全国职业院校技能大赛高职组“联想”杯移动互联网应用软件开发大赛	全国	三等奖	全国职业院校技能大赛组织委员会	2017.6
405	张丹	第三届全国高等院校学生 BIM 应用技能网络大赛	全国	三等奖	中国建设教育协会	2017.7

续表

序号	学生姓名	奖项名称	奖励级别	奖项等级	颁奖单位	颁奖时间
406	付历阅	第三届全国高等院校学生 BIM 应用技能网络大赛	全国	三等奖	中国建设教育协会	2017.7
407	唐梓豪	第三届全国高等院校学生 BIM 应用技能网络大赛	全国	三等奖	中国建设教育协会	2017.7
408	唐宏华	第三届全国高等院校学生 BIM 应用技能网络大赛	全国	三等奖	中国建设教育协会	2017.7
409	杜黄龙、时明轩、胡舰	中国国际飞行器设计挑战赛(《模型火箭运载与返回团体》)	全国	第四名	中国航空运动协会	2017.8
410	杜黄龙、时明轩、胡舰	中国国际飞行器设计挑战赛(《模型火箭运载与返回》)	全国	二等奖	中国航空运动协会	2017.8
411	杜黄龙、肖辉	中国国际飞行器设计挑战赛(《电动滑翔机》)	全国	二等奖	中国航空运动协会	2017.8
412	杜黄龙	中国国际飞行器设计挑战赛(《电动滑翔机团体》)	全国	第四名	中国航空运动协会	2017.8
413	周行烽、贾瑞萱、冯桂诞	中国国际飞行器设计挑战赛暨科研类航空航天模型公开赛(《模型火箭运载与返回》)	全国	三等奖	中国航空运动协会	2017.8
414	贾瑞萱	中国国际飞行器设计挑战赛暨科研类全国航空航天模型公开赛(《对地侦察与打击》)	全国	三等奖	中国航空运动协会	2017.8
415	应建平、周俊、胡桃	2017 年全国大学生电子设计竞赛	全国	二等奖	全国大学生电子设计竞赛委员会	2017.8

续表

序号	学生姓名	奖项名称	奖励级别	奖项等级	颁奖单位	颁奖时间
416	徐文野	2017年全国大学生电子设计竞赛	全国	二等奖	全国大学生电子设计竞赛委员会	2017.8
417	徐文野	2018 全国大学生智能互联创新大赛	全国	三等奖	全国大学生智能互联创新大赛竞赛委员会 中国电子学会	2017.8
418	陈雨彤	团中央"圆梦大学"高考报考公益计划	全国	三等奖	团中央	2017.8
419	袁彬、杨聆、贾瑞萱、陈俊旭	中国国际飞行器设计挑战赛	全国	三等奖	中国航空运动协会	2017.8
420	董佳琪	中国国际飞行器设计挑战赛(《遥控纸飞机编队飞行》)	全国	一等奖	中国航空运动协会	2017.8
421	高洁	中国国际飞行器设计挑战赛(《遥控纸飞机编队飞行》)	全国	一等奖	中国航空运动协会	2017.8
422	郑英英	中国国际飞行器设计挑战赛(《遥控纸飞机编队飞行》)	全国	一等奖	中国航空运动协会	2017.8
423	郑英英	中国国际飞行器设计挑战赛(《电动滑翔机》)	全国	二等奖	中国航空运动协会	2017.8
424	郑英英	中国国际飞行器设计挑战赛(《电动滑翔机》)	全国	二等奖	中国航空运动协会	2017.8
425	朱杜希	中国国际飞行器设计挑战赛(《模型火箭运载与返回》)	全国	二等奖	中国航空运动协会	2017.8

续表

序号	学生姓名	奖项名称	奖励级别	奖项等级	颁奖单位	颁奖时间
426	高洁	中国国际飞行器设计挑战赛(《模型火箭运载与返回》)	全国	二等奖	中国航空运动协会	2017.8
427	陈俊旭	中国国际飞行器设计挑战赛(《电动滑翔机》)	全国	三等奖	中国航空运动协会	2017.8
428	陈俊旭	中国国际飞行器设计挑战赛(《对地侦测与打击》)	全国	三等奖	中国航空运动协会	2017.8
429	袁彬、杨聆	中国国际飞行器设计挑战赛	全国	第五名	中国航空运动协会	2017.8
430	熊芯、蒋发源、张福	2017 年全国大学生电子设计竞赛“TI”杯总决赛	全国	二等奖	全国大学生电子设计竞赛组委会	2017.8
431	潘林杰、黄林、罗昶	第六届“中国软件杯”大学生软件设计大赛-高职组	全国	三等奖	“中国软件杯”大学生软件设计大赛组委会	2017.9
432	冯桂诞、李啸先、夏驰涵、李江	中国国际飞行器设计挑战赛暨科研类全国航空航天模型锦标赛(《模型火箭运载与返回（固体火箭)》)	全国	一等奖	国家体育总局办公厅、教育部办公厅、中国科学院办公厅	2017.9
433	胡舰、夏驰涵	中国国际飞行器设计挑战赛暨科研类全国航空航天模型锦标赛(《电动滑翔机》)	全国	三等奖	国家体育总局办公厅、教育部办公厅、中国科学院办公厅	2017.9
434	刘永强	2017 年全国金相技能大赛	全国	三等奖	教育部高等学校材料类专业教学指导委员会	2017.10
435	朱嘉熠	2017 年全国金相技能大赛	全国	一等奖	教育部高等学校材料类专业教学指导委员会	2017.10

续表

序号	学生姓名	奖项名称	奖励级别	奖项等级	颁奖单位	颁奖时间
436	王春轩、甘令、代翔、高泽、贾翔麟	第十二届全国高等职业院校“发明杯”大学生创新创业大赛-制作类	全国	二等奖	中国发明协会等四部门	2017.10
437	李威明、甘令、张鹭瑶、陈永春、余兵兵	第十二届全国高等职业院校“发明杯”大学生创新创业大赛-制作类	全国	二等奖	中国发明协会等四部门	2017.10
438	高林、陈军、胡易、余兵兵、谌蒙俊	第十二届全国高等职业院校“发明杯”大学生创新创业大赛-制作类	全国	三等奖	中国发明协会等四部门	2017.10
439	文鹏、唐越、余伦祥	第十二届全国高等职业院校“发明杯”大学生创新创业大赛-创业类	全国	二等奖	中国发明协会等四部门	2017.10
440	贺超、万宇辉等	第十二届全国高等职业院校“发明杯”大学生创新创业大赛	全国	一等奖	中国发明协会	2017.10
441	张波、唐萧磊、古磊、王祖枭文、朱彬	第十二届全国高等职业院校“发明杯”大学生创新创业大赛（《搭载换挡机构的行星齿轮教学装置》）	全国	一等奖	中国发明协会	2017.10
442	赵勇臣、王松斌、袁兵、向平、范鹏彬	第十二届全国高等职业院校“发明杯”大学生创新创业大赛-发明制作类	全国	一等奖	中国发明协会河南省科学技术厅等	2017.10
443	兰运宏、李唐顺、刘兴杰	第十三届全国高等职业院校“发明杯”大学生创新创业大赛-发明制作类	全国	二等奖	中国发明协会河南省科学技术厅等	2017.10
444	刘兴杰、孟宇	第十四届全国高等职业院校“发明杯”大学生创新创业大赛-发明制作类	全国	二等奖	中国发明协会河南省科学技术厅等	2017.10
445	孟宇、谭富阳、朱宇航、胡正江、廖婧	第十五届全国高等职业院校“发明杯”大学生创新创业大赛-发明制作类	全国	二等奖	中国发明协会河南省科学技术厅等	2017.10

续表

序号	学生姓名	奖项名称	奖励级别	奖项等级	颁奖单位	颁奖时间
446	沈瑞卓、朱杜希、王滔、陈俊宇、刘翰林	第十二届全国高等职业院校“发明杯”大学生创新创业大赛	全国	二等奖	中国发明协会	2017.10
447	黄程、唐铭、罗昶	2017 年全国大学生软件测试大赛全国总决赛	全国	三等奖	教育部	2017.10
448	刘新园、王振、李航、吴梓敬、黄鸿益	第十二届全国高等职业院校“发明杯”大学生创新创业大赛	全国	三等奖	中国发明协会	2017.10
449	蒲烽	全国大学生艾滋病知识竞赛	全国	优秀奖	全国大学生艾滋病知识竞赛组委会	2017.11
450	何季檣、夏驰涵、李啸先	中国国际飞行器设计挑战赛暨科研类全国航空航天模型公开赛(《无人机任务对抗赛》)	全国	第二名	国家体育总局办公厅、教育部办公厅、中国科学院办公厅	2017.11
451	付玉兰、何柳葶、范旭非	第四届全国职业院校“建筑装饰综合技能”竞赛团体	全国	一等奖	全国住房和城乡建设职业教育教学指导委	2017.11
452	何柳葶	第四届全国职业院校“建筑装饰综合技能”竞赛-建筑装饰施工图绘制单项	全国	一等奖	全国住房和城乡建设职业教育教学指导委	2017.11
453	范旭非	第四届全国职业院校“建筑装饰综合技能”竞赛-建筑装饰施工图绘制单项	全国	一等奖	全国住房和城乡建设职业教育教学指导委	2017.11
454	付玉兰	第四届全国职业院校“建筑装饰综合技能”竞赛-工程量清单单项	全国	一等奖	全国住房和城乡建设职业教育教学指导委	2017.11

续表

序号	学生姓名	奖项名称	奖励级别	奖项等级	颁奖单位	颁奖时间
455	何柳葶	第四届全国职业院校“建筑装饰综合技能”竞赛-工程量清单单项	全国	一等奖	全国住房和城乡建设职业教育教学指导委	2017.11
456	范旭非	第四届全国职业院校“建筑装饰综合技能”竞赛-工程量清单单项	全国	一等奖	全国住房和城乡建设职业教育教学指导委	2017.11
457	王金伟	第四届全国职业院校“建筑装饰综合技能”竞赛-BIM 建筑模型团体	全国	二等奖	全国住房和城乡建设职业教育教学指导委	2017.11
458	刘浩、孙亮、李炜	2017 年全国职业院校“威胜杯”飞机机载设备安装、调试与维修大赛	全国	二等奖	全国航空工业职业教育教学指导委员会	2017.12
459	兰运宏	2017 年捷豹路虎精英学徒大赛	全国	三等奖	捷豹路虎中国	2017.12
460	刘荆清	2017 年捷豹路虎精英学徒大赛-钣金个人赛	全国	三等奖	捷豹路虎卓越培训项目	2017.12
461	付玉兰	第四届全国职业院校“建筑装饰综合技能”竞赛-建筑装饰施工图绘制单项	全国	一等奖	全国住房和城乡建设职业教育教学指导委	2017.12
462	马渝杰、刘力文、蒲子豪、周宇星等	第十届“畅想杯”企业经营管理沙盘竞赛全国总决赛	全国	三等奖	全国电子商务职业教育教学指导委员会	2017.12
463	周宽、郭卫敏	2018 年全国高职院校大学生“工业产品数字化设计与制造”赛项	全国	三等奖	国职业院校技能大赛组委会	2018.5
464	赵李林、李德鹏、赵靖瑶、贺浩浩、张哲渊	第十届 SAMPE 超轻复合材料桥梁/机翼学生竞赛（碳纤维桥梁）	全国	一等奖	国际先进材料与制造工程学会（SAMPE）中国大陆总会	2018.5

续表

序号	学生姓名	奖项名称	奖励级别	奖项等级	颁奖单位	颁奖时间
465	戚玉琢、何振宏、陈正伟、陈艳丽、冯义桓	第十届 SAMPE 超轻复合材料桥梁/机翼学生竞赛（碳纤维桥梁）	全国	二等奖	国际先进材料与制造工程学会（SAMPE）中国大陆总会	2018.5
466	戚玉琢、何振宏、陈正伟、陈艳丽、冯义桓	第十届 SAMPE 超轻复合材料桥梁/机翼学生竞赛（天然纤维桥梁）	全国	一等奖	国际先进材料与制造工程学会（SAMPE）中国大陆总会	2018.5
467	谢济民、娄雨彤、刘玉红、李杨、赵冬林	第十届 SAMPE 超轻复合材料桥梁/机翼学生竞赛（天然纤维桥梁）	全国	三等奖	国际先进材料与制造工程学会（SAMPE）中国大陆总会	2018.5
468	赵李林、李德鹏、赵靖瑶、贺浩浩、张哲渊	第一届 SAMPE 超轻复合材料桥梁/机翼学生竞赛（天然纤维桥梁）	全国	三等奖	国际先进材料与制造工程学会（SAMPE）中国大陆总会	2018.5
469	肖世鹏、彭泳博、刘利兵、陈龙、林锦华	第十届 SAMPE 超轻复合材料桥梁/机翼学生竞赛（机翼液体）-视频奖	全国	三等奖	国际先进材料与制造工程学会（SAMPE）中国大陆总会	2018.5
470	赵李林、李德鹏、赵靖瑶、贺浩浩、张哲渊	第十届 SAMPE 超轻复合材料桥梁/机翼学生竞赛（碳纤维桥梁）-视频奖	全国	三等奖	国际先进材料与制造工程学会（SAMPE）中国大陆总会	2018.5
471	谢济民、娄雨彤、刘玉红、李杨、赵冬林	第十届 SAMPE 超轻复合材料桥梁/机翼学生竞赛（天然纤维桥梁）-视频奖	全国	一等奖	国际先进材料与制造工程学会（SAMPE）中国大陆总会	2018.5

续表

序号	学生姓名	奖项名称	奖励级别	奖项等级	颁奖单位	颁奖时间
472	冯桂诞、李明、贾瑞萱	2018 年 SAMPE 国际大学生超轻复合材料桥梁竞赛-碳纤维工字梁组	全国	冠军	国际先进材料与制造工程学会（SAMPE）	2018.5
473	柴瑞德、陈玉铭、王郁萱、刘泽辉、赵家梁	2018 年 SAMPE 国际大学生超轻复合材料桥梁竞赛-碳纤维箱型梁	全国	冠军	国际先进材料与制造工程学会（SAMPE）	2018.5
474	李金城、邓亚歌、苏诗洋、李中玲、刘书帆	2018 年 SAMPE 国际大学生超轻复合材料桥梁竞赛-玻璃纤维工字梁	全国	冠军	国际先进材料与制造工程学会（SAMPE）	2018.5
475	李晶、张宇航、林鑫、罗怡	2018 年 SAMPE 国际大学生超轻复合材料桥梁竞赛-玻璃纤维箱型梁	全国	冠军	国际先进材料与制造工程学会（SAMPE）	2018.5
476	荀明、陈思义、王山、王志锐、曹又文	2018 年 SAMPE 国际大学生超轻复合材料桥梁竞赛-天然纤维梁	全国	冠军	国际先进材料与制造工程学会（SAMPE）	2018.5
477	冯桂诞、李明、何晓琴、苏崇熙、杨壮壮	2018 年 SAMPE 国际大学生超轻复合材料桥梁竞赛-开放设计	全国	冠军	国际先进材料与制造工程学会（SAMPE）	2018.5
478	王彦茹、何明玉、侯郑林、贺浩浩、陆钰	2018 年 SAMPE 国际大学生超轻复合材料桥梁竞赛-夹芯结构梁	全国	冠军	国际先进材料与制造工程学会（SAMPE）	2018.5
479	冯桂诞、柴瑞德、李金城、李晶、荀明、王彦茹	2018 年 SAMPE 国际大学生超轻复合材料桥梁竞赛-团体	全国	冠军	国际先进材料与制造工程学会（SAMPE）	2018.5
480	赵李林、李德鹏、赵靖瑶、贺浩浩、张哲渊	第十届 SAMPE 超轻复合材料天然纤维桥梁学生竞赛-碳纤维桥梁	全国	一等奖（第一名）	国际先进材料与制造工程学会（SAMPE）中国大陆总会	2018.5
481	谢济民、娄雨彤、刘玉红、李杨、赵冬林	第十届 SAMPE 超轻复合材料天然纤维桥梁学生竞赛-天然纤维桥梁	全国	三等奖（第三名）	国际先进材料与制造工程学会（SAMPE）中国大陆总会	2018.5

续表

序号	学生姓名	奖项名称	奖励级别	奖项等级	颁奖单位	颁奖时间
482	赵李林、李德鹏、赵靖瑶、贺浩浩、张哲渊	第十届 SAMPE 超轻复合材料天然纤维桥梁学生竞赛-天然纤维桥梁	全国	三等奖（第四名）	国际先进材料与制造工程学会（SAMPE）中国大陆总会	2018.5
483	肖世鹏、彭泳博、刘利兵、陈龙、林锦华	第十届 SAMPE 超轻复合材料天然纤维桥梁学生竞赛-机翼液体	全国	三等奖（第三名）	国际先进材料与制造工程学会（SAMPE）中国大陆总会	2018.5
484	赵李林、李德鹏、赵靖瑶、贺浩浩、张哲渊	第十届 SAMPE 超轻复合材料天然纤维桥梁学生竞赛-碳纤维桥梁	全国	三等奖（第三名）	国际先进材料与制造工程学会（SAMPE）中国大陆总会	2018.5
485	谢济民、娄雨彤、刘玉红、李杨、赵冬林	第十届 SAMPE 超轻复合材料天然纤维桥梁学生竞赛-天然纤维桥梁	全国	一等奖（第一名）	国际先进材料与制造工程学会（SAMPE）中国大陆总会	2018.5
486	蔡乾、刘宝川、张安祥	2018 年全国职业院校技能大赛高职组数控机床装调与技术改造赛项	全国	一等奖	教育部	2018.5
487	杨壮壮、崔鸿宇、唐杰文	第四十五届世界技能大赛制造团队挑战赛项目全国选拔赛	全国	2 个第十一名、1 个第十三名	人力资源和社会保障部	2018.6
488	杨丹伶、黄锐、李家竹	2018 年全国高职院校大学生技能大赛软件测试赛项	全国	二等奖	教育部	2018.6
489	叶伟、罗才培、吴松	全国职业院校技能大赛	全国	三等奖	国赛级委会	2018.6

续表

序号	学生姓名	奖项名称	奖励级别	奖项等级	颁奖单位	颁奖时间
490	夏驰涵、何季樯	中国国际飞行器设计挑战赛暨科研类全国航空航天模型锦标赛（电动滑翔机）	全国	一等奖	国家体育总局办公厅、教育部办公厅、中国科学院办公厅	2018.7
491	毛谢林、黄代成、黄郑江、钟东廷、李鹏、扭科日、石斯予、徐浩、张力、夏良飞	2018 年“挑战杯—彩虹人生”全国职业学校创新创效创业大赛	全国	三等奖	共青团中央、教育部、人力资源和社会保障部、中国科学技术学会	2018.8
492	邓显、王宇、李林春、王海龙	2018 年第十三届全国大学生“恩智浦”杯智能汽车竞赛全国总决赛-双车会车组	全国	二等奖	教育部高等学校自动化类专业教学指导委员会	2018.8
493	邓显、王宇、李林春、王海龙	2018 年第十三届全国大学生“恩智浦”杯智能汽车竞赛全国总决赛-公路赛无电组	全国	三等奖	教育部高等学校自动化类专业教学指导委员会	2018.8

参考文献

[1] 中共中央，国务院. 关于加强和改进新形势下高校思想政治工作的意见[Z]. 2017-02-27.

[2] 陈宝生. 切实推动高校思想政治工作创新发展[N]. 光明日报，2017-08-04.

[3] 邹勇，陈玉华，马建勇. 高职院校学生思想政治工作模式的探究与实践[J]. 成都航空职业技术学院学报，2018, 3（1）.

[4] 社论：培养什么人，是教育的首要问题——一论学习贯彻习近平总书记全国教育大会重要讲话精神[N]. 光明日报，2018-09-13.

[5] 陈玉华. 我在这里启航[M]. 成都：电子科技大学出版社，2018.